WINTER IN CHINA
Bert Stern

温德先生

亲历中国六十年的传奇教授

〔美〕伯特·斯特恩 著 马小悟 余婉卉 译

北京大学出版社
PEKING UNIVERSITY PRESS

著作权合同登记号　图字：01-2015-7440

图书在版编目(CIP)数据

温德先生：亲历中国六十年的传奇教授/（美）斯特恩（Stern, B.）著；马小悟，余婉卉译. —北京：北京大学出版社，2016.1

ISBN 978-7-301-26040-1

Ⅰ. ①温… Ⅱ. ①斯… ②马… ③余… Ⅲ. ①温德，R.（1887~1987）—传记　Ⅳ. ①K835.655.46

中国版本图书馆CIP数据核字(2015)第156120号

书　　　名	温德先生：亲历中国六十年的传奇教授
著作责任者	〔美〕伯特·斯特恩　著　马小悟　余婉卉　译
责任编辑	张雅秋
标准书号	ISBN 978-7-301-26040-1
出版发行	北京大学出版社
地　　　址	北京市海淀区成府路205号　100871
网　　　址	http://www.pup.cn　新浪微博：@北京大学出版社
电子信箱	pkuwsz@126.com
电　　　话	邮购部62752015　发行部62750672　编辑部62757065
印　刷　者	北京中科印刷有限公司
经　销　者	新华书店
	965毫米×1300毫米　16开本　23.5印张　273千字
	2016年1月第1版　2016年6月第2次印刷
定　　　价	58.00元

未经许可，不得以任何方式复制或抄袭本书之部分或全部内容。

版权所有，侵权必究

举报电话：010-62752024　电子信箱：fd@pup.pku.edu.cn

图书如有印装质量问题，请与出版部联系，电话：010-62756370

目 录

中文版序/1

引　言/1

第一章　流亡的印第安纳人/16

第二章　抵　达/41

第三章　清　华/65

第四章　瑞恰慈与中国正字学会（1923—1937）/88

第五章　抗日战争与中国正字学会/110

第六章　保卫清华/122

第七章　去往昆明之路/141

第八章　联大之困/153

第九章　正字学会的终结/180

第十章　重回美利坚/202

第十一章　昆明的胜利/223

第十二章　奋　斗/244

第十三章　回　家/255

第十四章　谁丢失了中国/276

第十五章　冷战到来/291

第十六章　闻一多的骨灰/313

第十七章　中国解放/331

第十八章　"文化大革命"/350

第十九章　再见,温德/359

译后记/370

中文版序

1984—1985年,在北京大学讲授英语文学和写作的一年里,我时常骑车去燕园一角那局促的温宅拜访温德先生,听他口述人生。当时温德先生已经九十七岁,他几年前曾被一辆自行车撞过,后来就几乎瘫痪在床。不能站立走路是一桩痛苦,但与此同时,老年痴呆也如影随形,只偶尔有片刻的清醒。连读书读报都不能,温德先生已徘徊在生死边缘。他问我,能不能做点什么减轻他的痛苦,我竟无言以对。也许死亡才是他能期待的唯一慰藉。但是,一个念头划过我脑海,也许我可以为他做这件事:把他的人生讲给世人听。我还有一个略微自私的目的:我对中国的历史文化所知甚少,听温德先生讲他的人生也可以帮助我了解这个国家。

在中国,温德是一个谜一般的人物。他的好友包括陈岱孙(经济学家)和吴宓。他与吴宓一起设计的课目为中国各重点大学英文系所效法。温德还与蜚声国际的英国学者瑞恰慈通力合作,在中国推广基本语教学项目,但该项目蒸蒸日上之际,却因日寇入侵而流产。温德交友很广,其中还包括杰出的汉学家费正清。二人曾一起向美国国务院陈情,要求停止对国民党的支持,虽然失败了。

如果温德先生仅仅是一位书斋里的书生,我也许不会对他那样好奇。温德身兼如此之多的角色:冒险家、画家、阿黛尔·戴维斯(Adelle Davis)营养学的追随者以及精力旺盛的活动家。他曾为了保护学生和同事而与国民党官员作对,面对将刺刀刺伤他小腹的日本兵,他以怒目吓退之。他曾英勇支持抗日事业,也曾努力保护闻一多,可惜后者还是未能逃脱国民党的暗杀(温德与闻一多最初相识于芝加哥,温德之所以来到中国,与闻一多关系很大)。

30年代的北平,用蒲乐道的话说,"是一座历经五个朝代浮沉的灿烂城市",温德在此有滋有味地生活着,涵育了中国传统士大夫的情趣与追求。但随着历史大幕一道道拉开,他发现自己处乱世,身如浮萍,比如沦陷时期的北平,为了护卫清华校产而与日寇起争执,却徒劳无功;后来在昆明的西南联大,饱受物价飞涨和每日空袭的摧残。

温德的晚年愈加凄惨,他不但是个洋人,还是个知识分子,在"文化大革命"中饱受欺辱。在北京大学,他被剥夺了教学的权利,只能编写英语学习材料,以便同事们就教学问题来求教时给予一些指导。但这时的温德已经学到了中国式的隐忍,在住宅附近的荷花池边散步成为他的幸福一种。但瘫痪在床之后,他唯一的乐趣也被剥夺,内心的平静终于崩塌。

我静静地聆听温德先生讲述他的人生,也保证会把这一切付诸文字,希望以此给他带来些许慰藉。他是多么希望自己的人生故事能被更多人知道,而命运选择了我来做这个事情。我无比感谢能有这份幸运。感谢北大校方,感谢我曾访谈过的温德的多位同事与学生。他们让我得以认识温德先生,对温德先生的认识拓宽了也丰盛了我的人生。

引 言

这段旅程始于 1980 年 9 月,彼时我教英文的沃巴什学院收到一封来自罗伯特·温德的信,他称自己为学院最年长的在世校友。尽管七十五年里没有一个人听闻过他的音讯,他的说法却证明是事实。他解释道,这些年来自己主要在中国的一流大学任教。①

他写这封信的目的是推荐王汝杰入学。温德已经指导了王汝杰几年,认为他已经准备好了接受美国教育。王汝杰的表现无愧于温德的赞赏。他不只是一个优异的学生,更是一位能干敬业的老师。我和王汝杰谈论书籍和罗伯特·温德——他曾是王汝杰父母的同事,并担任过好几年王汝杰的导师。② 我为温德着迷,这位神秘的老人 1923 年去了中国,从此几乎长居于斯,除了二战期间曾短暂返美。当然,我们也谈论中国。在那种语境里,我好似一个初学者,久久沉迷于唐诗、亚洲泛灵论(我曾去印度旅行),以及"文革",不过实际所知往往寥寥。

那段时日我受《西行漫记》影响很大。久为学者圈中一员,我相信,作为一个阶级,如果我们和农民多待一阵儿,分享他们的工作和生活状况,我们会变成更有趣更进步的人类。我在一间没有暖气的

---

① Robert Winter to Trustees of Wabash College, August 30, 1980, RAC Special Collections: Herbert Stern Collection (unsorted).
② 王汝杰父母分别是王岷源和张祥保,都是北大英文系知名教授。——译者注

粗陋木屋中住了几年,我珍视在那儿的收获,与"教养不高"的邻居一起过较简单、不那么舒适的生活,我从他们身上学到很多。我在墨西哥和中美洲的其他国家展开艰苦旅行,还认为自己在毛泽东眼中,应该不像我的许多同事那样亟需一场文化革命来洗礼灵魂。

实际上,我充满了各种对中国的幻想,即便听王汝杰讲述他当红卫兵的经历,我也未能全部摒除这些幻想。例如,他曾经和一群红卫兵围攻、审讯身为北大知名教授的父亲。但他"文革"故事中淋漓尽致的狂暴让我着迷。在这所位于印第安纳州一块玉米地的小学院里,我感受到终身教职的安稳和拘束,令人索然。在某个时刻,我知道,就像一个人一辈子有那么一两次会意识到自己真正需要什么,我需要去中国。

我的妻子,已经在日本生活过几年,也对去中国倍感期待。至于我们五岁的女儿安娜……好吧,二十年前我曾带着两个小孩去希腊的塞萨洛尼基,我凭富布赖特奖学金在那儿的一所大学教了两年书,这种连根拔起的生活并没有伤害到他们,因此我准备再次检验自己壮游的信仰,且带着孩子。

诸事具备,尚缺教职,王汝杰差不多为我谋了一个。他的父母都是英语系受人尊敬、处于半退休状态的教授。通过他们,我获得了一个一年的职位。通告很简略:"校长邀请您下个学年授课。正式邀请函稍后奉上。"我还记得收到任职电报的那一天。这个巨大飞跃的真实性,让我倏忽不知所措。我想我脸色苍白。那时正来学院访问的罗伯特·布莱(Robert Bly),对我说了三个词,巨大而永久地改变了我的人生:"That's just fear。"(那只是害怕)我第一次意识到,那不是害怕,而是恐慌,这是问题的关键所在。

当我们在肯尼迪机场踏上登机通道时,相同的震动不出所料地击中了安娜。"我去那儿过夏天,但不要待一整年",她宣称,并死死抓住通道扶手。我不得不把她掰下来,当然很难受。她不肯安定,直到空乘给我们送餐。冒险剥下餐盘锡纸,探寻下面的神奇食物,她沉浸其中,看起来总算发现了这一趟的好处。

我们在华的最初时光有许多值得一说:安娜如何进入一所容纳五百个孩子的幼儿园,好几个月都一言不发,直到会说幼儿园通行的汉语;我们如何骑着自行车勘察校园,发现圆明园毗邻北大,被毁的宫殿和破损的石兽如何成为安娜最爱的游乐场。我们起初都因太无知而体会不到文化冲击。我们眼前的一切是平静的,即便人们整齐划一地穿着毛式的中山装,甚至有明显可见的军事主义,而校园广播一天两次高吼指令和节拍,要求所有身体健全的人一齐做操。当时还发生了一些神秘之事:比如,我的学生会给我带来一些官方的纸条,我必须签署,然后还给那个坐在访问学者宿舍门口的小干事——而我花了几个月才接受事实,即"文革"只是在名义上结束了,我的学生和同事们仍然被紧紧箍在那个令人谨小慎微的系统中。

改变需要一段时间。我多次私下和学生聊天,但其内容必然限于我能理解的范围。当这个范围扩大,有些学生,包括那个如同"私人导游"、文化翻译的聪明年轻人,开始教我们一些东西——例如,他指着党内高官集体亮相的新闻照片,说有张面孔不在其中,这是已经发生的一场政治大变动的唯一线索。另有一次,他告诉我,有位画家被捕,因为他描绘标准场景时多了几笔阴霾,在当局看来这就是政治批判。

我之所以需要一些时间来看透现状,还因为,我们有一阵和其他"外国专家"一起下乡,这些活动是为了标榜当局的仁政。例如,有次访问一处解放军基地,我们目睹某个突击部队正在训练障碍项目和白刃互搏,令人印象深刻,呈现在我们眼前的,是军民鱼水情。我们离开时深觉中国是和善的。毕竟那时,即便老练如费正清也对毛泽东的革命怀有同情,就像温德一开始的感觉。

所有这些都发生在1984年的夏末和秋天。更具真实感的事情呈现在我眼前,始于我第一次拜访罗伯特·温德,他的寓所在校园北隅。我见他时,他97岁,两年前被自行车撞后就卧床不起。他常常昏睡或迷糊,绝不像个适于交谈的对象。我第一次拜访他是正式的,目的是给他捎去沃巴什学院院长路易斯·索尔特(Lewis Salter)的口信,带给他索尔特签署的荣誉博士学位证(不久它就挂在温德床头上方,我不知道这是否出自他本人的意愿)。

温德一开始就吸引了我(主要是第十八章所写的第一次拜访),我旋即意识到,我要尽量多地和他交流。我的想法有些自私。如我所说,我对中国历史一无所知,温德的经历让我看到中国的前景,他在中国度过了动荡喧嚣的20世纪。不过我也有不那么自利的动机。温德陷入了困顿,病痛和周遭环境让他无望——他知道这些,也时常抱怨,要我想方设法帮他解脱。讲他的故事,对我来说,是我给予他某种解脱的唯一方法。他对自己这一生是否有价值心存疑虑,而我在还不太了解他做过什么有价值的事之前,便早已觉得——他此生是值得的。

一开始,我可以拼凑的故事如同幽灵。他脑海中不同时期的人和事件互相交织成一个奇怪的原型。更悲催的是,我对中国历史实在无知,所以基本无法将访谈材料聚拢起来,只能尽其所能地被动记录。这些访谈对我们俩的情绪都造成了纷扰。

我,梦一般地骑着单车,沿着清风拂过的荷花池,去向校园西北角的小屋,在并不太久远的过去,这一区域尚是皇家猎场的一部分。在门口,温德的佣人会跟我打招呼,这个姓王的女人并不很情愿见到我,因为我的来访会让老人变得躁动而难以平静。不过,她对我仍算和善,希望从我这儿找到下家,她的命运往往取决于先生们的好意。

进了屋,她会带我穿过一间小的前厅,那是她和丈夫住的地方,走过一条短的廊道,它从右切入一处橱柜般的空间,那是老温德曾经的书房,现在的卧室。这房间窗子紧闭,有一格玻璃由结实的木板取而代之,这样老人就无法因为暴躁、尿味袭来而打破它。他时常昏睡着,一个大块头,穿着有夹层的中山装,填满了、甚至看似要溢出那小床,他满面憔悴,几如死人。

一套经典雕花的柚木壁橱覆盖了整面墙(我无法想象温德如何在战乱和逃亡中将它保留下来)。他早期生活的其他痕迹挂在墙上。有幅清代的画,画上是一位穿红色斗篷的大胡子男人牵着骆驼翻越雪山。人和骆驼都带着一股圣洁的傲然之气凝视着澄澈的山巅穹顶。这是一幅行者的图画,它赞美那种孤独和无畏的追寻之旅。它对面的那幅油画,王岷源告诉我,那是温德还不到五十岁时的自画像:如上图骑马者那样大而粗的胡须,有着那种专横的、英国式的英俊。温德的另一幅画,现今属于我了,上有一位年轻的渔夫直视着我们,右手握着一只小海马,明显是表达情欲。

其他东西只有几样:一个卷轴,上面的几个大字为:"辞旧迎新,百花齐放";沃巴什学院的奖旗和奖状挂在温德床尾那面墙上;一台彩电,这是最后一扇为温德打开室外天地的窗户。

* * *

在那个房间,我们展开了最特别的交谈。有次我来访,他思索起"现在正影响我的人"。这些人,他说,不都是好影响。"他们有他们的错误——某些错误。但我对这些错误的纠正未必更好……就好像

温德的藏画

中国已经看到了它的未来,不论我说了什么做了什么。"说这话的人衰老而极度无力,除了我之外已经很久没有影响过别人了,因而这些话听起来近乎荒谬地夸大,要不就是疯了。我不得不提醒自己,温德的意识不再受时间所限。在任何时刻,他都会说出他曾经生活过的各种时间框架。影响过他的人包括:他的佣人,对他的生计直接负责的大学当局,以及中国政府本身。当我想到他常年工作在为中国铸造政治和智识前途的那个体系的中心,他的话就变得格外有意义。

在我看来,在这些拜访中,第一种联结形式是:布满这个小房间的,构成了一部庞大的历史,横扫时间,跨越大陆,经由远大希望和破碎幻相的辩证法,将东方和西方都运送到我们站立的这一时刻。沿着这些线,一个沉睡、衰弱的人物形象对我来说堪比寓言。

温德的任务,如同他及他的东西方雇主们所了解的,是在两种文化间开展双向阐释———一种是他生于斯又半断绝来往的,一种是他试图在其中塑造自我、获得包容的。他"在中国生活的时间比任何人都久,最理解中国",他以前的学生们这么告诉我。他想写一本书,希望它能有助于深化两个国家之间的了解。

确实,一种新文化的前景,东方和西方的因素都熔铸其中,这两方又各有瑕疵,此前景萦绕在大西洋两岸的知识分子的心智中,比如西方的约翰·杜威、伯特兰·罗素、瑞恰慈(I. A. Richards),在东方书写这样一种新型文化的是梁启超、梁漱溟、胡适,直到战火高炽,所有思想付之一炬。无论如何,经过了北伐战争、抗日战争、国共内战、朝鲜战争、越南战争,及至"文革"结束,温德已然85岁。

他不止一次对我说,"你能想个什么办法让我离开这儿?"我当然不能。这所房子,这些佣人,他身心的糟糕状态,他的人生将他引到这儿,而且不能再引到更远了。他好像海岸上一条失败的大鱼,呼吸着他最后的痛楚。我想不出任何办法让他离开这儿,除了尽量精准地想象他的生活,将他垂死的现在搬回那活力四射的往昔。

一个春日,我给下午的班讲完课,骑车去了温德的屋子。我答应为他推轮椅散一会儿步,此时花儿含苞欲放,在干旱的北京土壤里,近乎奇迹。温德几乎一年没有从屋里出来了,他极度渴望离开他的房间。我们计划散步的那一天,他告诉我,他不想谈论过去,他宁愿有点儿新东西,新的比老旧的一切都好。"必须要有些改变了,……没有什么比过去的那些更糟了。"

他不是说过去是坏的——他尤其不想被误解成这样——而是说他陷落在一系列灰暗、一成不变的岁月中,眼睁睁看着自己退化。他有点像库米的女巫(the Cumaean Sibyl),缩小了,悬挂在瓶中。但与她不同,他不想死。就在几天前,他透过窗户瞥到一张褶皱的泡沫塑料丢弃在他的老房子前,这几乎是他从窗子里能看到的所有。"外面的那个白东西是什么?"他想知道。我解释了,但他仍很焦躁。"它用来干嘛?有人死了吗?"不,它什么也不是,就是工人丢的垃圾。"它是为我而放的吗?"他坚持问。

但到了我们要外出的这一天,他却忘得一干二净。"你迷信吗?"他问我。我告诉他我不迷信。他解释道,过去曾带他出去散步的某些人,很迷信,因此拒绝推着他过桥或跨水,说那儿有恶灵潜伏。但温德家坐落于几个小荷花池的中间,如果不过桥或跨水就不可能带他走很远。

结果似乎是,恶灵作不作祟不取决于桥,按原计划应散步的那天,刮起了一场北京大风,我去告诉他,我们不能外出了,因为戈壁风沙之类的。不过,当我到了那儿,却发现天气不碍事。温德从前佣人(已经去世,温德曾与他长期"交战")的儿子,在院子左边的一个什么地方,正挖着花,想偷走那个支撑着大而老的丁香花丛的架子。而温德不知道或不在意我是谁,尽管他意识模糊地觉得我是一次演讲比赛的冠军。他的身体,铅色的,比我此前所见都要有生气,他对我发号施令:"别坐在那儿。时间在浪费。叫当局。不。走,马上。"

这个老人糟糕的精神状态,已成为一种慢性病,有一个明显的主要肇因。他身上可能发生的最坏的事情发生了。他已经不能动了。对他来说,在进入暮年后的大多数时间里,生命和能动是同义的。"我记得",他告诉我,"我曾生活得很不错,在这个地方周围散步,远到你目力所及,到了水边,到了水"①。他思忖了片刻,继续说:

> 我不能走路以后就完全变了个人。能走路时,我可以去任何地方——这儿那儿——去看各种东西。现在我哪儿都去不了,什么都看不到。我想,不能走路是很糟糕的——我能在这世界行走的时候是多么有意思。我可以走到任何一个角落,检视我从远处看不见的那些小细节。我发现这比我在美国找到一个差不多的地方要有趣多了。

温德经常谈论他一想到自己是不是"足够好"就不安、焦虑,我用这个宽泛的短语是指,他是否从容卸下了他人生道路上的道德和心智的使命?因此,可以重构他的生活,以能够实现的形式让他找到出路,逃离萦绕不去的自我怀疑。我第一次拜访时,他告诉我,他想"清除自己"。他从无个人抱负,他说,他想"变成空无"。人们为什么现在来看他?他真的想知道。而尽管他想成为"空无"——这个抱负充满了所有东方式的混沌——现在他想从我这儿,从任何人那儿知道,他的人生是否有意义,人们怎么想他。他想听到一些补偿性的评判,因为显然,这位前天主教徒有时害怕因自己是同性恋而被投入某个真正的地狱。他的佣人王阿姨,曾是个妓女,而他与她——他曾说——因为彼此的罪恶而接受惩罚,凑在了一起。

他的某些懊悔以一种更世俗的途径降落下来,通过多个对他的

---

① 温德此时说的是"shui"——"水"的拼音。——译者注

批斗会(有进攻性的审问),其间他一再被教育,要承认自己曾经的行为,过去秉持的价值,都是他反革命倾向的证据。因而我能想象,我俩之间可以建构一个世界,我们在里面一起散步,检视事物的细节,弥补他的过往。

借T. S. 艾略特(T. S. Eliot)的话说,我该如何"捡起这些碎片以支撑(他的)废墟"？他就像我舌尖的一首诗,醒着的一场梦。曾经,当我离开戴乃迭和杨宪益(大量英译了中国文学的翻译家)夫妇家,杨夫人祈愿我的传记计划顺利,但她哀伤地摇头说,"你在云雾中做事"。

而我确实是在云雾中做事——一位老人的碎片记忆,一些报纸故事,他在世朋友的逸闻趣事,他们也是已经老了或正在老去的男男女女。

有时温德努力想参与。"可以问我任何问题",他会说。我便问,但他却忘了我问到的情节、人物或时期,他会道歉,退回到自己的废墟中郁闷思索。"不知道为什么我这人真奇怪",他有天告诉我。"你瞧,我似乎混淆了传说和事实。"

我当然意识到我来得太迟了。他生活的真实形状正在消融,有些已经完全消融掉了。

而他稍微清醒时,知道我要写他的传记,他也想这样：

> 我是一个想成为中国人的美国人。但我不是一个好人。我害怕的就是我自己不够好。所以有人会出现并想弄清楚我够不够好。不知为何我感觉你是我生命中的重要人物。问题是你够不够好。

* * *

幸运的是,我在中国的那一年(1984)是一个新纪元的开端,或者说那时看似如此。假如早几年来我的计划都得不到什么合作。早前试图获知这个故事的人已经被撵走,他们说这里没有故事,而有些找故事的人又到得太晚。而我,则享受着校方的帮助。藉此,我能够获得温德的某些文件——虽然不是最关键的,如我后来所发现——他设法保存在两本相册中的照片。借助校方,我能够采访那些了解中青年时期温德的人。

我从这些采访中获益匪浅。北大英语系主任李赋宁教授,用完美无瑕的句子、丰满的段落,提供了温德人生的完整轮廓,为我绘制了一幅我身在中国时应履行的采访工作图。我在北京、天津采访了几十个人,我听到的逸闻趣事有助于我复原那遗失的人生。但或许独有那么一个瞬间,后来回想起似乎最成熟——一位年长的周教授告诉我,温德曾和一个洛克菲勒基金会的项目有联系,即中国正字学会(Orthological Institute of China)。

联系 J. 威廉姆·赫斯(J. William Hess)后,洛克菲勒档案馆副主任让我得以接触到温德在四十年代上半期写给洛克菲勒基金会官员,以及瑞恰慈等朋友的报告和信件。通过赫斯先生,我发现温德的一部分日记,从抗日战争后期在昆明任教于西南联大,到1949年秋天毛泽东在天安门宣布中国人民从国民党的统治下解放了。日记令我特别激动,因为我已经听说了近一年——甚至来自见证者——"文革"时红卫兵烧掉这个文件是多么可惜。

我1985年夏天一回到美国就拜访档案馆并且发掘出数千页的文件,足以保证来年夏天的第二次访问。因为很多材料是与中国正字学会本身相关的,我被卷入计划生发出的第二层考察中,它派生于瑞恰慈和奥格登(C. K. Ogden)1923年出版的书《意义的意义》(*The Meaning of Meaning*),这年温德去往中国。

稍后,1986年12月底,按中国的算法,值温德百岁生日,我得以再次赴华访问几个星期(为他庆生的细节,见第十八章)。尽管他的情况在恶化,我在北京的那几周仍和他谈了几次。最后一次谈话时,我告诉他,我为《中国日报》写了一个有关他的故事,问他想不想听。他说想,但听了一两句后他显然无法集中注意力,我就打住了。当我准备离开时,他要我许诺,我还会回来。我许诺了,他便牵起我的手吻了一下。

次日,离他生日还有两周,他陷入昏迷。我在他的房间时,医生到了,听他心跳很弱,便叫救护车送他去校医院。这是我最后一次见到活着的他。英语系的两个老师抬着担架,迎着风走出他曾经的院落。

在同一个清冷的日子,就在他被抬出挤满人的屋子之前,他的护理王阿姨,将手指放到唇边,把他藏在屋里的一堆文件给了我。蔡斯特[①]站在我旁边,把他自己的公文包偷偷递给我,我把文件放了进去。这些包括温德的日记,他在五十年代"反右"斗争中写的检讨,还有一些信。除了我在洛克菲勒档案馆发现的文件,还有我以前学生戴维·肯德尔和华盛顿的康诺利帮忙,使我通过FOI(freedom of information,信息传送和使用自由)获得了美国联邦调查局的文件,从王阿姨那儿得到的文件使我拥有了完整的原始文献。就像温德的记忆,它们很丰富,但要探知温德1923年抵达中国后的生活,它们仍然是碎片样的窗户。

* * *

鲍勃·温德(Bob Winter),朋友们这么叫他,在他的生活世界中

[①] 蔡斯特(Walter Zeisberger)在北大教了多年德文。

是个名人。用项美丽(Emily Hahn)①的形容,他有着"异于常人的内分泌机制",长期以来使他暴露不出年龄的痕迹。他消息灵通,喜欢说话,这使他成了一个令人愉快的演艺家,一个能使项美丽(不公的是,她有他所无的长处,即她善于倾听)这样的其他健谈者静默下来的健谈者。他很自然地吸引着身边同伴,比如项美丽女士,杰出的汉学家费正清,知名的文学批评家瑞恰慈,以及那些地位相当的中国知识分子。

如同中国走马灯般的近现代史,温德过着多样的人生——大学教师,非正式任命的洛克菲勒基金会文化特使,园丁,健康食物倡导者,以及最卓越的业余动物饲养员。抗战期间,他甚至当了一把间谍,他喜欢干这营生就像他喜欢干其他任何事——富于才华、激情,以及仁慈。他从日本人手上营救蒙古活佛的故事应算是间谍文学的经典之作,他还另有六七个故事和这个差不多,包括偷运军火、发报机、军工品给山东的共产党游击队。正如项女士在40年代所说,"浪漫在中国没有绝迹。温德就是浪漫的化身"。②

随着共产党1949年的胜利,浪漫迅速褪去。当温德决定留在中国,他发现自己得到的待遇越来越接近一个中国知识分子。这意味着他不得不同样要面对一次又一次威胁他们的各种运动。在"文革"前,他已经频频被拉去参加批斗会。在此过程中,温德半是坚信了——尽管只是在他最黑暗的时刻——他为洛克菲勒基金会做的工作,甚至他对中国实施的间谍工作,不管怎样都算是他反革命倾向的证据。实际上,他确曾定期向美国当局递送一些他知情的政治信息,

---

① 项美丽,著名作家,1935—1941年生活在中国。和温德一样,她也是个冒险家。
② *China to Me*(Philadelphia:The Blackston Company, 1944), p.107.

这些相当可观。

有阵子,他对共产党政权抱有很高期待,他们至少更替了腐败且日趋恐怖主义的蒋介石政权。但这些希望很快消逝。解放时他年已花甲,生命的最后几十年将黯淡地在中国度过。他仅剩的教学工作(正式教职结束于1957年)被缩减到为英语课本撰写习题,为年轻的英语读说者提供音标。如果说他的精神被折磨,但却未灭绝——至少,直到他94岁,摔折了坐骨,从此卧床。此前他至少仍是他那光辉往昔的一座纪念碑——他是出类拔萃的老中国通,他是当政治环境允许时,每个国家的亲华者都会来拜访的人,他仍风头十足,这位高大、银发的美国人,骑自行车穿行在各种天气下,每到夏日午后便在昆明湖附近游泳,他仰在水面看报纸、抽烟的天赋,能吸引一群人围观。

1941年乔治·奥威尔(George Orwell)写道:"现代文学在本质上是个人之物。它要么是一个人所思所感的真实表达,要么什么都不是。"不过,表达这个观念时,他马上又补充说,"一个人意识到文学是如何受到威胁的。因为这是极权主义国家的时代,不给予,也无法给予个人任何形式的自由"。我想这个说法也适用于温德所表达的自由人文主义(liberal humanism)。他不仅相信个人的自由,那是他讲授的文学所展现和赞同的,也相信文化的力量能战胜暴力和极权主义趋势。对他而言,正如世界大战之间的其他思想家那样,东西方的文化交融有可能弥合各个国家、民族之间的鸿沟,标志着一场迈向更宏大文化秩序的运动,而它将制造和平。

但是,从长远看,战火浇灭了这种教育。人文主义被恐怖主义吸纳,以各种形式展现于各种斗争的意识形态和民族国家中。温德及其人文主义所信奉的最后不能说策动了当时交战中的任何权力和国度——日本和国民党没有,美国和中国共产党也没有。所以温德终究是一位教育家,他活着看到了自己教育原则的核心被世界历史所嘲弄。这一核心,如他后来在日记中所表露,"教育的主要目标应该是……确保那种想要支配他人的欲望不会抬头"。

我的这本书有关苦难,有关一个西方的灵魂如何被磨炼成东方的隐忍,但也有关幸存在他身上的、那几乎坚持到死的一种叛逆性的信仰:虽然遇到历史中的强势方,但清醒的、有认知力的个人有可能是对的一方,因此对绝对权威的反抗也可能是对的,即便他的观点是对现状的对抗——不管这反抗有多么危险。

第一章　流亡的印第安纳人①

那个冬天的空袭多发生在上午十点至下午三点之间,温德据此制订计划,上午工作两三个小时,下午从三点工作到六点。他习惯了随时揣上那些他眼中的重要之物,对他来说,那就是他的打字机、眼镜;一个公文包,内有他所管理的中国正字学会的文件;一件军用防水大衣,他在壕沟里躲避枪林弹雨时可铺在身下。这成了每日必经的程序,他在家信里说,"和欧洲的情形相比",只是小儿科。

尽管如此,对他这样一个"新来者"而言——他从北平南下昆明不过是两个月之前的事——"见到目瞪口呆的女人如看门狗般坐在自家爆炸后的弹坑里"实在愉快不起来。由于没有成过家,温德免去了这种注视。他个人遭受的最大损失发生在1940年11月他刚来没多久时,小偷劈门而入,用撬杠弄开了他的行李箱。他几乎丢失了所有私人财物(包括赫尔墨斯便携打字机),不久前他搭卡车在滇缅公路上颠簸十四天尚能保住这些东西。在这一段历险记里,有爆炸的桥梁,疟疾,没完没了的官方拖延,司机企图偷他的行李,明明白白看到"五辆卡车在一天之内相继跌入悬崖,或是坠崖后躺在那儿"。②

他形同小丑,穿着朋友们给的款式各异的衣服——不过,在昆

---

① 原文为"Hoosier In Exile",在美国,"Hoosier"指印第安纳州人。——译者注
② 见温德1940年11月24日写给Ivor和Dorothea Richards的信。我所拥有的此类材料存于洛克菲勒档案中心(RAC)特藏:Herbert Stern藏书(未分类)。

明,1940年的冬天,一个发色灰白、憔悴、衣着混搭、身高超过1米8的美国人不算是一道奇异的景观,因为此时此地混杂着军人、本地居民,来自山区的少数民族,还有迁徙而来的大学师生——他们很多是步行至此的,从北平到西南地区有两千多公里,他们要在日军攫取了北方的厂房机械之后保存大学的实力。

通常,空袭警报会尽早拉响,以便城内居民取道东门逃入山林,一路上得半个小时。偶尔,飞机也能避开耳目,在第一道警报响完之前就进到城内。那便是一片混乱。人们逃向狭窄的东门,头顶贵重物品。

> 老妇人背上绑着婴儿,鸦片吸食者带着烟枪。跛子,学生带着整包书,裹脚的主妇怀里揣着钟,或有其他宝贝藏在身上,与富人的汽车、官方的卡车混杂在一起。①

在温德抵达之前的几周,他最亲密的朋友,苏格兰人吴可读(Arthur Pollard-Urquhart),刚刚死于左膝伤口恶化而致的并发症,他受伤是因为某天刚到门口就被一辆卡车撞倒。②

温德则像个喜剧角色,当警报如塞壬歌声响起,他和助手往山上跑,抬着一台沉重的办公打字机,温德从英国领事馆借了它来代替那台丢失的赫尔墨斯。有时他陷入窘迫——有次是在墓地,他置身坟墓之间以躲避流弹,经常或轻或重发烧,因为熟睡时被耗子咬到,染上了当地的斑疹伤寒。正如一位中国朋友对他所说,"在这儿,现在

---

① 见温德1940年11月24日写给Ivor和Dorothea Richards的信。我所拥有的此类材料存于洛克菲勒档案中心特藏:Herbert Stern 藏书(未分类)。
② 见温德1941年1月15日给M. C. Baflour博士的信,RAC Special Collections:*Herbert Stern Collection* (*unsorted*)。

没有时间变老、染病、死亡"。①

在滇缅公路染上的腰痛,发展成了坐骨神经痛,让他几乎筋疲力尽。有天,值他甫抵昆明一周,已近乎跛行的他,拖在朝大门蜂拥的人群后面,而他从来没有去到山林那么远。在那个非同寻常的十二月,每当飞机袭来,他坐在潮湿的稻田里,一动不动,而飞机的枪膛正在射击,不时往人群扔下手榴弹。两个学生死了,但温德,像往常一样幸运,看着飞行员两次对准他,却与他擦肩而过。因此他安然无恙,只是六个小时里警报解除的铃声都未响起,之后他又冷又湿地跛回家。次日,他行动困难,好在他的朋友、英国领事好心借给他一个热水瓶。在昆明,谁的愁苦要是能有热水瓶的慰藉,那是相当不错的。

遭受种种的温德仍从中国人那里得到慰藉,虽然他们被剥夺了一切,甚至无法遵循传统敬畏死者。此时已经没有葬礼。遗体的处理"尽量安静而迅速",温德得知皮雷先生——"一位在昆明办了多年英语学校的法国老绅士"的死讯,还是因为他偶然遇到二十多名学生,肩扛着一副棺材跑向城门。一支竹棍上插着小布旗,上有中文写着皮雷的名字,表示他们正要将他的遗体带出去行葬礼。

有太多需要适应的,但"最令人惊诧的是所有人,尤其中国人,很快就适应了。可能是严酷的环境让情感没有容身之地。我在经受恐怖的一天后无法入睡,但我尚未发现学生们也有相同的反应。我有这种情况,高海拔大概是一个原因"②。

---

① 温德1940年11月24日给瑞恰慈夫妇的信。Volume Ⅱ, 1940—1946, RAC Special Collection (Unsorted).

② Robert Winter, "*Report on the Work of the Orthological Institute from March to May, 1941*", Rockefeller Archives, 601R, RG1, Series 601, Box48, Folder405.

他十七年前以某种文化使者的身份来到中国,他可以讲莎士比亚和但丁,米开朗琪罗和蒙田,贝多芬和莫扎特,有着吸引人的明晰和激昂。他是来讲课的,也是来学习的。他在中国发现了一种西方所匮乏的日常文化和礼节。但现在一切文化念头都要抛之脑后了。重要的是得活下来。即便一个人身体可以适应,情感的适应却需要更高的代价。要么遏制消沉的想法和感受,要么持续向恐惧敞开,不给想象力留下一席之地。

空袭过后,从山上回到城里,你会遇到:

一个女子的半身,沾满泥土,空洞地笑着,倚靠在树根处。路边有一个尘土翻飞、吐着黑水的池塘,乱蝇无数,水面上泛着白花花的米粒。在池水中央,有一只鲜红的小手,手指向天。盖上她的脸……薄棺为何太么窄?没有关系,多的是残肢断片,但这个赤身裸体的胖男子,肩膀还是齐全的,所以只能用铁锹用力压下去。……在我家门口,一个人跪着,屁股高高抬起,就像祈祷中的阿拉伯人。他的头不见了。他们说,这是我的木匠……一个女人爬上被炸毁家宅的废墟顶上,一直在挖刨着,她涨红了脸,脸上闪耀着落日最后一道余晖,悲极不成泣。① 双眼中有深不见底的痛苦,讽刺的是,她的唇上却尽是木然。

今夜还有时间,"用你的手擦拭你的嘴,抿笑"②,当你在锁孔里旋转钥匙,吹熄蜡烛,子弹退回膛,你跌落地上,一口酒突然上头,掬一把热泪,直到你再度站起来。床铺杂乱,"在如呻吟

---

① 最后一句来自 Gerard Manley Hopkins 的 "Terrible Sonnet","No Worst, There Is None."
② 此句来自 T. S. Eliot 的 "Preludes"。

的吱呀声中,思绪烦乱"。①

温德经受着这些,也一直在观察与记录,在悲惨的中心地区继续目击,而大多数旅居中国的西方人早就弃之而去了。到了1940年,中国很明显不再像战前那样是外来唯美主义者眼中的天堂。但温德留了下来,还教书,尽管他认识到他的态度让许多人想起纪德笔下"普瓦捷的被囚者",当她被解救出来时,已在那个黑暗肮脏的屋子里关了二十年,她坚决不让护士们剪掉她脏乱的头发,给她洗个澡,她有生之年不断在乞求,想回到她"亲爱的小窝"。②

他为什么留下来?温德与朋友瑞恰慈思忖着这个问题,瑞恰慈已开始暗示他,现在是离开的时候了。这仅仅是一种条件反射吗,像那位隔绝者?是那种叫做"戏剧性的本能"使他害怕"有序世界的沉闷"吗?他留下来是因为他"在物质条件恶劣的这张粗糙帆布上""挥散嘴角眼角的多愁善感"吗?仅仅是虚荣吗?他在联大这所流亡昆明的学校里每周讲授诗歌课,他的课不得不一再搬到更大的讲堂以容纳更多的人群。

他仍留在中国,纯粹是出自"他畏惧被时光抛下了十八年,还得扫清脑中的蜘蛛网吗?或者他暗暗害怕成为自己在广播里听到的那种美国人?或者害怕文学在更优越的环境里发挥的意义不会那么大?"或纯粹是因为他不可能遗弃那些人们,他们坚持活下来捍卫国家,咬牙"饮下死难同胞的骨血"。他再也没法转身而去,"在这出戏

---

① From G. M. Hopkins's "Spelt from Sibyl's Leaves."
② 温德1941年11月11日给瑞恰慈的信。Vol. II, RAC Special Collections: Herbert Stern Collection (unsorted).

演完之前,不管他们中有多少人会是狡诈冷酷"。①

他留下来,因为以上的理由,而还有一个更关键的理由是,他在中国找到了一个位置。在北平,他属于一所大学,它器重他,它以中国式的迂回使他有脸面地免于饥饿。"这是肯定的",他告诉瑞恰慈,中国是世界上他唯一能指望获得那些东西的国家,这一点算是弥补了在这儿生活的弊端。

因此,五十七岁这年,他决然地宣布自己是这个国家的居民,远离那并非遥不可及的出生地印第安纳州克劳福兹维尔(Crawfordsville),从此疏离他的国家和同胞。

* * *

温德出生的1890年,是他家的毁灭之年。先是大儿子约翰,一位以父亲之名命名的铁路工人,死于西部的一起火车事故,出事地点临近科罗拉多州的弗洛伦斯,之后他被埋在此地。快到11月底,最小的孩子麦克斯,才八个月大,死于肺炎。而最打击他们的是父亲约翰之死,也是肺炎,在麦克斯死后九周就跟着进入了坟墓。罗伯特·温德,才三岁就记得,他母亲的歇斯底里症始于这多灾多难的一年,并且"一直持续到她去世"。②

温德儿时或许多少得到过某种母爱,但他知道自己没有父爱。约翰对他来说从未存在过。这个男孩没有关于父亲的记忆——或者只有一次,某个下午他由一个姐姐引入客厅,"有一具棺材,是我之前从未见过的,她抱起我去看那个死者的脸,告诉我这是父亲。因此

---

① 温德1941年11月11日给瑞恰慈的信。Vol. II, RAC Special Collections: Herbert Stern Collection (unsorted).

② 罗伯特·温德《恐怖》(打印稿,1977?)。RAC Special Collections: Herbert Stern Collection (unsorted).

我从不知道他,除了那一刻我被举起来看死去的他"。①

这凄凉的时刻让他开始成为一个陷入深深孤独的失怙男孩。温德这一生,为得到周围人的关注,可以做一切他能做的,他这一生也还是孤独的。他这一生都会向人伸出援手,而这种已形成定式的人生经验可能出自一系列非凡的男性友谊。但孩童时,他生活在女性的陪伴之中。

尽管家里损失惨重,约翰(做木匠活)为家人建造的那幢普通的两层楼,就在沃巴什学院西边的沃巴什大道上,仍在升值——虽然不幸的是不及工薪阶层的收入涨幅。约翰撒手而去,遗孀凯瑟琳已经40岁,家里有八个孩子,其中六个是女儿。只有22岁的凯瑟琳,和比她小5岁的玛格丽特(或叫玛吉)在 D. W. 朗特里的商店有份工作。母亲凯瑟琳待在家里照顾其他女儿——安娜、约瑟芬、玛丽,还有伊丽莎白,大至15岁,小到5岁——以及两个活下来的男孩。

弗兰克,7岁的大儿子,尽量照料好自己,避开一大家女人。这让4岁的罗伯特(第九个孩子),家里最小也最受宠的男性,过着一种"大佬倌"的生活,由此发展出了这种生活强加给他的性格缺陷。温德的一位老朋友,还记得他有次发完脾气之后说:"我是这样一头野兽,因为我童年时代完全被宠坏了。我被养成一个暴君。只要我举起一个指头,她们就会服侍我。"②温德就这样长大,无需与一个限制他的男性权威作斗争。有极少的几次他在被违逆时,无奈地跑出屋子,平躺在路中间,等着路过的二轮运货马车或四轮车来碾,以胁迫家里那些一时怠慢他的女人赶紧遂他的愿。他轻而易举获得的权

---

① 访谈,1984年12月12日。
② 与赵林克悌的访谈,1985年1月19日。

力,应归功于他对这家人近乎蔑视的冷漠。但使他在成长中被宠坏,缺乏家庭感的,不仅是父亲的缺席。虽然他这一生对园艺的嗜好习自母亲,也兼有母亲对小道消息的品味,他却很小就开始讨厌她。①

很难想象,像凯瑟琳·温德那样一个负担沉重的女人怎么向这个无父的男孩提供他所需的情感教育。但她确实有某些特质是温德可以责怪的。凯瑟琳会找寻自己生存自立所需的一切,她确信自己出自异邦的阿尔萨斯家族,她喜欢摆谱。实际上(就像温德成年后这样确信)她家是"普通人家,……社会地位一点也不显赫。但她不想让人们认为我们只是普通工人,所以假装我们家族在德国地位显赫——还有其他一些不真实的东西——就为了让我们在美国地位更高"②。

凯瑟琳自抬身价的手段使全家在困难年代也能设法支撑下去,就靠两个售货员的工资。这甚至也可能潜移默化了温德天生贵族的心态,即便他履行自己深切的民主原则时也会展示出这一点。但在他的童年时代,母亲这种骄傲的最明显的结果是,它使温德隔阂于当地其他男孩,她说他们比他低贱。后来他会以一种生理上的厌恶回忆起她的势利。

但最让温德不快的,是凯瑟琳对她兄长的崇拜,他与卡斯特③死在一起。他不知厌烦地复述这个故事。"我的母亲生于1834年",他85岁时回忆说。她——

> 16岁(1850年)结婚,从此隔年就生一个孩子,那时美国正

---

① 温德,访谈,1984年12月12日。
② 同上。
③ 卡斯特(Custer,1839—1876),美国著名的骑兵军官,内战时联邦军将领。——译者注

在大规模屠杀印第安人,1890年12月,我三岁生日的前两周,他们杀了塔坦卡·约塔克(坐牛)①。那个月,我的父亲,我最大的哥哥,还有个小弟弟,都死了。我还记得(比昨天发生的事记得更生动)我母亲的歇斯底里症由此发作,直到她死。她自己特别喜欢的那个哥哥跑去了蒙大拿,帮卡斯特屠杀印第安人。我三岁时,就开始听她吹嘘,他腰带里装着他杀掉的印第安人的头皮,直到1876年他和一小队白人被抓住。他们的马被杀掉之后,他们站着,印第安人围着他们飞驰,以惊人的速度绕着巨大的圈,然后用箭一个一个地射杀他们。接着把他关起来,剥了他的头皮报仇。

尽管温德在叙述他家1890年遭受的一系列死亡时,因其营造戏剧性的禀赋而有些许不实,但大多数都是对的。或者,至少对我来说,当第一次听这个老人讲故事时,很难摆脱他投射过来的魅力。当他讲的故事快要结尾时,他躺在那张再也不会离开的床上,仿佛来自遥远的过去,看着我,"我尚未梳理的我人生最大的疑团是,我——一个四五岁的小孩——怎么知道杀印第安人是错的。没有人告诉我。似乎没人告诉,我就知道了。……我的母亲和舅舅认为,他们都该被杀掉——所有所谓的印第安人,美国的土著。为什么我一个四五岁的小孩觉得应该去了解他们呢?莫非我生来如此?"②

* * *

"莫非我生来如此?"这个问题并非修辞学上的夸张。温德的死

---

① 塔坦卡·约塔克(Tatanka Yotanka,1831—1890),美国印第安人拉克塔胡克帕哈部落领袖,人称"坐牛"(Sitting Bull)。——译者注
② 温德,访谈,1984年12月12日。

正在逼近。他直视着我。他想知道。但谁能说我们生来怎样？可以肯定的是，他很早就学会了讨厌势利、虚荣，以及常常戴着文明面具的野蛮。儿时，他还发现了什么会成为塑造他人生的主题：在印第安人和其屠杀者之间选择前者，鄙视道貌岸然，不情愿成为中产阶级的一员。事实上，他在成长过程中不仅会同情被压迫的和被遗弃的，还要亲身体验被压迫和被遗弃的生活。

"关于我自己，我觉得非常有意思的是：作为一个小孩，我就这么了解社会。我知道母亲在伪装我们所不具有的社会身份。后来我舅舅跑去俄勒冈，在那儿屠杀印第安人……"温德开始早早地通过亲历者的眼睛来体验伤痛、感受愉悦。

于是他成长为一个孤独者。"当我是个小男孩时，我玩耍"，他告诉我，"但我母亲不想让我和其他男孩一起玩"。① 她相信自己社会地位优越，相信他也如此。晚年，温德去掉了他中间的名字"卡尔"（Carl），算是对其母亲小市民气的最终忤逆。

因此，温德较少留恋往昔，作为一个天生的流亡者，他对故土的依恋是薄弱的，他于是可以开始实践那奇怪的使命。

克劳福兹维尔，这座位于印第安纳州中心偏西的小镇是温德的生长地，人口有六千多一点儿，对男孩们来说好比天堂——某个年龄段的男孩。从他家沿着沃巴什大道步行不到五分钟，就到了克劳福德树林，温德喜欢在那儿探险爬树，常是一个人。近在咫尺的还有糖溪，它流过小镇，流经动人的峡谷和茂密的枫糖树林，也由此而得名。就是在糖溪他学会了游泳——构成他日后传奇的诸多技能之一。

这也是最早令他赏心悦目的一片水域。他在这方面有着中国式

---

① 温德，访谈，1984年12月12日。

的品位：没有湖泊或流水的风景不是真正的美景。奇怪的是，温德对风景和土地的品位似乎是他与母亲的另一大共性。他记得与她一起做的一件开心事就是在花园里晃悠，母亲把花园侍弄得极好，他在那儿学到了日后在中国扬名的另一项技能。

对于克劳福兹维尔人来说，务农是比园艺更渗透在血液中的。克劳福兹维尔西南边的土地平整而肥沃，已开始给耕种它的人带来财富，每亩可收获25蒲式耳小麦或60蒲式耳印第安玉米。另一方面，这块土地还带来了整个镇子的繁荣。溪流为这一区域的许多谷物和锯木厂提供了动力，还造福于扬特开办的那家知名的毛纺织厂。到了秋天，当地的男人和男孩靠挖"桑"（sang）可以赚到闲钱（现在仍是），把它们出口到高丽参市场。

在文化上，这个城市也有资源去惹起激昂者之心。华莱士将军还是个九岁男孩的时候，短时期就读过沃巴什学院的小学，当他作为一个名誉不佳的内战将军（备受指责，因为战争的第一天他就在夏伊洛·华莱士将队伍引到了错误的方向）经历了各种生涯之后，回到了这儿。回到家，他给自己造了一间有异域风情的书房，写作历史演义，包括彪炳史册的宾虚。他的出现有助于激发当地作家，如莫里斯·汤普森（Maurice Thompson）等人，他们捍卫了这座小镇"印第安纳之雅典"的美名。像玛丽·汉娜·克兰特（Mary Hannah Krant），以本·欧菲尔德（Benn Offield）为笔名，1876年8月5日在当地报纸上以激昂而不煽动的口吻发表文章说，"克劳福兹维尔，众所周知，是文学的……克劳福兹维尔的市民对他们的小城满怀敬意，他们惊讶地发现它与整个世界都不一样"。

尽管有着如此光明的气息，这座新雅典，仍同老雅典一样，有着黑暗的角落。尽管教堂在克劳福兹维尔遍地可见，却没能胜过酒吧——北绿街的一个街区就曾有23家。与之相伴随的是性交易的兴旺发达，使报纸上充斥着义愤填膺的社论。镇上有个地方叫菲斯克维尔，是出名的红灯区，那附近的一座公立学校，菲斯克维尔学校（又叫维特洛克学校），因为缺少生源，本世纪初就早早关闭了。妓女们非婚生的孩子是用不着上学的。

温德自己对这座镇子的记忆点染着树林和性。克劳福兹树林很普通，树木不过一丛。但温德年老时，仍仿佛看见，自己一有机会离开家，"就过街钻进克劳福兹树林，漫步其中，爬树的能力无人能比"。

他可以爬上"较低的部分好比踩楼梯，从枝桠爬上树顶。从那儿我可以看见世界"。他以生命最后几年半睡半醒的那种状态补充道，从那儿，"我遇到了最奇妙的东西，除我之外无人能爬"。城里沾满了性，他说，此事在他的脑海中又和树木搅在了一起。"一株樱桃树长在我家后门外"，他曾告诉我。"你知道我是怎么认识到性的吗？爬那棵树的唯一方法就是手脚并用抱住枝桠，我就撑在那儿，在喘息着滑下去之前，因兴奋而战栗。我从那树上认识到了性。"①

他还或实或虚地记得，移民女子被带到城里当仆人，有时被迫提供性服务。克劳福兹的整片树林，他说，"满是矮树的遮蔽，每棵树荫下都有个女人，整日赚取生计"。而他可以栖息在树里，高高在上，向下俯视。

街上的窑子，妓院，堂而皇之，给这个男孩留下了强烈的印象。男人用女人来解决欲望，"法律无法禁止"。他依稀记得，那些日子里，"有些地方可以从另一些地方借姑娘，住在他们的房子里为他们

---

① 温德，访谈，1985年3月27日。

干活。从外借来的姑娘屋里传出叫声——法律无法禁止——他们还把这些姑娘拴在一个房子里"。他想想又说:"你知道,这令人惊讶,像我活了这么久,就知道这个世界已经好多了。(原来的)人干的那些事在今天是要被枪毙的。"这是唯一一次我听他论辩道德进步。

温德的母亲"非常喜欢园艺,总是在花园里种花"。① 每个周日早晨,他都和她在花园里,他说,有时一个很漂亮的邻家女人会经过,拐角去杂货店,尽管杂货店星期天不开门。当她走过来,就会向正在和儿子一起种花的温德母亲大喊:"我去杂货店付账单。"温德解释说,那意味着,"她去杂货店,那儿周日关门。我不知道杂货店有没有一两个人。我想那儿有两兄弟,那一整天他们无非轮流上她"。"整个镇子就是沾满了性,但却死不承认,"他告诉我。周日"有大笑声,小的四轮马车经过我家,满载歇业一天游逛的妓女。每个人都知道那是什么,每个经过她们的人都会笑着挥手,他们看不到有什么妨害。只有我可以爬上树"②。

在这个无人谈论性,却充斥着性的镇子里,从树上俯瞰露天的窑子,移民女子在那儿靠着树,把自己交给粗野的客人,在交错的光影里——真是一幅说来奇特的美国式图像。其中一些无疑是回忆时的想象,或者是他年老之后因意识混乱而添油加醋。但这就是他的记忆,持续到他高中,我都记了下来。

温德高中的班级册记载,他"油头粉面打扮时髦",班里一个机灵人用一个对句来论定他:

> 一个漂亮博士的人生他将过着,一切时尚专栏他读

---

① 温德,访谈,1985 年 3 月 27 日。
② 同上。

着。——一则胡说八道的预言

温德在离开高中之前,发现了通往其他世界的窗子,不仅在书中,也在外国语言里。他十来岁时,隔壁邻居从欧洲娶回一个法国妻子,她学英语毫不困难。她常邀温德过来,给他东西吃。这样她能和他谈话。当她丈夫突然去世之后,这个男孩成为这个女人唯一的真正伙伴。因此,到他进入家乡克劳福兹维尔的沃巴什学院——那是1905年——温德不仅掌握了他在高中学的拉丁语和希腊语,还像英语一样精通法语。①

温德1905年从高中毕业时,是一个大耳朵男孩,比同班同学看起来年轻一些。他的脸明亮,透着光,满是期待,不像同班的男同学,他们或多或少像是长着雄性下巴的霍瑞修·爱尔杰(Horatio Alger)②式美国梦。他们似乎随时准备投身宜人的职位。对雇主来说,聘请温德是冒险。他看上去过于敏感,尽管他看你时的目光是坦率的,但脸上却覆盖着隐秘。

幸福的是,他不求职,而是开始了学术生涯,获得了按部就班的生活。他大二那年,以及次年,都在学院当教员——先是希腊语(取代埃兹拉·庞德的位置),然后是法语。大二春季学期末,他在学院排演的《俄狄浦斯王》③中扮演了宙斯的一个祭司。他的诗和散文发表在学院的文学刊物上。他有一首具有弥尔顿风格的四行诗《潘神

---

① 温德,访谈,1984年12月12日。
② 霍瑞修·爱尔杰(1832—1899),美国作家,盛产少年小说。他被视作美国梦的化身,原文为"Horatio Algerism",意为穿戴整齐,努力工作,物质生活丰裕,人际交往顺利的成功人士。——译者注
③ The Wabash, XXX. 13(1910年5月21日),"希腊剧《俄狄浦斯王》",1908年6月16日沃巴什学院学生在希腊语系的资助下以英语表演。

崇拜》,让它的读者,从"欣悦的知更鸟柔亮合鸣,翱翔的云雀高奏甜蜜之歌",到"倦于探索模糊的神灵,来崇拜潘神;春天不会停留很久"。在另一首诗里,有个片段用斯宾塞诗体写成,叫"阿波罗与达芙妮",舞台为林中仙女倏忽即逝的狂喜而设,尽管这一幕没有出现。①

最后一学年,温德担任了沃巴什杂志《大学委员会》(*The College Board*)的文学编辑。在沃巴什的最后一个学期,他写了一篇有关萨克雷的文章,结尾激情洋溢地捍卫了那颗智慧之心:

> 在科学方法盛行的时代,旧式方法的拥戴者几乎都害怕那种艺术会灭绝;手段变成了目标,小说近乎解析人类的科学论文。但这些最终会导向穷途末路。知识是必需的,但它必须居于次要地位;艺术家的作用是看见和感受;不遗漏他留意的最轻微的光影或线条,而且呈现给我们,让我们以他的眼睛看,以他的心灵感受,而不仅仅以他的意识去认知。②

在沃巴什,温德学会将他那标志性的古怪转换成优势。大家都叫他"博比"(Bobbie),毕业那年,他获得创作"班诗"(class poem)的荣誉,入选美国大学优秀生全国性荣誉组织(Phi Beta Kappa),还获得福勒·杜姆(Fowler Duhme)英语奖学金。他还获得了哥伦比亚大学比较文学系的校级奖学金。沃巴什一家报纸在报道这一殊荣时,称赞他"作为一个天生的文学奇才",还"在这里修习了所有的英语课程,异乎寻常地胜任奖学金所给予他的工作"③。无疑,他的确如

---

① *The Wabash*, XXX. 13(1910年5月21日)。
② 同上。
③ 《沃巴什学士》(*Wabash College Bachelor*),1910年5月21日,第2页。

此,但或许因为承担不起纽约的学习费用,他仍留在沃巴什,短短一年内拿到了学院颁发的文学硕士学位,又过了一年,他再次回到学院,担任该校教员。

但温德在沃巴什最重要的经历,来自那位年轻的、才华横溢的罗曼语教师给他的深远影响,即任教短短数月便被学院解聘的埃兹拉·庞德。遇见庞德,是绘制以及推动温德人生进程的一系列邂逅之一。虽然他们之间的接触很短暂,但两人后来还是保持了一年的通信,温德告诉我,主要是谈文学分期的观念。"我们本只是短暂的谋面,整件事却对我的人生非常重要,"温德说。①

两个年轻人(庞德只比温德大两岁)最后一次见面,是在庞德离开沃巴什的前夜,这让温德第一次瞥见放逐的欣快。温德还记得那一幕,不轰轰烈烈,但欢乐的程度甚至胜过庞德自己那段著名的叙述——他曾收留了一个被巡演马戏团遗弃的姑娘。庞德那时住在格兰特大道的一套公寓里,"没有成家的教师常被安排到那儿住"。时隔七十五年,温德还记得,克劳福兹维尔,"是一个不太开化的村庄"。

> 学院里某个狂热的清教徒去看庞德,发现当地一个女教师在他房间里问他一些关于语音学的问题。他立即跑回沃巴什总部,命令他们向庞德发一封官方信函,要求庞德乘下一班火车离开镇子!几小时后,我正巧去看庞德,他把那封信给我看,又挑出一堆勃朗宁的诗,对我读起《当代人所见》,开头是"我此生只认识一个诗人",接着又说一个男人如何注视"瓦拉多利德街上

---

① 温德,访谈,1985 年 3 月 3 日。

的一位男子",并来回走动,观察记录一切,当然,这是个诗人,却被当做间谍!然后,庞德道别,离开克劳福兹维尔,去意大利。我们的通信大概持续一年。他在一封信里说我是克劳福兹维尔最文明的人。后来他遇到了T.S.艾略特,并激励后者去当一个好诗人。和庞德在一起的最后那晚,我才被惊醒!!!没有庞德,我现在可能还是一个爬行在克劳福兹维尔的白痴。而现在我是一个在中国的好斗的不可知论者!①

庞德夸奖温德是"克劳福兹维尔最文明的人",可能不尽切实,但把他和一个被当作间谍的诗人联系在一起,庞德可谓惊人地预见到了温德在太平洋两岸的事迹——一种错觉,却也有某种准确性。温德,像勃朗宁笔下的诗人那样,总在观察,常常记录,以令人不安的锐眼,恰如勃朗宁的诗人,他在某种意义上,为上帝充当间谍。

庞德给温德的瞬间馈赠还有更大的用处。1908年2月15日的《克劳福兹维尔杂志》提到了庞德的离开,并说海恩斯教授将接过他的法文课,而罗伯特·温德将替海恩斯上一个班的希腊语课。因此,正是通过庞德,温德接到了他的第一份教学任务。

虽然这些证明了他的早熟,温德却从沃巴什同学那里获得了他未能在高中获得的认同。学院年鉴上,他照片下的解说是:"一个伟大的人,但和光同尘,从不以此自矜"——一种东方判语式的奇怪预见,日后被温德用来估量自己。

1909—1910年,温德一边攻读文学硕士学位,一边在英语系教书。他所得到的认同和鼓励不仅来自沃巴什,也来自哥伦比亚大学,

---

① 1982年1月9日,温德与王汝杰谈。RAC Special Collection: Herbert Stern Collection, (Unsorted).

即便后者这份他没用上,但也使这位年轻人考虑开展自己的学术生涯。但他躁动不安,在完成了那一年的教学和硕士学习后,他走出了母亲的房子,没买票就上了一班火车,抵达纽约,很快又预订了去英国的行程(至少,联邦调查局从洛克菲勒基金会那里获得的年表是这么记载的)。

温德不是很喜欢英国;它太像美国了。因此他接着去了巴黎,在索邦大学报了个班,住在一个"根本不适合人住"的房间里。在巴黎,他结识了艺术圈,还可能认识了维克多·塞尔吉①。他在法国获得的几十份工作邀请全是要他往重要人物或重要建筑上投炸弹(都被他拒绝)。② 这可能是他与恐怖主义的第二次相遇,却应该不是最后一次。

1911—1912年,他在那不勒斯大学学习。然后他启程回家。但是,他告诉我,当他"一走进美国",他就感到自己犯了个错误。"从那时起我这一生都觉得美国住起来糟透了"。他说,无论他什么时候回来,他的脚一触到故国的土地就只想赶紧转身而去。

可是,从1912年算起,温德在美国又待了十多年才彻底离开。此间第一年,他在"经营"。然后,从1914至1916年,他成为印第安纳州豪威军事学院罗曼语系的主任。接下来的三年,他在伊利诺伊州埃文斯顿市的市立高中教法语和西班牙语,他在那儿还担任校刊《埃文斯顿人》的咨询委员,担任法语俱乐部的指导老师,在法语喜剧《罗莎莉》中领衔演出。他还给出了大量的戏剧读物,包括梅特林克(Maeterlinck)的《阿里安娜与蓝胡子》,它很能引起女性读者的兴

---

① 维克多·塞尔吉(Victor Serge),法国革命者。——译者注
② 温德,访谈,1984年12月12日。

趣,她们发现阿里安娜这个人物是"现代女性,探究并苛求理性",而其他女性角色是"中世纪典型的顺从女性,她们本能地、毫不迟疑地服从"①。

对埃文斯顿学法语的学生来说,温德是一道强光,他们不仅激情满怀地记录下他的所读所译,还感谢他为他们打下了真正欣赏法语文学的基础。② 他似乎很享受在埃文斯顿的自在生活。温德后来在中国的一位同事的妻子多萝西·盖洛德(Dorothy Gaylord),还记得他的话,"书生意气,一路从密歇根大街东头漫步到西头"。③

温德在市立高中期间,1918年大流感令两千万人丧生,他也染上了感冒。一天,当他回到租住的房间,刚进门就失去了知觉。他的女房东试着找个医生,但她联系的每个人都得了感冒进了医院,于是找到温德认识的一位女老师,她过来,在医院的指导下护理他。经过三天的昏迷,温德康复了,但右支气管上留下了一道疤,成了他的阿喀琉斯之踵。(近六十年后,他仍将暮年时期在北京大学每到冬天就频频感冒归咎于这场病)

1919年12月《埃文斯顿人》刊载了一篇关于"山东问题"的评论,④署的是个学生的名字,"凯瑟琳·F. 布拉默",但文风和思想却酷似温德,他是这份刊物的指导教师之一,已经开始发展对中国事物的活跃兴趣,并施以援手。这篇文章引人注目地涉及中国历史的一个阶段,它后来被证明是中国开始漫长奋斗迈向现代认同的关键一环。

---

① 《埃文斯顿人》1919年10月1日第3期。
② 同上。
③ 电话访谈,1986年11月13日。
④ RAC Special Collections, Herbert Stern Collection (Unsorted).

这件事的要旨在于,中国在一战中加入协约国,协约国战后对中国的回报却是攫取山东,它战前是德国的"势力范围",此时却被转给日本,而非如中国所愿物归其主。在各国首脑会议上,有人提出了这个方案,美国反对这一结果,但势单力薄。中国青年对协约国这一决策的反应是"国耻"。1919年5月4日,3000位学生群情激愤聚集在北京大学,并游行入城,攻击、火烧中国外交部官员曹汝霖①的宅第,学生们认为曹汝霖应该对山东问题负主要责任。曹汝霖不在家,学生们找到了驻日公使章宗祥,将他打得不省人事。

这一事件直接导致的后果是32位学生被捕,其中一人三天后伤重不治。长远后果是,这一事件,达到了五四运动(运动以此日期命名)的高潮,成了中国现代民族运动的著名开端。

这一事件因其复杂性,在埃文斯顿引人关注,事件爆发之后没几个月便最终转变了现代中国的面貌。一个年轻的美国高中生,在学校导师的帮助下,在《埃文斯顿人》上发文,为山东的归属权辩护,说"作为共和国的中国需要一个伟大的统一国家。如果山东归还中国,却没有中国自己的积极行动,那么能否取得统一是令人怀疑的。问题在于:将是中国来设法自救,还是其他国家介入,替她决定自己的命运。"②罗伯特·温德不会知道,这个问题不仅决定了中国的命运,也决定了他自己的命运。

然而,不知不觉中,他迈向了他的命运。1918年秋天,他在西北大学兼职担任法语助教,这样每月可以多收入50美元。③ 这份工作

---

① 曹汝霖当时任国民政府交通总长。——译者注
② RAC Special Collections, Herbert Stern Collection (Unsorted).
③ Memo, Patrick Quinn, Northwest University Archivist, to William Padden, April 23, 1985, RAC Special Collections: Herbert Stern Collection(Unsorted).

只持续了整个秋季学期,但到1920年他得到了芝加哥大学的一份全职工作,这工作顶着罗曼语系助理教授的名头——他教的却是大学的初级学院,他给之前只学过一点儿甚至完全没有基础的学生教法语和西班牙语。① 这么卑微的地位不会让温德开心。陷入学术的末路,他不会知道自己即将踏进一段塑造他人生最终形态的冒险。

在芝加哥,恰似在克劳福兹维尔,温德最重要的经历就是他遇见了在芝加哥艺术学院留学的杰出青年诗人闻一多。闻一多的第二部作品《红烛》刚在中国出版,这奠定了他作为中国首位也是最重要的一位现代主义诗人的地位,后来,他因为政治原因于1928年放弃诗歌创作,成为一位卓越的文史学者,白英②说他"也许是最伟大最有代表性的,也肯定是在现代中国最受爱戴的"。③ 悲哀的是,后来因为对国民党政权忍无可忍、拍案而起,闻一多成为革命烈士。

闻一多,24岁,而温德比他大11岁,通过两人都认识的几个画家而邂逅。温德请闻一多吃了几次饭。有一次,诗人尤妮斯·蒂金斯(Eunice Tietjens)及其夫君克洛伊德·海德(Cloyd Head)加入了他们。尤妮斯刚从中国回来,发表了一本以中国传统诗歌形式写成的诗集。他们的谈话大多聚焦于中国诗歌技巧。但温德印象最深的是:

---

① Memo, Daniel Meyer, Special Collections, University of Chicago, to Peter Dembowski, Department of French, April 3, 1985, RAC Special Collections:Herbert Stern Collection(Unsorted)。

② 白英(Robert Payne,1911—1983),美籍英裔作家。

③ 罗伯特·温德引用,温德日记(二),第39页。我最初看到的日记是两卷本,是温德至死还随身带着的。洛克菲勒中心档案馆还有一个一卷本。因为两版之间有轻微的出入,我主要参考两卷本,除非有些材料仅见于一卷本。据英文原文,以下此书注释中的D、D2皆指称温德日记、温德日记(二),不另注明。

(来艺术学院)之前有天发生的事令闻一多激愤不已。他正画着素描,中途停下来思索这幅作品。一些美国学生经过时,不经过允许,就拿起了他的素描,看了一会儿,然后一言不发地扔在地上走了……如果他们告诉闻一多,他的素描很糟,他也许不会生气,但他们把它扔在地上而不是放在桌上,他只能把这解读为一种故意的侮辱。①

闻一多和温德发现,尽管他们很不相同,却拥有一个共同的世界——绘画、诗歌和民主理想的世界。他俩一起出入于艺术学院。诗歌方面,闻一多激赏约翰·济慈的诗。济慈是闻一多的诗歌导师,也影响了温德早年的诗作。围绕这一旨趣的交汇,他们的友谊绽放为事业关系。温德翻译了这位年轻中国诗人写于芝加哥的诗歌新作,即后来出现在闻一多第二部作品《红烛》中的一些诗作。温德还要闻一多和他一起翻译中国古典诗歌。

两人的友谊不纯是美学上的。他们共享了对自由民主原则的强烈忠诚,对压迫的憎恨。闻一多去过美国的唐人街,了解美国体制中的种族主义。他一生都盼望中华民族能够自立,与对手平起平坐。他梦想所有民族之间都有这种平等,反对狭隘的民族主义,他看到自己的国家要获取西方先进技术和科学却被民族主义所阻碍。温德强烈反对种族主义,他注意到大学让他压低黑人和犹太学生的分数,他既对受压迫的东方学生深怀同情,也景仰东方民族的古老文化。恰如他后来所说,他已经明白自己有志于沟通东西方文化,并为民族平等事业而奋斗。

---

① 罗伯特·温德引用,D2,第40页。

温德与闻一多之间的友谊因而建立在共同的趣味和理想上,尽管如闻一多自己承认的,他通常"并不善于社交"。后来,两人都看到他们的乌托邦梦想变成了梦魇。但在芝加哥,在20世纪初,他们依旧谈论着梦想。温德还记得:"我告诉他,我梦想一个世界——我描述了这个世界的样子。他说,'如果这就是你想要的,你应该去中国。'于是我马上坐船去了中国。"①

闻一多自己对于这段短暂而强烈的友谊的印象,呈现于1922年11月末给梁实秋的一封信中,梁当时还在中国,打算稍后去美国找闻一多。闻一多写道,他发现温德"真的是一个有趣的人,……是一个有'中国热'的美国人"。温德的性格,可以"只讲一个故事就足以看出"。温德有一个非常大的中国铁磬:

> 他讲常常睡不着觉,便抱它到床边,打着它听它的音乐。他是独身者,他见了女人要钟情于他的,他便从此不理伊了。我想他定是少年时失恋以至如此;因为我问他要诗看,他说他少年时很浪漫的,有一天他将作品都毁了,从此以后,再不作诗了。但他是最喜欢诗的,他所译的 Baudelaire 现在都在我这里。②

闻一多说,不论何时拜访他,他们都会"谈到夜里一两点,直到我对他说再见,去另一个房间拿外套。在那儿,我们又开始另一场谈话。当我们一起往门边走,我们继续谈。我们开门,我们接着谈。我走到台阶,我们还在谈。最后,我不得不说,'我要上床睡觉。'我们终于找到时机互道'晚安'然后分手"。

---

① 温德,访谈,1985年3月3日。
② 见《闻一多全集·12》,1922年12月27日致梁实秋信。——译者注

这段友谊开始的时候,温德已经是一个亲华者。闻一多第一次去他家时,温德提着灯,照着墙上一幅画,让他猜上面的人是谁。闻一多正确地答出了"老子",并且惊异于这幅作品的品质,因为它的创作者竟从未学过绘画。温德还临摹过几个很大的印度佛教人物像,闻一多愉快地注意到,温德的东西来自中国、印度和日本。闻一多拜访的时候,温德还焚过东方的香。①

　　闻一多之所以长篇叙述这位新美国朋友,有他的意图。温德告诉他,自己不会再待在美国,想去中国。11月中旬,在闻一多给梁实秋写信的前几周,闻的朋友张景钺(他那时正跟着温德学法语)和闻一多共同致函清华大学(当时正由留美预备学校重组)曹校长。此时闻给梁实秋写信,希望曹校长能促成温德被选聘:"如果你发现了'推送'的办法,那对清华大学来说是意义重大的。我从没见过这样的美国人。"

　　如同闻一多向梁实秋指出的,"最重要的是(温德)说他不能再待在美国,想去中国",温德肯定醉心于闻一多所描绘的五四运动之后中国释放出的新的政治、思想之发酵,正如他抵制美国的贪婪和种族主义。离开前的几个月,温德说,系领导要他压低班上犹太和黑人学生的试卷分数,免得大学被他们大量占据。

　　但也有可能是温德遇到了某种麻烦。闻一多说"他不能再待在美国"暗示着一种真正的紧迫,可能涉及同性恋问题。难解之处在于,闻一多从没告诉温德自己往中国写信的事,大概他宁愿先等,直至接到回复。但温德似乎性急地预订了去中国的行程。在闻一多为

---

① 闻一多致梁实秋,1922年11月26日,《闻一多全集》第三册,香港:三联书店,第608页。

了他而写信的前几个月,他申请了"通行证,去日本和中国,以旅行和研究目的,预计逗留 12 个月"。1923 年 7 月 27 日签证发下来。1923 年 8 月 21 日,他离开了美国,从旧金山登上"东京丸"轮。

第二章 抵 达

1923年9月1日,中国共产党成立两年多后,温德经过11天的旅行抵达南京。他在南京待了两年中的大半时间。如果他没有待更久,那并不是因为这座城市缺乏魅力。位于长江南岸、紫金山麓的南京地理位置优越。它建于公元前8世纪,6000年前已有人居住,具有丰富悠久的历史。

从公元229年开始,南京成为六朝之都,多次被毁又重建。南京还是在1937年遭受日本军人大屠杀的血腥之地,在那四个月前他们发动了侵华战争。也是在南京,公元762年,被流放的诗人李白生命终止于此。清朝于1911年终结,来自17个省的代表齐聚南京选孙中山为民国总统。1925年,根据孙中山的遗愿,这位广东人在南京下葬。一座被岁月如此深深蚀刻的城市对孤独的印第安纳人来说有着独特的吸引力,他生长的那个小城在他降生时不过七十年历史。

温德在美国萎靡不振,部分原因在于,就像爱默生等美国知识分子一样,他感到美国是"事物骑在人身上,驱策着人向前"。而闻一多向他描绘的那个中国却是极具吸引力的别样选择。当然,吸引力有一部分来自一种古老、和谐、传统文化的理想化形象,它有着诱人的礼乐,精神藉此与道相成。在这样的一个中国,自然,不是一个待征服的敌人,而是与人相伴相等的天命与源泉。中国对温德的吸引力,就像对其他西方文化人一样,是区别于西方那过度骄横的实证主义的另一种选择,甚至还区别于那允许"物"主宰人的二元论。

但实际并不如此简单。温德去往的是一个动乱中的中国,它笼罩在五四运动的影响中,要寻求西方思想(包括实证主义)的指导和力量,同时又要奋力斗争,保存她的古老文化,以及身份认同。难怪,温德在南京交的第一个重要朋友就在这场斗争中扮演了关键角色,尽管这斗争是逆时而动的。

在南京安顿下来不久,温德开始在东南大学讲授英文和法文。他与吴宓成为朋友,大概是通过他俩共同的朋友闻一多。吴宓可能是"中国最著名——或最声名狼藉的外文教授"①,六十年后温德告诉我,也正是吴宓,将他引入那些只有靠智力和想象力才能揭开的文化之秘中——正如当初温德为闻一多做的那样。

在某些方面,对刚到中国的西方人来说,吴宓可谓是一个奇怪的向导。这一时期所有的中国知识分子都在抢占位置,吴宓则属于一个致力宣传研究传统文学、学术的群体,主张保存"国粹"。这个"本土主义"群体的对立面是新文化运动,后者主张以批判精神摈弃中国文化中已死的部分,吸收西方文化的活力。新文化运动派,由杜威弟子胡适领导,希望开创一个富有生机的现代中国,而作为《学衡》主编的吴宓,抨击新文学观,反对新文化运动中的白话文学,以文言写作,因而表现为一个双重的保守主义者。②

但温德的这个新朋友,是悖论之人,他以渐进式的西学研究而居于文化保守主义者的地位。正如他这一代的许多中国人文主义者,吴宓留学美国,在哈佛大学转向了白璧德的新人文主义。对这位因

---

① John Israel, *Lianda:A Chinese University in War and Revolution* (Stanford, CA: Stanford University Press) p. 165.

② Ibid, p. 166.

自身不羁欲念而不时被世人讥讽的人来说,尤其吸引他的是白璧德的理念,即以人文主义的艺术来指导伦理意志,从而帮助我们检省欲念。对经典的研究可以实现这一点,白璧德把握住了,其途径是以理性调和意志,讲授对祖先智慧的敬意。

尽管吴宓给自己背上了相当重大的智识包袱,他却不会让它压倒他活泼而矛盾的性情。恰似温德,吴宓是一位有趣多彩的人物;恰似温德,吴宓激赏英语及欧洲文学。而且,他与温德都对比较研究感兴趣,喜欢探索希腊罗马文明、基督教文化、印度佛教哲学、中国儒家教义之间的异同。

吴宓兴趣之广泛自然吸引了温德,温德自己就是个几乎对万事万物感兴趣的人。这两位一起做了件重要工作,设计英文系培养方案,南京和清华的课程体系都由此而设置。①

但在一个重要方面,吴宓不同于温德。吴宓是个"本土主义者",他基本的激情都指向中国文化的古典脉络。吴宓用古体写诗,还是中国最伟大的小说《红楼梦》的两位主要权威研究者之一。再看这个美国人,他从未积极表现出对美国文化的兴趣,他的文学品位,是当时典型的有教养阶层之品位,倾向于英国和欧陆文学。他的美国(虽然温德在骨子里仍坚持民主)更像是庞德的美国——这个美国保存下来的剩余之物可被冠之以庞德所谓的"其余"(The Rest):

> 哦,我们的国家极少数人无用,
> 哦,其余的人被奴役!

---

① 访谈李赋宁,1987 年 11 月。

艺术家冲撞她,
一位流浪者,迷失在村庄,
不被信任的,再次诉说,

美丽、饥饿的情人,
以系统挫败,
无助地面对控制;

你这个无法耗尽自己的人
以坚守抵达成功,
你这个无法说话的人,
无法让自己僵化至雷同的人;

你有良好的感知,
冲撞错谬的知识,
你这个无法即时认识的人,
被憎恶,紧闭,怀疑;

且琢磨:
我经受过了暴风雨,
我敲开了我的流亡。①

庞德的"敲开"(beat out)所蕴含的意味之一是他从濒死停滞中

---

① 原文见:Ezra Pound,"The Rest," *Personae*(NY, New Direction, 1997), pp.92-93.

开出一条路径——尽管未必没有获得惠斯勒(Whistle)、亨利·詹姆斯这些流亡前辈的帮助。现在,在一条森严更甚于此的路径之开端,温德准备开始他自己的流亡。我确实不知道他在何时读到过这首诗(1913年出版),但温德95岁时说,没有庞德,"他现在可能还是一个爬行在克劳福兹维尔的白痴"。①

温德够幸运,在这一时期获得这样一位向导,两人不仅共享文化和智识上的趣味,还性情相投。虽然吴宓有时扮演中正的儒家角色,捍卫旧道德,他在私人生活中却常常敢为人先。吴宓有时候自称"东方之马修·阿诺德",而他的性格,也像阿诺德那样被归纳为"形式上是古典主义者,情感上是浪漫者"②。他后来抛弃了他的妻子,公开宣扬对另一个女人毛彦文的爱,后来,他没有把握住毛女士,在诗中哀叹过他的失落。

由于这种公开的丑闻,吴宓频频成为散文、讽刺诗和道德漫画的笑柄。他甚至获得了一种国际性的声名,瑞恰慈曾在一篇文章里探讨,当中国人和美国人开始以为他们彼此了解时,会面临何种危险,他要读者"想象一门英语文学的课程中,假定孤男寡女必定行为不端。众所周知的盎格鲁-撒克逊式正经,则会解释小说家为什么不会如此假设"。他继续说,这门讲座"英文系的中国教授每年都要讲,他位列这儿最杰出的中文学者"。③ 这位学者显然是吴宓,瑞恰慈1929—1930年在国立清华大学第一次任访问教授时认识了他。

身着长袍和旧式外套,吴宓正是那种优雅的儒家学者,"他在课

---

① 温德告诉王汝杰,1982年1月9日,笔者收藏。

② Israel, *op. cit.* p.167.

③ Sources of Conflict," *So Much Nearer*(N.Y. Harcourt, Brace & World, 1968), pp. 231-232.

堂上唱美国新人文主义的颂歌,但在课外,如果我们相信他1952年揭发自己腐朽资产阶级的声明,……试图追求各种女性,有些是我的学生,但往往不成功"①。所有这些错位的倾向,大概在于他以文学人物为追随的榜样。当他尚未穷尽一切可能性时,他是现代中国人文主义者的样板,选取了他那条艰难的路,以迈向现代中国文化。

温德也是,能活生生地感到他自身矛盾的刺痛,就像吴宓,他可以道德感分明,这使他疏离那些不加检省、不加质疑、被各种事件的浮躁力量推着走的人。但温德的浮华、同性恋,道德上过于自信的反偶像主义,就像吴宓一样,有时授人以柄。

＊　＊　＊

尽管以温德的资历,还不足以在举全中国之力迈向现代化同时保存其本土文化的论争中占据一席之地,他却从吴宓那里了解到这场斗争之激烈。他抵达中国时正逢巨大的思想变革。事实上,闻一多擅长的渐进式政治观和现代诗歌是吸引他的首要因素,在某种程度上西方人后来也是因此而去探访"他们眼中红星照耀"的毛泽东之中国。对很多人来说,中国似乎只要选择并实践正确的观念或意识形态,就可以塑造她自己的命运。没有什么不可想象,思想的派别到处都是。我们已经看到,吴宓,以身相许了白璧德的新人文主义———一种与儒家学说有许多相似之处的保守主义文化意识形态。其他人,最卓著的要算留学哥伦比亚大学的哲人胡适,则选择了追从新潮流。这种新潮流自我认同,也被它在西方的推崇者所认同,携着诞生尚不足一个世纪的欧洲启蒙观。但在数十种相似的运动中,只有两条能吸引青年知识分子各归其队。

---

① Israel, op. cit., p.168.

中国在国际上遭受的一系列羞辱触发了社会思想背后的紧张，开端是19世纪上半叶西方势力入侵中国——温德在埃文斯顿的学生写的正是这个主题。中国1895年败于日本，再次震动朝野。在此之前，中国总将自身视为主导文化，而日本是模仿它的附属国。日本以崭新的军事实力告诉中国，在现代势力日益展开角逐的世界，日本不仅要取代它的导师，还要快速而高效地完成中国尚未开始的现代化。中国败于日本之手，其结果是手足无措要迎头追上，引发年轻的清帝颁布一系列诏书，此即为1898年百日维新。这些诏书涵盖了大量的社会基本议题——教育、医疗、陆军和海军、发明、留学、农业、刑法典。但它们却只造成了政变，慈禧太后让一切改革措施戛然而止。

十多年后的辛亥革命，从名义上使中国成为共和政体，实际上只是成功地终结了清朝。孙中山大谈中国在现代世界的弱势，形容她"就像一个熟西瓜那样被她的敌人瓜分"。如同温德在埃文斯顿所听闻的，中国在一战中加入了协约国，希望获得欧洲国家的同情和帮助，重获1890年代以来被德国攫取的领土。作为盟友，中国给予了她不得不给予的：派人力赴欧洲充当搬运工和装卸工。但凡尔赛和约证明，西方根本没打算尊重弱势的中国，不支持她重获遭德国攫取的领土，而是把占有权转给了日本。这不啻一种侮辱。

出于这些苦痛的经历，那些希望挽救民族危亡的人，尤其是年轻的知识分子，至少团结在一个共同的目标，即民族主义的目标周围。以各方都赞成的一句标语来表达，就是"救亡图存"。五四运动，其标志是1919年抗议巴黎和会、维护中国权益的大游行，产生了新力量，强大到足以给中国提供信念。中国因而行动起来。无论怎样，一年之内，它发展成为一场呼吁文化、政治觉醒的全民族运动。

这场广泛运动的一大使命是重新省察从文字改革、文学革命,到儒家的家庭观等各种问题。它还激发知识精英奋力争取大众来听取他们的激进观点。新生代知识分子带有一种新的信心,这表现在他们早年努力通过街头演讲来传播理念。他们成功地将批判理性作为工具,唤醒了那些未被充分启蒙的世人,毛泽东及其同仁正是如此,他们在后来的国共内战中取得了更大的成功。古代的观念和社会结构,就像家庭中盛行的儒家权力关系体系,被宣传成是陈旧不堪、进退失据的。

1919年事件之后,罗家伦,学生运动的领袖之一,也是新潮社的创建者写道,五四运动的功劳在于将中国从长期积贫积弱中震醒过来:

> 从前我们中国的学生,口里法螺破天,笔下天花乱坠,……惟有这次(五四运动)一班青年学生,奋空拳,扬白手,和黑暗势力相奋斗,……五四以前的中国是气息奄奄的静的中国;五四以后的中国,是天机活泼的动的中国。"五四运动"的功劳,就在使中国"动"![1]

这实在激动人心!神话般的观念从1919年的事件中显露出来:这场运动使中国"动"起来,使它不可挽回地与过去彻底决裂。

这一时期的重要哲学家是胡适,他为自己取这个名字来传达他对社会达尔文主义的信仰。胡适奠定了文字改革的基础,以此为手段,将中国人的心灵从传统形态中解放出来,由此在国语的使用中释

---

[1] Vera Schwarcz, *The Chinese Enlightenment: Intellectuals and the Legacy of the May Fourth Movement of* 1919(Berkely: U of Cal Press, 1986), p.7.

放新力量。① 也正是他,将激进的怀疑主义阐发为疗救中国疾病的良方。胡适指出,从对陈规的盲从奴役状态中醒悟,转向批判的态度,中国将会获得——此处他借用尼采的话——"重估一切价值"。② 争鸣的各家学说构成了新的星系,他是其中一部分,各派或聚焦柏格森、尼采、叔本华、康德、黑格尔的著述,或聚焦实证主义,甚至还有现象学。说来也怪,直到中国共产党成立的1921年,马克思主义在中国并不广为人知,也绝非各种学说交战中的一股关键力量。

在第一次世界大战中,遭屠戮的并非专业军人,而是普通人,这使欧洲在中国的道德形象颇为糟糕。但这并未减弱他们对西方观念的兴趣。在温德抵华前不久,罗素、德日进神父③,以及约翰·杜威等人,应邀来中国旅行、演讲。对中国思想建构中正在上升的年轻成员来说,他们似乎是西方能够提供的最好精英。

来访者所提供的一切,并非全都被胡适等知识分子所听取。罗素和德日进神父失望地发现,1920年代的中国"急于迈向相同的现代性,这恰是他们希望在欧洲丢弃的"。但约翰·杜威,尽管怀疑中国知识分子那些时政宣言式的草率口吻,却予以更积极的回应。如舒衡哲(Vera Schwarcz)所观察到的,"杜威不太渴望以一种和谐、传统的理想化中国形象来摆脱西方现代性的压力",因而他"能够注意到,即使是批判性地,初现迹象的中国启蒙有希望"。1921年,他在《亚洲杂志》(*Asia*)上撰文指出:

---

① E. R. Hughes, *The Invasion of China by the Western World* (New York: Barnes & Noble, Inc., 1968; 1st ed. 1937), p.178.
② Schiwarcz, p.122.
③ 德日进(Teilhard de Chardin),法国哲学家、古生物学家,北京猿人发现者之一。——译者注

> 这场运动总体来看仍是一种感觉而未形成理念。它仍伴随着偏激和混乱,智慧和谬论被生吞活剥混在一堆,不免显示出这场运动在发展初期的野心勃勃……你可以轻易地嘲讽否决整场运动,因其浅陋,因其不加批判,多少像是西方科学和思想的歇斯底里大杂烩。……然而,新文化运动为未来中国的希望提供了一个最坚实的基础。①

不像罗素那样,对原始乌托邦有着英国作家 D. H. 劳伦斯式的梦想,杜威挠到了中国的痒处。对中国青年而言,他代表西方,因为他们最易理解的是"变"的实用、笃定和自信——这恰能疗救他们那使人衰弱的古代格言"知易行难"。尤其是,作为"变"的代言人,杜威还代表了一种教育理念。

杜威强调"创造新人",强调让学习的每个环节在开始时清晰而简单,设计一种普适的教育体系,让每个孩子都有谋生之技,并对社群生活有所贡献——所有这些都能激励中国的自由主义者,让他们听到最想听的话。而所有这些都为温德的教学提供了语境,因为他也是一个西方人,年轻的中国知识分子需要以他所拥有的知识和认知能力,来扭转中国的危亡。事实将证明,尽管温德的学历微不足道,但却大有用武之地,因为他在中国的影响更持久,胜过杜威那样的名家。他能比这位哲学家更亲密地体验这种文化,这一优势自然使他留下了更深的印迹。

温德深有感触的是,在迫使中国变得"现代"的漩涡之中,有某种对抗物,文明的残余力,它在五千年间衍化出一条清晰的脉络,不

---

① Schiwarcz, p. 8.

会眨眼间就将自己改变。温德对这一真相的理解来自他的亲身经历，他将此以寓言的形式记录了下来。比如，他刚到南京时，住在一个大而复杂的家庭里，包括房东及其家人、仆人，还有他这样租住房间的房客。温德楼上住了位曾留学美国的青年学者，他乐于和温德交谈。这位年轻人叫杜景辉，出生于江西省一户穷人家。由于在学童时代就显示出不凡的天赋，因此家里借钱送他就读北京的清华学校。当时清华还是留美预备学校，培训中国最优秀的才俊，以备留美。闻一多去芝加哥大学之前就是在那儿学习的。日夜勤学的杜公苏，拿到了美国大学的奖学金，最后获得了历史学博士学位，之后却因劳累过度而毁掉了健康。

就在赴美之前，他老迈的父母，为他安排了一桩婚事，这样二老就能有人帮着料理家务。五年之后杜公苏回国，他拒绝被旧俗所束缚。旧俗对他如同一种中世纪式的打压，如同他在美国所学到的，这是所有文明国家所憎恶的。他在国立东南大学的工作也令他感到生疏和沮丧。他发现出国多年之后很难再适应中国的生活。"他想让他的国家从政治混乱中解脱，但他该从何开始？"

他从未找到这种时机。他刚进学校工作几周就肺出血。他拒绝看医生，因为负担不起，几天后他试图重新开始教学，但不到一周就卧床不起了。学校瞒着杜公苏，给他在800公里之外江西老家的妻子发电报。她来了，日夜兼程，跋涉一个多星期，来照顾弥留之际的他。温德记得"她像只小老鼠，为了取悦丈夫，脚趾间塞上棉花，穿着不相称的大鞋"，她和这个男人睡同一张床上，而他在健康时从未与她生活过。

杜公苏不久就死了，死在一个苦寒的日子里，他死时房间里没有生火没有家具，只有角落里白布覆盖的床。温德记得，当丈夫死

时,妻子:

>匆忙穿上一件临时准备的麻布衣服,用针别住,然后坐在地上,没日没夜尖声恸哭。第三天,一个男人挑着两大篮子石灰来到我们院子。为了防止他在半路上偷掉一些,石灰表面上画了一个黑色的图案。他在篮子旁边就地坐了五个钟头,因为棺材还没到。下午将尽,准备工作开始。公荪的铺盖先被放进棺材。然后是他的遗体,盖着一块棉布。虽然他有一件皮衣,却没用上,因为这会导致他转世为动物。石灰用纸包着,塞在他遗体四周。同时往空中撒纸钱,燃放爆竹,直到棺材盖被钉上。棺材由两个矮墩墩的苦力扛着,寡妇跟在后面,哭得更响亮了。棺材先寄存在一座庙里,直到寡妇可以把它带回千里以外的家族墓地里。不幸的是,她没有钱。她不再是娘家的人,而夫家的人都死光了。她接下来怎么过?无人可以回答。她为了表示哀悼,要全身缟素百日,戴孝一年,穿灰色一年,再穿黑色一年。①

她丈夫去世后,温德对她全部的记忆是:

>有几天,到了深夜,当苦力们的号子声差不多停下来时,甚至连狗吠都渐渐平息,这时那些没有儿子的魂魄就会走出来。杜太太会拿出丈夫从美国带回来的大笨钟,小心地上发条,设好时间段,让它滴答滴答走。然后我自己就要准备睡觉了。②

有了这些难得的经历后,温德能更清楚地看到是什么阻碍着中国的现代化运动,不会像有些人那样产生错觉。

---

① D2, p. 23.
② Ibid.

但他还有一些经历表明了中国儒家体系的微妙,他对此心怀敬畏和欣赏。当温德垂垂老矣,快要走向生命终点,他还充满感激地回忆说,吴宓对他尊敬到了什么地步。温德在吴宓家吃饭,吴宓让太太上桌一起吃,中国家庭这样待客是破天荒的。工作和闲时,这两人花很多时间在一起,互吐心声,就像他们彼此分享各自文化的珍贵礼物。有次,在一种私密而有说教意味的氛围中,吴宓向温德讲述了有关他童年的一个奇怪故事。六岁时,祖母有次带他参加宴席。温德二十年后还记得这个故事:

> 女主人用筷子挑了些菜放他碗里。他当然什么菜都不敢夹。里面有道菜是他不爱吃的。突然女主人又夹了一些这个放他碗里。他当然不得不吃。他毫无违逆地做着这些,没有机会表达,除了用眼梢匆匆瞥一眼祖母。宴席结束,他们回家。他像往常一样上床。所有人都睡了,祖母在他睡着时进屋来,掀开被子,用皮带严厉地抽打他。他非常明白这惩罚为何而来。后来,这事再没被提起过。①

中国人如何感受,这个问题总能吸引温德。在这个事件里,吴宓的教训是,个人的感受不能违反礼仪,一个人必须克制他的感受来配合更多人的和睦。温德后来开始理解中国式的宁静,启发他的是儒家思想家荀子,这位道德实在论者教导说,人不能也不希望废止欲望。我们应该智慧地从欲望中选出目标,"见其可利者,则必前后虑其可害也者"。这位哲学家的心态对他特别有吸引力,因为它酷似文学评论家兼"道德科学家"瑞恰慈 1927 年(同年他遇到温德)所辩

---

① D2, p. 276.

称的,"最有价值的心智状态,配合它的是最广阔、最全面的行动,它具有最少的缩减、冲突、饥饿和束缚"①。

温德明白,维持这种情感的功利主义或许和得到它一样难。正如他十来年后向蒲乐道(John Blofeld)解释说,虽然"某种自嘲或微笑是寻常中国人对不幸的反应",但到了断裂点时,礼数、《礼记》这些东西都会被抛到九霄云外,"而大人君子,原本非凡之人,会发现自己也像其他人那样受感觉的支配"②。复杂人性在中国人身上的表现就像在所有其他人群身上一样显著。

温德的观察力和阐释权必定使他的这个新世界变成他心灵/心智的游乐场。他所转到之处都充满了教益和象征。有一天他听到窗外有学生在踢足球,往外望,看到"柔弱如肺痨患者的青年身穿丝绸长袍,踢球时讲究地挽起双袖——但踢的往往是空气——一边踢,一边倦怠地扇着雅致的扇子,上面绘着唐诗"③。你很难想象有什么图景比这更能表现那时中国青年处在摇摇欲坠的平衡中——倦怠、男孩女性化,他们努力参加生机勃勃的活动。尽管温德自称在芝加哥遇到闻一多之前就已不再写诗,但他从来都是通过画面,以诗的方式来发现。

另一种声音,持续不断,他醒来时能透过花园围墙听到,它送他在夜里入眠,它是苦力们的叫声:"嗨!嚯!嗨—哟—嚯!嗨!嚯!嗨—哟—嚯!"多年后,温德告诉戴维·芬克勒斯坦(David Finklestein)和胡碧薇(Beverley Hooper),他不认为自己是个共产主义

---

① D, p. 9. 引用瑞恰慈《科学与诗》。

② John Blofeld, *City of Lingering Splendour: A Frank Account of Old Peking Exotic Pleasure.* (London: Hutchinson & Co. , 1961) p. 79.

③ D2, p. 48.

者,也无关什么"政治动物",但早在 1920 年代,对他来说,"共产党会给中国带来一些帮助"①。他透过窗子听到、在街上看到的苦力们一无所有,只剩"腰间的破布",而他们的歌,"与他们的脚步合拍,对路人既是一种抗议,也是警告"。即便孩子,即便猫狗,温德都观察,"知道我们何时对他们不公,然后,我们大可以假设,这些苦力中的最底层是没有觉醒的,在任何形式上都没有,"这些人的存在是一种可鄙的徒劳吗? 温德不这么想。反之,他借用某个不知名哲学家的话说,人在这一境遇是如此清醒,"他的个人体验不再重要,他通过创造一个看似理想化的世界来超越自身,努力投射自我,在彼时彼地的乌托邦,一切都已经是,或许,可能是好的"。②

20 年代,虽然从历史上看谈不上鼓舞人心,却是中国的乌托邦时代。这一时代的早期,"一些军阀的狂怒逐渐消退,所有这些乌托邦都从藏书架拖出到现实中"。温德听说北京大学校长蔡元培在他雄辩滔滔的演讲和文章中抛出了一个辉煌的"八宝饭",构成它的是"中国的哲人王,伊甸园,上帝之城,柏拉图,莫尔,还有卢梭、但丁、雪莱、易卜生、王尔德、托尔斯泰、罗素、约翰·杜威,优生学,自由诗,自由恋爱,友爱,种种这些都能在那儿找到,它的气氛不紧张,应该是辉煌而有生机"③。与那些更哲学化的同事相比,温德的不同反应是,他能从这个令人陶醉的氛围中认出苦力的位置。

温德能够在经验中学习,即便是不愉快的经验,这可以解释他为什么能在中国生存那么久。与在他之前或之后的许多西方人一样,

---

① "57 Years Inside China: An American's Oddssey", *Asia*, II.5 (Jan/Feb 1980),11.
② D2, p.24.
③ Ibid.

他从未习惯人群,因为人群会造成一种对西方人构成威胁的气氛,因为他们总能吸引人群的注意。温德在南京不论何时上街,"都会被人群推搡,他们穿戴相似,向前行进毫无歉意"。当一个人困在人群中时,他不会因为自己给别人带来不便而觉得有必要道歉。温德察觉到这些,他曾撞到一个人而弄洒汤汁,他试图道歉但发现徒劳。

有时,"希望从混乱的人群中得到一刻喘息的空间",温德会转向或走进一座庙宇,但不管他到哪儿,人群,有时是一群小孩,都会从什么地方涌出来。哪怕他要找一个可以"解决私人问题"的角落,"一打小孩就会不知羞耻地围上来,鲁莽地盯着他,更鲁莽地说三道四"。

"美国人的想象",温德观察,"会从人群中看到麻风病,更不用说疥疮、天花,以及一堆其他的可恶之物"。但有次,他在绝望和恼怒中喊向人群,让他们给他清静,给他空间,他们就退走了,温德羞愧地发现"他们脸上没有生气或愤恨的痕迹,只有惊讶"。他特别记得有个苦力,"全身只穿一条撕破而褪色的短裤,有尊严地离开,假装从没看到我,以照顾他的感受和我自己的感受"。①

他在南京街头只有一次是真正被折磨了。温德记得,这事发生在1925年5月,但很可能是6月初,数天前发生了上海"事件",一些学生被英国警察枪击,整个中国一片哗然。这天温德从市郊的寓所进城。准备返回时,他上了一辆黄包车,把地址给车夫。他重复说了几次,以为这个人聋了或者没听过这条街的名字。这时,大概有两百个人围了上来。然后,车夫转向温德,"扭过肩膀,以讥诮蔑视的口

---

① D, p. 107.

吻大声说,'你给我一千万,我也不会拉一个你们这些肮脏的外国人'"。① 这段插曲给温德造成的不便之处,不过由乘车改为步行。但它不啻一种前兆,以一种上升的力量,预告了历史将如何侵入他的私人生活。

触发此事的源头在上海,也就是后来大家所知的"五卅事件"。1925 年 5 月 30 日,中国人游行,大多数是学生,抗议日本纱厂管理员打死中国工人。他们拥在租界警察局门前,英捕头下令开枪。这场屠杀致使游行队伍中十一人死亡,数十人受伤。这激起了一股反帝国主义的浪潮,它表现为大规模的罢工和抵制运动,使学生运动武装化。曾短期存在的《公理日报》,其创办就是为了传播被禁止的那些新闻,相关之事后来即演变为"五卅运动"。②

为纪念"五卅运动",诗人朱自清写作并发表了《血歌》,他在诗中宣告历史现在已变得与暴力同义。现在的中国,无论土地还是意识,都没有一寸空间让人躲避"血的手,血的眼"。"五卅事件"的另一结果是一些像朱自清这样的五四老将开始抛弃对批判理性的信仰,转向革命道路。不过,他们中的大多数仍坚守底线。这意味着温德在言说西方思想和艺术时拥有倾听者,即便是在那些尚未成为彻底革命者的学生中,对儒学的虔敬也已走向终结。

---

① D, p. 43.
② 这一事件的记载较多样。参见 Ka-see Yip, "Nationalism and Revolution: The Nature and Causes of Student Activism in the 1920s", *China in the 1920s: Nationalism and Revolution*, ed. F. Gilbert Chan and Thomas H. Etzold. (New York: New Points, 1976), p. 103; Vera Schwarz, *The Chinese Enlightenment: Intellectuals and The Legacy and of the May Fourth Movement of 1919* (Berkeley: U. of California Press, 1986), pp. 147-148; Jonathan D. Spence, *The Gate of Heavenly Peace: The Chinese and Their Revolution*, 1895—1980 (New York: The Viking Press, 1981), pp. 183-184.

温德自己第一次接触中国学生运动(这一情节似乎是红卫兵的前兆)也发生在那年春天,在温德任教的东南大学,当时胡敦复被任命为校长,但师生普遍认为他是无能之辈,这个任命违背了大多数师生的意愿,随之是一浪高过一浪的示威,"尤其是人们得知,他贿赂南京邮政局,截获了该校师生的通信,以便了解谁反对他,准备在就职后开除这些人"。

一天晚上,没有任何仪式,胡在他弟弟、该校理科教授胡刚复的帮助下,成立了校长办公室,掌握了印章,拟定通告,准备第二天早上宣布就任校长。学生们看到通告,即在他的办公室门前示威。起初,他们只是在那扇西式风格的大门外喊叫(门的上半部是一扇毛玻璃窗),要求他立即离开校园。他拒绝,学生敲碎玻璃,闯进办公室,发现他正蹲在书桌下面。

至此,集结的学生数以千计。他们站成一排,一个个从他面前走过,每人都啐向他的脸,直到唾沫从他身上流下来,滴到地板上。这时,副校长召唤温德,要他作为一位中立的观察者,看看学生有没有对胡敦复造成什么人身伤害。

温德履行了任务,他亲见胡敦复起来说:"我们走。"学生们,让胡敦复兄弟签署了辞职信,然后请来一位外国医生,检查这两位的身体,为此还脱去他们的衣服,并签下一份声明,说明他们没有受伤,只是胡敦复脸上有些轻微擦伤。二人穿好衣服,被送上一辆黄包车。"当他们闯过学校大门时,两大巨桶的粪便泼向他们头顶"。他们被带到火车站,在那种情形中上了火车。

多年后温德还能讲出这个故事,以此揭示中国学生运动是"中国在转型期最光明最令人称赞的因素之一"。别人也许认为学生是"极端分子",温德的观点则是,他们是在糟糕政府的强迫下不得已而为之。他总结道,极少"看到有什么情况能处理得比这更有条不紊更高效"①。

尽管有时不太愉快,但温德在南京生活经历之丰富和深刻,是他在家乡不曾遇到的。离开南京赴北平几年之后,有次在书报摊,他偶然见到一本自己曾拥有的书,蒙田的作品,它是被日本人偷走的——还有温德1939年离开北平时被迫丢在寓所的其他物品——卖到这儿了。尽管温德没钱把它买回去,他还是打开书端详自己盖在扉页上的印章,当他看见精美的笔画写着 Gentle Virtue His Book,他的思绪被拉回到刚来中国的时候——近来这已形成为"一种无聊的习惯"。

他想起楼光来,楼光来在南京给他取了这个意为"温良美德"的中国名字,还教他怎么写这两个字。他的叙述给我们一种耐心、关怀的感觉,他以此来践行中国文化。他还记得自己是怎么练习的,首先,踌躇地,他拿起了一支自来水笔,"杂乱地刻写代表中国四个社会阶层的图案——士、农、工、商",每个图案"都用绿、蓝、银、金悉心描绘"。他每次提笔都踌躇,他知道"最终这支笔会磨坏,这图案会丢失"。

最后他打湿了一支毛笔,准备蘸进他的砚台,但他此时又停住了。砚台摸起来如同天鹅绒。它的一面雕饰着一个寺钟,上面刻着"17世纪一位著名女子的名字,在她的指导下,此砚得以造成";另一面是风景浮雕,雕刻十分讲究,温德看了不禁莞尔。

他可以提起毛笔写三笔,那是三滴水。他又写了三笔,画了一个箱子,表示被判处饿死的囚犯要被装进去。箱子旁加两笔,温德画了一个男人,箱子下面用五笔画了一碗米饭。这样,他的姓就齐全了。

---

① D2, p.39.

他给这个人物起名为"温良"或"同情"(compassion),因为它意味着"向饥饿之人赠予食物和水"。

一笔一画,温德借此构筑起他的中国认同,回想早年,写他的名字就像水一样清新。他在代表"同情"的人物下面又画了一个人,这次在他的头上加了一画,表示他在前进。温德又两笔画了一个十字,表示"指南针(compass)的五点、东、西、北、南和中"。然后他五笔画了一只眼睛,然后一笔,是矩尺,下面四笔画一颗心(心志)。这样他的名字就完成了,它表示"一个人前进,无论他去往哪个方向,他的眼睛和心志都像矩尺一样保持正直"。因此"温德"直译为"温良美德"。①

回溯初时,写自己的中国名字对温德来说就像一次跨越,转向一种潜在的身份,其形式是一个人无论朝什么方向前进,心"都像矩尺一样正直"。他认真对待中国哲学给予他的机会,成为一个大人,人上人,这条道路要求他以一种正确而有益的方式读解自己的经历。他选了一段文本作为引导,他在某段日记中抄了一些箴言,其中回忆了如何学写自己的名字,这是《道德经》中的句子,读作:

> 圣人:是以圣人后其身而身先,外其身而身存。非以其无私邪。故能成其私。

这种理想化的形象对温德来说非常宝贵,谁能说这不是温德将车夫生活理想化后的一种投射?

* * *

南京在温德到来时曾享有一段宁静,但并未持续多久。1923 年

---

① D2, p.50.

夏末,这座城市开始准备抵御东北军阀张作霖的进攻,张作霖意图赶走长期占据江苏的军阀齐燮元。进攻之前的四个月,全城戒严,日落后即宵禁。

温德说,在这段时期,他"开始通过我屋前这条街的一个守卫者而爱上中国人"。温德当时在拜访一位朋友,像往常那样谈笑风生中,他意识到夜晚不知不觉降临了:

> 所以我当时觉得自己会像羊一样被狼毙掉。我出发回家时已经十点多,在一个十字路口,遇到了这个守卫的严厉盘查,他不客气地将刺刀尖抵着我的肚子,喊叫道,"告诉我暗号!"我没有暗号。实际上,我没记住两天前的这个暗号,我以犹疑的语气对他说,"今天没有暗号,"他说话很严厉,稍后,缓和了一点,"今天的暗号是'某某某'!""所以是这个,"我笑着复述,接着回家。①

这座城市在等待奉军的四个月里,处于"一种极度混乱的状态"。农民涌入城市寻求保护,"付得起路费的都涌出去了";后者"在家进进出出拖运箱子……"箱子堆得"像山一样高",人们"爬上摇摇欲坠的顶端,举着婴孩奔向火车站"。很快,城里的权贵和富人都跑光了。温德,既非农民也非权贵富人,留在家里。

但他的房东,看法与他这个美国人不同,早早给温德上了一堂课,即关于治外豁免权的复杂用途。房东匆忙撕下前门的铭牌号,"挂起一张五英寸长的板子,上书'此处是尊贵的大美利坚国温德先生的官邸'"。他又拖出箱子,装满皮草和珍玩,放在温德床下,然后

---

① D2, p.15.

携带左轮手枪和子弹,终日待在温德房间里,待在一起的还有他的三个妾,她们整天忙着刺绣。

军队到来,花了三天进城。透过前门的裂缝,温德窥见"北京板车的无尽车流,五头骡子拉一辆,一头在护栏间,一头在车旁,另三头则用绳子远远拴在车前"。"令我们南方人感到陌生的是",每辆车的行李堆上,坐着四五个北方士兵,亦陌生的是,"高高的貂皮或松鼠皮帽下是扁平的古铜色脸颊。每位都握着枪准备行动,他们入城之后,先遣部队即已撤出。车辆日夜轰隆,没人说一句话"①。

北方士兵一占领这座城,就开始实施中国人所谓的"打劫",抢劫大商店,然后将它们焚烧殆尽,只留存完好程度不一的私宅。不过,并非每个人都能像温德的房东那样轻松逃脱。在家里躲了四天后,温德听到街上传来哭声,好奇地打开门。拥有隔壁宅子的寡妇坐在她门前的泥巴里,"她的头发,以前总是那么油亮光滑,……现在凌乱不堪。她手中捧着一盒香粉,吃进去,咽下去,口吐白沫。同时她拖着长长的降调恸哭,"我们是有根底的家族。我们在这房子里已经住了一百年"。她接着说,士兵们昨晚闯入了她女佣的房间,抢了她价值三十银元的金簪。他们强奸了她十六岁的女儿。"我们是有根底的家族",她一直哭号。邻居们,站在自家前门凝望,难过地交谈,"她完了。他们抢了她的金簪。他们强奸了她的女儿。中国会成为什么样?"②

对温德来说,他有这么多机会去探究一切,中国人对灾难的反应是他追问的主题。吴宓告诉他,因为在中国"每个孩子都被教着别

---

① D2, p.15.
② *Collected Poems*(NY, Harcourt, Brace and Company:1949), p.32.

让他的脸背叛他的心,一个人要完全抛弃情感几乎是不可能的。每个姿势都有象征意义,一定的装腔做戏往往混合着情感的流露"。

这至少是温德读解寡妇行为的视角。"每位女人的第一要务",温德观察到,"是早晨梳她的头发,而干着沉重体力活的女苦力们则注视着这套仪式,直到她们走到边缘,变成乞丐。那时她们会刻意任头发蓬乱"。而这位寡妇的行为不应被解释为"假作":

> 蓬乱的头发和嘴角的沫子昭示着一种美学态度,这在所有中国人里是自发的,即便是最底层。没有更多理由去反对这个女人的表现,或者假定她的感受不是发自内心,而只表明她是一位对所扮角色没有真情或共鸣的女演员。显然,美学的态度,与中国人能否制造艺术品无关。①

城市很快平静下来,有钱有势的人返回,"坐在他们的行李上"。大学又开了,教师们最终拿回了薪水。"稍后另一支军队从东边扫荡过来,整个过程再次上演。"在人们的叹息中,温德听到了莎士比亚的忒耳西忒斯:"永远是战争和奸淫,别的什么都不时髦。浑身火焰的魔鬼抓了他们去!"②我认为温德来到中国不是为了更深地遭受或饮下疲倦和悲悯。但最初在南京的这段岁月,他不免会认识到,受苦是体验中国的根基,而且,如同他的朋友燕卜荪所说,"从绝望中学会一种风格"③。

在受苦不可避免的地方,我们该拿它怎么办?温德在1927年1

---

① D2. p.16.
② 忒耳西忒斯(Thersites)是莎士比亚戏剧《特洛伊罗斯与克瑞西达》中丑陋而好谩骂的希腊人。——译者注
③ *Collected Poems*(NY, Harcourt, Brace and Company: 1949), p.32.

第二章 抵达 63

月1日至1947年1月1日的日记中思考着这个问题:

> 在赶走这二十三年来的这些鬼影之后还剩下什么？疲倦和悲悯。我希望，它不只是一堆胸口掏出的无心之物，而是像佛教所说的慈悲心，能为所有这些苦难找到根源与解药：勘破贪嗔痴，则无欲无求，无所求则得真自由。①

但两年之后，在南京的温德跟随吴宓北去，他还未能摆脱欲望。他幸而没有。他新到的学校，清华，成为五四老将恢复力量之所，锻造了一个有理念有希望的新群体。

---

① D2, p.14.

第三章　清　华

　　温德执教清华似乎不是由上天决定,而是在芝加哥时就注定的。如前述,在那儿,闻一多给身处中国的梁实秋写信,谈到这位魅力四射的新美国友人,还补充说,这个美国人"迫不及待要去中国"。① 闻一多请梁实秋动用他对曹云祥校长(闻一多亦致信曹云祥)的影响力,帮忙给温德安排一个职位。闻一多动用了私交和公务上的人脉,通过"关系"这种社会习俗,为温德在大学里找到一个位置。这所起初即便在名义上都不存在的大学,直到温德抵达中国两年之后才正式成立。

　　温德日后会参与抗日行动,并将坚定地忠于人文主义的激进派,如他所坚称,他不是一个从政的人,但他仍陷于一个容纳各路相互抵牾的政治观点的大锅中。闻一多在政治论战中扮演了一个主要角色,投身于使中国现代化的战争。与传统中国价值相冲突的西方经验主义,对此不构成威胁,这意味着温德与闻一多的联系微乎其微。闻一多太忙碌,无暇维护私人的友谊。

　　温德发现自己无法忍受美国的一个原因是,它未能履行它所宣扬的。他发现理想与实践之间的鸿沟变得无法逾越。20 年代的清华是一个全然不同的地方。它是一个满载理念的沸水锅,其蒸汽涌上街头。温德,作为一个局外人,一个不关心政治的人,从来只是中

---

① 见第一章。

国自我改造进程的一个旁观者,但通观他在中国的漫长岁月,它们在他呼吸的空气中,并最终拉他参与其中。

* * *

就像中国的一切,清华从成立之初就牵扯于各种矛盾中。在强烈反对宗教情感的时期,它却有很多科技人员进入基督教青年会(YMCA),校园里活跃着这一组织。① 在民族主义如火如荼、反西方情绪高涨的年代,清华由美国政府的一千二百万美元捐款而建立,虽然这款项没有看上去那么慷慨。1901 年,美国从中国获得了二千五百万美元的赔款,中国以此赔偿美国在义和团运动中的人力物力损失。美国所分享的只占 3.5 亿总赔款(这一过高的要价也拖垮了中国政府)的一小部分,但有责任感的美国官员认为赔款太过分。美国获得的赔款计划用来资助中国人赴美留学。至 1929 年,1268 位学人在庚子赔款的资助下被派到美国,他们中的许多人,像闻一多,堪称国家的希望。

显然,一开始为了让计划行之有效,学生们要接受特别训练,为留美做准备,清华因此建立。它的经费——每年固定投入达到四万美元之多——不受制于军阀政权变换,这使它起步时就获得了一种独特的能量,更适于走在锻造中国光明前途的前沿。在这种新模式下,学者有权对政府提出要求,虽然有多次流血冲突,它却显示出持久的生命力。

纵观 19 世纪最后三四十年,中国在努力革新古老的教育体系,但成效甚微。一个问题是,即便在短期内"小皇帝"曾被劝说,知道

---

① 有关这一时期各种骚动的精彩论述,进一步参见 Wen-Han Kiang, *The Chinese Student Movement*(NY, King's Crown Press, 1948)。

改革的迫切性,却没有足够的师资来实施这项改革。改革的举措一开始仅出于一种实际功用,是为了强国,抵御外侮,为国家似乎要转向的新共和政体的官员提供所需的政治和经济训练。

1880年代,意在改革的学者张之洞找到了一套法则,对中国当时的领导层仍具吸引力,它使中国既吸收西方科技、经济模式,亦确保自身的文化认同。张之洞的主张足够简单:中学为体,西学为用。当然,改革者们没多久就发现,如舒衡哲指出,"嵌入了西学之'用'——意即,技术专才——目标与众不同,它抵触中国的基本价值,更确切地说,与儒学教化相背离"①。

更具戏剧性的抵触是,中国的教育旨在训练学生把握自己的生命,而非进入某一专业。这一理念,在西方出现得较为晚近,其恰切的表达见于康德的《什么是启蒙?》——康德继而回答了这一问题:

> 启蒙就是人类脱离自己所加之于自己的不成熟状态,不成熟状态就是不经别人的引导,就对运用自己的理智无能为力。当其原因不在于缺乏理智,而在于不经别人的引导就缺乏勇气与决心去加以运用时,……就是人类脱离自己所加之!要有勇气运用你自己的理智!这就是启蒙运用的口号!②

在中国的语境中,舒衡哲所持的这种理念,要求剪断封建思想的束缚,尤其是,切断儒家的三纲:父为子纲、夫为妻纲、君为臣纲。这目标需要一批崭新的、真正革命性的教职人员,用中国的话,他们的"心"立基于现代科学基础之上的怀疑主义。

---

① 舒衡哲(Vera Schwarcz):《中国启蒙运动:知识分子与五四遗产》,第5页。
② 同上书,第1页。

清华学校成为这些新观念进入中国思想主流的主要渠道。如果说19世纪后半叶,中国学生去西方是为了学习技术语言和技能,现在他们留学则是为了全方位学习"新知",往往希望成为教师,播散现代观念,由此将中国推向必要的革命。在清华成立之初的十八年里,大约有1300位男女学生从清华去往美国,向现代文明的麦加朝圣。

有人会经历祛魅。例如,闻一多在文章中宣告:"根据我十年求学的经历,我推断美国文化不值得我们吸收。"美国"吹嘘它的物质、经济、实际的成功",他继续说,"但它平庸、肤浅、虚荣、浮躁、奢华"。这一观点与罗伯特·温德相当契合。

然而,不管闻一多如何看待美国文化,年轻的他是理想主义的,以新奇而充满活力的心智困惑于一种垂死的古老文化与一种鲜活的现代文化深入接触时才会出现的巨变,他的两难还混合着:在华兹华斯的十四行诗《伦敦,1802年》(London 1802)中,他发现了西方对东方文化的祈求:

哦,回来吧,快来把我们扶持,
给我们良心、美德、自由、力量!

尽管对美国感到幻灭,但闻一多召唤华兹华斯,表明他渴望一种焕然一新的世界文化,它从东西方的联合中升起,虽然他的不安在赴美时仍未停歇。1925年,刚留学归来,闻一多即是《大江会宣言》的起草人之一,这个学会是他在纽约期间协助组建的。这些留学生宣布,"非启蒙的教育",比缺乏教育更留下万恶的影响,但西化的教育比非启蒙的教育更糟糕:

在今天的留学生当中,确实有许多人受到西方使命的支撑……但事实上,这些受过教育的学生,带着他们西化的习惯、言说、写作、观点和思想,恰恰危及中国的未来,因为他们忘了自己的文化之根……施行文化侵略不止一种方法。在返还赔款的口实下,某些外国势力设法控制中国的教育和出版。

但《大江会宣言》恰恰揭示了中国的困境:它此时仍无力解放自己,为了改变,中国需要从外部获取新观念,但这些观念往往潜伏着对中国性的抹除。

这个宣言,不那么直接地揭示出了另一个令人不快的真相。美国向中国乐善好施从来不是无功利的。就像被派往中国的传教士,他们的传教机构无损于其教育之功,世俗机构亦然。当美国国会拨款资助中国学生赴美学习,当后来洛克菲勒基金会决定致力于在中国兴建教育,无论这种努力伴有其他何种意图,都会提供一种途径去影响、甚而赢得人心,这些人恰会塑造中国的未来。伊利诺伊大学校长1910年致信西奥多·罗斯福,提及清华:"这种操作方式比任何军队都有效。"[1]这些似乎都未减损温德早年执教时受欢迎的程度,后来,他与洛克菲勒基金会往来,执掌北京大学的共产党人将此视为一个严重的标记,因国共战争的末期他正在此校任教。

* * *

当温德1925年抵达时,清华开始迈向一种新的平衡,最终安抚了某些批评者。该校奠基时,师资严重依赖美国学术外援。而此时,教员已主要是中国人(尽管晚至1937年,他们中有三分之二都还在

---

[1] Hinton, William. *Hundred Day War: The Cultural Revolution at Qinghua University* (New York: 1972), 21.

美国受过训练)。如孙任以都①在《剑桥中国民国史》中指出,那些"被选出来创建高等教育系统的人,紧握的传统观点是,学者不仅是技术专家,还必须像政治家一样思考,代表全社会的利益,既包括统治者,也包括民众"。② 所有这些都营造出令温德这样的西方学者陶醉的氛围,何况他本就接受了马修·阿诺德的观点,即知识分子要充当社会的公正批评者——这一功能对应于将诗人导向朝廷的中国传统观念——直到他们的公正令人不快。

*　*　*

清华即便被还到中国人手中,仍残留着西方的殖民色彩,教员中大多数是西语和文学教师。英语系主任是施美士(E. K. Smith),1910年他参与了清华的创建,在这一职位上一直待到清华归还中国,继而去了燕京大学这所教会学校。似是命运的安排,温德在这儿与传教士,还有西化的王文显、吴可读、翟孟生(R. D. Jameson)等人共处了一段时间,温德加入中国正字学会后与他们都共过事,那是后话了。施美士的女儿珍妮特,在清华从出生待到八岁,具有超强的记忆天赋,她使我看见温德惬意地生活在那些有教养的人中间。③

校门内"是几座壮观的西式建筑,有行政楼,有教学楼",一座礼堂"似乎漫不经心地模仿着希腊帕台农神庙"。宿舍楼和校医院分处两边。施美士,与其他西方教师一起,住在校园里的教工宿舍,"离教学楼要走一小段路,对着学校的后墙"。这里坐落着"八幢一层的西式灰砖复式楼,围着一片广场,包括一座网球场,一座公园,广

---

① 孙任以都(E-Tu Zen Sun),任鸿隽、陈衡哲之女。——译者注
② E-Tu Zen Sun, *Cambridge History of China*, Vol. 13, Chapter 8.
③ 我后面对清华人际圈的叙述相当倚重珍妮特·施美士未刊的回忆录《记忆》。

场还遍布假山"。温德在这个教工区住了几年,直到后来他在城里有了房。

施美士家的孩子(除了珍妮特,还有多萝西和厄内斯特)在这儿度过了许多时光,他家的房子最开始属于帕迪·马龙(Paddy Malone)家,他有"两个可爱的儿子",后来属于王文显,他有两个不那么活泼的女儿。他们称马龙为帕迪叔叔,因为他是1910年随着父辈来中国开创清华的孩子之一。

王文显儿时被戈登将军收养,接受英式教育,虽是中国人,而非英国人,但他并不了解中国人。别人看到他几乎每天都戴着领结,身着英式剪裁的花呢夹克衫,灯笼裤,还有一双高统羊毛袜,最后戴上一顶浅色软呢帽。我曾看过他的一幅像,作为某书的卷首,背景是他所描写的狩猎。他穿着一身猎装,抬着一架重型来福枪作放松状,右脚牢牢地踏在一头大老虎的尸体上。王文显还是一位剧作家,他以前的一些学生还记得他曾在纽黑文市出版过一部自编的戏,当时他是著名的耶鲁乔治·贝克(George Baker)工作室的成员。这部戏叫《委曲求全》(*She Stopped to Compromise*)。

清华西方人的圈子里还包括翟孟生,他与妻子多萝西、儿子迈克尔住在清华。我见过他的一张相片,衣冠楚楚,气派地穿着一套双排扣粗花呢(尽管他的儿子迈克尔,现在的斯坦福古典学教授,告诉我,"衣冠楚楚"并非他父亲的典型状态)。翟孟生后来离开清华去了昆明,在那儿创建了中国正字学会,此是后话。

还有吴可读(Arthur Pollard-Urquhart),他恰似翟孟生和温德,后来与中国的基本语社团共事,这来自瑞恰慈的推动。吴可读,这片教工区里除温德之外唯一的单身汉,是苏格兰人,来自一个声名显赫的家族。他瘦高、发色灰白、优雅,曾经一度为意大利王子们担任导师。

才华横溢、不同凡响的单身汉在这片仍显著具有传教士氛围的社群中像是异国来客,但珍妮特的姐姐多萝西记得温德和吴可读是她童年最喜爱的叔叔。从这两位"叔叔"显而易见的亲密关系中,从温德的性倾向中,我推测他俩是一对恋人①,但他俩都是施美士夫人最好的朋友,和施美士家一起过圣诞节、新年、感恩节,还有其他令施美士家觉得单身汉每逢佳节倍思亲的时日。

温德与施美士夫人的相识,就像两只奇怪的鸟儿突然找到了知己。她出生在中国,是著名传教士富善(Chauncey Goodrich)之女。她一直拒绝讲英语,直到九岁那年她被带回美国,在课堂上用汉语作答遭人笑话。虽然她的美国同学们无法欣赏,但她的汉语着实优雅,有中国宫廷腔。她是皇子载涛(或溥儁)的朋友,在他应邀出席使馆宴会时为他当翻译。

温德的两大嗜好已经确凿无疑了。他对动物特别亲昵,住教工区时他养了一只猫,他成功训练它控制便溺,教它尿在厕所而不是小箱子里。不过这猫对温德生气时,就会尿在他床上。温德还是个游泳高手,他不仅能进到游泳池,还逃票,直到管理者来索要。②

和温德一样,施美士夫人热衷艺术、中国古董、精美家具,而她那倾向于抽象哲思的丈夫没有分享这些爱好。她是个高度精神化的女人,感性温德的加入令她愉快,他有勇气讲出他的心灵,甚至在他那特有的不敬当中,都表现出某种东西,或许能缓冲她那令人钦佩而又略嫌保守的丈夫。因此温德妙语连珠的八卦常使她欲罢不能,珍妮特记得,"不管温德和母亲何时谈话,只要我靠近,他们的声音就会

---

① 另一个知情者告诉我,**并非如此**。
② 1986 年 11 月 13 日与多萝西·盖洛德(Dorothy Gaylord)的电话访谈。

低成窃窃私语,我像是在观察两位密谋者"。她记得他俩站在温德美艳的鸢尾花丛前。温德一直拥有一种生动的(有时是别出心裁的)谈天说地之天赋。瑞恰慈的遗孀多萝西·盖洛德在电话里告诉我,温德不在意他的诙谐会伤害到谁,而且"他不会去解救那些需要解救的人"。① 纵观我引用的事例,可以证明她错了。

如果 E. K. 施美士因妻子与这位奇怪单身汉的友谊而感到不舒服,"他会忍住不去劝导我母亲",女儿多萝西回忆,"因为他认为母亲与他们的友谊是毫无害处的,因为他们是她在艺术上的知音,而这是我父亲,一个更像哲学家更像知识分子的人,无法给予她的。爸爸对这两个男人非常礼貌,但从不会像母亲那样和他们共享一片创意之地"。

这片创意之地有它奇怪的爆发方式。多萝西记得温德"曾借了一位访客的牙刷,经过一夜激昂的艺术创作,在一张特大号的床单上,画了佛陀的三位弟子,这来自他在《大英百科全书》中找到的一幅小插图"。这三位鲜活的人物,用柔和的色彩画成,就像古老的壁画一样,在施美士家餐厅的墙上挂了多年。

温德心智强健,与此相匹的是他的身体非常壮硕。温德九十来岁还健朗的时候,仍是一位游泳高手。施美士一家在北戴河边的小屋里消夏,他有时去拜访他们,在那里逗留几周。"母亲过去常常担心他",多萝西写道:

> 因为他有时会游进海里,独自在水里待几个小时,游出一英里开外,快乐地漂浮、沉思和吸烟。此时,母亲在前廊踱步,希望

---

① 1986 年 11 月 13 日与多萝西·盖洛德(Dorothy Gaylord)的电话访谈。

能瞥见(鲍勃),恳求任何一位碰巧经过的人用她那强大的双筒望远镜瞅一眼(鲍勃)是否"还在那儿"。

温德怀着叔父般的责任感认真地报答这种关切。多萝西娅·罗兹(Dorothea Rhodes)从传教士在通州办的寄宿学校毕业一年之后,她应一个声名狼藉的男人之邀,去北京饭店跳舞。珍妮特记得,她的母亲,一如往常不拘陈规,"让她去,她说过在这世界上必须学会掌控自己。鲍勃恰巧也在这舞会上,骇人听闻的是他整晚都没有喝酒,就为了留意多尔(据我所知,他那时真的过得很逍遥)"。

* * *

我有一张复制的模糊照片,是 1927 年清华西洋文学系教职员的正式合照。他们在一幢美观的中式楼房前,集体站在门廊处,背靠一排花格窗。两旁是两根柱子,按照传统,上面贴着对联,每联上的字都与另一联上相对的字形成对应。你可以从字数知道,窗户、对联、还有人都面对南方,这是个吉利的方向,祖父在传统家庭里即面朝这个方向,还有皇帝在皇宫里,亦是如此。

西边柱子上的楹联在我正看着的这张复制照片中已难辨认;太多字已模糊不清。"槛外山光历春夏秋冬,万千变幻都非凡境;窗中云影任东西南北,去来澹荡洵是仙居",这副对联所涉的人是东方和西方的学者,或是那些领略了辽阔境界的学者,他们明白自己的小小事业从属于某个不属于他们的更高远的事业。但是,他们也在院落中闲言碎语,也有私人生活。最终,拜常居中国所赐,他们都历经烦扰与暴力,充分地变成了中国人,平静的生存之流被战争之狂风吹皱。

* * *

珍妮特·罗兹记得有一段时间,她的父亲曾扛着"某种火枪",

"教职工们轮流在校园巡夜"。她非常生动地描述了这样一个"真正戏剧性的夜晚":

> 一列火车满载着属于某个军阀的炸药,被另一个军阀的手下点燃。它没有在北京爆炸,而是在火车头的推动下正好停在我家外,一墙之隔。我们被一车厢子弹爆炸发出的砰砰声惊醒,那时我相信母亲正支撑着父亲的腿,他站在靠墙架着的梯子上,试图去看发生了什么。更艰难的是,墙顶上嵌着一排碎玻璃,这在那时是惯例。火势很快蔓延到了装手榴弹的车厢,我们显然走为上策。因而仆人和孩子们排成了一支向礼堂进发的远征队。忠诚的"大舌头"扛着他"宝贝的独儿子",我们常常开心地回忆起,他被放在肩上,因此为"大舌头"充当了很好的防护。爆炸声势巨大,划亮了天空,但我不记得当时害怕过。大礼堂挤满了学生。给我留下深刻印象的是,他们大多穿着睡衣裹着毯子。我们决定去找中国教员朋友何家,穿过校园,持续到天亮前。此后我们的消遣之一就是捡拾四散在家外的弹片。

但这些爆炸对孩子们来说无论意味着什么,对他们的长辈来说,都是牢固的一课,有理由好好记取:暴力和教育牵手前行,贯穿中国学术界。

* * *

"所有的沉思都集中在行动的表现,以及应做的事",霍布斯说。在东方,在中国,在五四事件接下来那几年,正是如此,这一命题所蕴含的信念张扬到了极致。即便对温德这样的外国人而言,在清华这样思想密集的智识集市之中心,也必定是心醉神迷的,如果没被吓到的话。

在温德从南京北上的前一年,中国已充分发酵的思想变革,被两卷本为新中国而讨论科学意义的文章所深化。"科学与民主"是五四运动的口号,对他们来说,"科学"既意味着获得一种权力,以阻止新帝国主义未来再欺凌中国,也意味着某种怀疑论,即中国知识分子开始将无关利益的探索视为追求真理的关键。但现在新集子的编者宣称:

> 近三十年来,有一个名词在国内几乎做到了至上尊严的地位:无论懂与不懂的人,无论守旧和维新的人,都不敢公然对他表示轻视或戏侮的态度。那个名词就是"科学"。这样几乎全国一致的崇信,究竟有无价值,那是另一问题。我们至少可以说,自从中国讲变法维新以来,没有一个自命为新人物的人敢公然毁谤"科学"的。直到民国八九年间梁任公先生发表他的《欧游心影录》,"科学"方才在中国文字里正式受了"破产"的宣告。①

长期以来,梁启超在中国是这样一种理论最为活跃最受欢迎的倡导者,即西方与东方的根本缺陷惟有通过各自优势的调和才能得以纠正。② 此时,在《欧游心影录》里,梁启超报道了他所发现的战后欧洲知识分子中萦绕的萎靡不振。他坚称,这场大战表明理性主义(或科学)"把心理和精神看成一物。硬说人类精神也不过一种物质。一样受'必然法则'所支配",他继而问,"还有什么善恶的责

---

① 原注为"梁启超:《欧游心影录》,《饮冰室合集·专集》第五册,第1—62页,上海:中华书局。"这段话见胡适:《科学与人生观·序》。——译者注

② 关于梁的文章描述参见列文森。*Liang Ch'i-Ch'ao and the Mind of Modern China*. Los Angeles: University of California Press, 1970.

任?"在他看来,这场战争对这一问题的回答不免是否定的。

然而,梁启超的结论是怀有希望的。战争"导致大多数人的人生哲学经历了变化。欧洲知识分子省悟到此前不该崇信'科学万能'以及,不该放任竞争导致无止境的物质文明……"梁启超发现,中国文化蕴含了与欧洲相似的人文主义理想,欧洲人现在将愈来愈依靠东方精神来纠正西方的物质主义。正如休士(E. R. Hughes)所反思的,"争辩是有启发性的,这并非因为它指向了对科学造福人类的怀疑,而是因为它表明了科学在人类事务中的独裁地位会遭到什么性质的反对。这是人文主义对生命机械化的反抗……"①

有趣的是,温德本人深受浪漫主义时期以来欧洲文学的影响,他返回沃巴什学院就读高年级以来便对理性的局限得出了相似的结论,在一篇谈萨克雷的文章中他如此作结:

> 在科学方法为主导的时代,旧方法的倡导者几乎都害怕艺术的消亡;原来的方法变成了目的,科学的新方法开始研究人的属性。但这最终将导向它自己的毁灭。知识是必要的,但它必须居于次要地位;艺术家的作用是观察和感觉;不漏掉他所见的最轻微一丝阴影或光线,而是让我们见他所见,感他内心所感,绝不是只让我们了解他如何运用理智来认识。②

一年后,他也许抄录了瑞恰慈《科学与诗》(Science and Poetry)中的这些话:"理性地生活不是只靠理性而活——错误很容易,而且,如果推而远之,会是灾难性的——而是在理性的保障下生活,对

---

① E. R. Hughes. *The Invasion of China by the Western World* (New York: Barnes & Noble, 1968, 1st. ed. 1937) p. 176.
② Wabash College Archive, 378. 7-823, Spring 1909.

全局有着透彻完整的认识。"

但瑞恰慈的准则设定的是一个稳固的世界,其间对全局透彻而完整的认识将产生恰当的反应。如果主观的享受被事件抹去,如果历史失去控制,会发生什么?如果理智不再能对事件施加作用,如果内心所承受的只有苦痛和愤怒,会发生什么?渐渐地,中国也被卷入梁启超眼中那种折磨欧洲的精神萎靡。对有些人而言,曾给五四知识分子以希望的精神革命已被证明仅是一个伴随着后继事件的"谎言"。

1925年春,日本和西方官兵镇压反租界的示威活动,杀死了六十多位学生和其他示威者。然而,他们并未浇熄高涨的排外热潮。温德经历了这场热潮,那位人力车夫告诉他,"你给我一千万,我也不会拉你们这些肮脏的外国人"。① 杀戮还使学生运动更富斗争性,也使他们更清醒。

诗人朱自清,其诗《血歌》为纪念五卅运动而写,宣布历史已与暴力同义。现在已没有多余的空间,在中国,无论是土地上还是心灵中,无处可以逃避"血的手,血的眼,血的面"。历史变得与暴力同义。1919年5月4日,天安门广场上无一人被杀。现在完全变了。

此后不到一年,1926年3月18日,另一场事件加深了血的苦痛。军阀冯玉祥进据天津大沽口,以制约对手张作霖,而日本人勒令国民军撤出大沽口,声称这是在干涉他们的势力范围,学生们再次聚集天安门,联合起来,要求"执政"(总统尚未选出,冯玉祥将此给予他自己在北京的代表),否决日本的最后通牒。结果当场有47位示

---

① D, p.32.

威者被枪击身亡,其中大多是学生。①

闻一多1925年回国,被武汉大学的建筑和优厚的薪资所吸引而执教于此校,枪击发生时他正在北京。尽管他此前反对学生游行,但长时间的沉默之后,他为此写下并发表了一首诗。这首新诗的名字就叫《天安门》,它从一个车夫的角度诉说了学生们遭遇的杀戮。他还撰文声明3月18日的死难学生"不仅是爱国,而且是伟大的诗"。他由此忍痛宣告创立"血的文学"这个新流派。②

中国伟大的白话文作家鲁迅,对此亦有回应。多年来,他一直在警告那些激进的学生,说会发生这种事,而一有事故,教员也不见了,大部分学生也慢慢躲开了,结果只留下几个替罪羊被屠杀,给大家做牺牲。他们也许认为自己"正如火花一样,在民众的心头点火,引起他们的光焰来,使国势有一点转机。倘若民众并没有可燃性,则火花只能将自身烧完,正如在马路上焚纸人轿马,暂时引得几个人闲看,而终于毫不相干"。③

闻一多文章发表的同一天,4月1日,鲁迅在《记念刘和珍君》中表达了对死难学生的哀悼,特别是对他自己的两个学生,其中便有"常常微笑着,态度很温和"的刘和珍:

> 我没有亲见;听说她,刘和珍君,那时是欣然前往的。自然,请愿而已,稍有人心者,谁也不会料到有这样的罗网。但竟在执政府前中弹了,从背部入,斜穿心肺,已是致命的创伤,只是没有便死。同去的张静淑君想扶起她,中了四弹,其一是手枪,立仆;

---

① Spence, *Gate of Heavenly Peace*, op. cit., p.194.
② Ibid., pp.195-196.
③ Ibid., p.234.

同去的杨德群君又想去扶起她,也被击,弹从左肩入,穿胸偏右出,也立仆。但她还能坐起来,一个兵在她头部及胸部猛击两棍,于是死掉了……

时间永是流逝,街市依旧太平,有限的几个生命,在中国是不算什么的,至多,不过供无恶意的闲人以饭后的谈资,或者给有恶意的闲人作"流言"的种子。至于此外的深的意义,我总觉得很寥寥,因为这实在不过是徒手的请愿。人类的血战前行的历史,正如煤的形成,当时用大量的木材,结果却只是一小块,但请愿是不在其中的,更何况是徒手。

然而既然有了血痕了,当然不觉要扩大。至少,也当浸渍了亲族,师友,爱人的心,纵使时光流驶,洗成绯红,也会在微漠的悲哀中永存微笑的和蔼的旧影。陶潜说过,"亲戚或余悲,他人亦已歌,死去何所道,托体同山阿"。倘能如此,这也就够了。①

时代暴虐如斯,以这种方式在与政治无涉的温德身上留下印记,也预示着更坏的时代将会到来。1925年的五卅运动,12名工人和学生被枪杀。这次的屠杀者不是英国人,不是日本人,也不是锡克人。枪击中国年轻人的,是中国的兵丁。这就是为什么在屠杀发生的那天,鲁迅在日记里称之为"民国以来最黑暗的一天"②,然而更黑暗的日子还在后面。

1922—1927年,国共两党团结在一起反对共同的敌人:帝国主义和国内的军阀。他们想出了一种合作方法,即允许共产党员以个人名义加入国民党。于是对知识分子来说,选择国民党还是共产党

---

① Spence, op. cit., p.236.
② Schwartz, op. cit., p.158.

阵营的压力顿减。两党看似致力于共同的革命目标。

然而1927年4月12日,上海一伙青红帮流氓身着蓝色短裤,臂缠白布黑"工"字袖标,冒充工人,袭击了闸北的上海总工会会所。蒋介石军队来到现场,说是"工人内讧",逮捕三百余名工会成员。第二天,有10万人整队去国民党的当地司令部请愿。请愿队伍在毫无警告之下,遭机枪猛烈扫射。其惨状,根据一位目击者的回忆:

> 子弹向两边的人群激射。男男女女孩子们在泥水中喊成一片。人群惊慌四散。士兵们肆意向四散的人群射击。人行道上,镇压者冲上前去,刺刀、枪托、大刀在空中飞舞……①

根据当时的记载,死者大约在五千人。"四·一二"政变是统一战线的终结,持续多年的白色恐怖的开始。白色恐怖对身处其中的进步知识分子造成了可怖的心灵震撼。舒衡哲引用了时任清华大学教授的朱自清之语:

> 大约因为我现在住着的北京,离开时代的火焰或漩涡还远的缘故吧,我还不能说清这威胁是怎样;但心上常觉有一点除不去的阴影,这却是真的。……我有时正感着这种被迫逼,被围困的心情:虽没有身临其境的慌张,但觉得心上的阴影越来越大,颇有些悒悒然。……现在革命的进行虽是混乱,有时甚至失掉革命的意义;但在暗中 Class struggle 似乎是很激烈的。……但为了自己的阶级,挺身与 proletariat 去 struggle 的事,自然也决不会有的。②

---

① Schwarz, op. cit., p.177.
② Ibid.

即便是有钢铁意志的鲁迅,也开始怀疑十年前《狂人日记》里发出的"救救孩子"的呼吁太空洞了。舒衡哲写道,有人攻击鲁迅将青年引入歧途,诱惑青年,说什么启蒙能为中国革命做出决定性的贡献。鲁迅公开答复道:

> 我恐怖了。而且这种恐怖,我觉得从来没有经验过。……我的一种妄想破灭了。我至今为止,时时有一种乐观,……我先前的攻击社会,其实也是无聊的。社会没有知道我在攻击,倘一知道,我早已死无葬身之所了。……我的话也无效力,如一箭之入大海。……恐怖一去,来的是什么呢,我还不得而知,恐怕不见得是好东西罢。①

中国知识分子曾有过斗志昂扬时。现在,不分阶级的启蒙之梦破灭了,他们跌回到一种无足轻重的局外人心态。

知识分子曾以为通过理性能引导历史,甚至扭转历史。这一狂妄想法终于幻灭,胆战心惊的他们开始失去自我认同感。朱自清一度相信文化能带来光明,并决心以文化来对抗政治,现在的他心中郁结:"他们毁掉了我们最好的东西——文化!'我们诅咒他们!''我们要复仇!'但这是我们的话,用我们的标准来评定的价值;……我们的诅咒与怨毒,只是'我们的'诅咒与怨毒。"②

* * *

温德的故事向前推进着,我们看到,他像朱自清等当时的知识分子一样,只能将愤怒藏在心里。但有时候,他也觉得有必要做点什

---

① Schwarz, op. cit., p.183.
② Ibid., p.194.

么。我曾听一位云游四海的挪威学者说,他不止一次站在示威学生的前面,保护这些学生不遭杀身之祸。对外国人,当局还是心存忌惮,以避免发生涉外事件,引来外部势力干涉中国内政——毕竟此类事件,以前层出不穷。

在甚嚣尘上的暴力潮流中,中国不是唯一的受害者。诗人叶芝写道:

> 黑夜因恐怖而出汗,就像从前
> 我们把我们的思想与哲学拼凑,
> 设想要把世界置于一种秩序之下,
> 我们,不过是鼬鼠在洞穴里咬架。
> 那个可以解读符码又不被阉割似地
> 沉湎于出自浅薄才智的
> 半诈骗的麻醉品的人,知道没有作品可以长久
> 无论付出多少健康、财富或心灵的安宁
> 大师的才智之作或他的手,
> 没有荣耀可以留下它的纪念碑,
> 仅有一种慰藉留下:一切的凯旋
> 出现,仅在他那幽灵般的孤寂里。①

文化受暴力的荼毒而颓然倒下,这是一个全球普遍现象。它对叶芝这些西方知识人的影响,正如对与温德同时代的中国知识分子的影响。暴力有如脱缰的野马,带着人类一路狂奔。艺术逆历史大

---

① William Butler Yeats, "Nineteen Hundred and Nineteen," *The Variorum Edition of the Poems of W. B. Yeats* (New York: The Macmillan Company, 1968), p.485. 暴力摧毁了他所信仰的,温德经常在日记中,用叶芝的诗来表达自己对此的憎恨。

势而行,为人类提供灯塔与庇护所——这一美梦也终于折戟。如今,叶芝将艺术的高贵创造说成"可爱的玩具"("我们年轻时也有过许多可爱的玩具"),而T. S.艾略特则把它视为对抗荒原的碎片。

在经历所有这一切之后,我们如何自处,这是一个存在意义上的问题。就像加缪说的,哲学的中心问题其实就是自杀问题,一切有关价值的问题最后都可以化约到这一点。使内伤严重者避免自杀的办法只有一个,那就是怀着惨淡的希望继续前行,或者不再抱有那么多期待。在中国,这经常是唯一的路。

对温德来说,低调行事实属必要。20年代末的温德,像他的大多数同人一样,"夹起尾巴做人",庆幸自己仍然能够安静地教学生活,以及一如既往地敏锐观察世事——虽然在必要之时,他仍然奋勇而起。我记得1986年冬的一天,我与一位杰出的中国学者的对话。当时很明显,山雨欲来风满楼,历史即将起变化。我的兴奋之情溢于言表,幼稚地幻想着自由,他的反应却出奇地疲累。他说,我只想置身事外,能够有一点时间读这个(他指着他的藏书),写这个(他指向写作的书桌)。

尽管身处历史暴力的漩涡,温德的文化生活仍然非常充实。20年代末,他与吴宓合作,运用吴宓在哈佛以及他在芝加哥大学的学习经验,为西方文学研究设置了一整套课程。

周作人自1919年起,在北京大学讲授欧洲文学史。[①] 现在,清华大学也能够开设此类课程了。温德富有激情的教学使得该课程大受欢迎。不管是讲布朗宁、莎士比亚还是但丁、纪德,他总能源源不断地培养出学者。比如,他曾在清华教过高级法语课,选这门课的五

---

① Schwartz, op. cit. , p.70.

名学生有四名后来都成为教授。其中盛澄华首次在中文世界介绍纪德,李健吾则以介绍莫里哀而闻名。温德还非常喜欢讲授波德莱尔和布朗宁。① 温德的教学方法之一是将诗句随手拈来,这两位诗人都能使他充分运用自己的天才引章摘句。

温德一如既往地游心于戏剧和各类小物件。谢迪克(Harold Shadick)到燕京大学任教,因定期参加燕京话剧社的表演,而与温德、吴可读和翟孟生皆成近邻好友。谢迪克记得,有温德在的时候,总是非常热闹,而且他惊讶地得知,温德居然比自己大十六岁。(温德一辈子都特别显年轻,这也是他的传奇之一。)根据谢迪克的说法,他从温德那里受益匪浅。以前的自己是"强权"的裙下之臣,而在温德、吴可读和翟孟生的影响下,他学到了"更宽广的人文主义"。

谢迪克尤其记得,温德对于话剧社的事特别上心。有一次,温德在王文显某出闹剧中饰演一位爱管闲事的侦探。他不仅投入表演,在话剧 *Minnikin and Mannikin* 中,"某一幕要求有一台德累斯顿瓷像座钟。温德令人惊叹地制作出了高达两米四的洛可可式道具。当这部话剧在北平话剧社不断上演时,此道具一再成为人们的谈资"。

谢安迪回忆说,"在要求知识与技能的所有事上,温德都非常在行,比其他人做得出色"。有一年,他将来自美国的一年和两年生草本植物种子,在庭院里种得蔚为壮观,令旁人啧啧称奇。

园艺只是温德的众多技能之一。正如珍妮特·罗兹记得,她母亲与温德靠着一畦茂盛的鸢尾花聊天;谢安迪也回想起温德起先在

---

① 1984年11月与李赋宁的访谈。

屋里种下的一丛盛大的猫爪花,后来这丛花"沿着校园小径,移植了一路,将这条小径变成了缤纷的植物园"。

1937年后,因日本侵占中国北部,清华等大学迁到西南地区。一位中国同事临行前请求温德代为保管他珍贵的鸢尾花收藏。谢迪克记得,温德不负请托。正好日军进城前,有人将北平西南隅的一座私人花园交给温德托管。于是,数百株鸢尾花,从清华园次第迁到北平城的这个花园里,成排贴上标签,重新焕发生机。

谢迪克记得有一天,他与温德甚是愉快地徜徉在这座花园里。"那里有蜿蜒的潺潺流水,还有一干活物,比如狐狸。一栋舒适的小楼,浴室里有黑色大理石铺成的浴池。午饭后,温德和不太熟练的我下起了中国象棋。"

对于只见过温德几面的人来说,"很容易认为温德是个自外于各种严峻现实问题的审美家",但到了1939年以及40年代早期,谢迪克有机会了解到,审美家只是温德众多面相中的一种。有一次,谢迪克乘公交车去北平城,车子在城门口被拦下。当漫长的检查还在进行,只见温德骑一辆摩托车出现了。日本兵核对他的通行证后放行。让人想不到的是,温德竟没有第一时间离开是非地,而是挺身为一个正遭盘问的中国人出头。这需要极大的胆量与勇气。"我们的巴士开动了,我不知道温德那边会有什么样的遭遇。估计日本人不会便宜了他。在当时,没有外国人敢于那样违逆日本兵。"[①]

不过在1927年,当原本充满理想的学术界陷于绝望情绪,当其他人日复一日埋头生计时,一位西方人的到来深深改变了温德的

---

① 谢迪克1989年3月7日亲口与我的交谈,以及一篇短文"Remembering Robert Winter," RAC Special Collections: Herbert Stern Collection (unsorted)。

一生。

  I. A. 瑞恰慈当时刚做出一个决定：要像马克思那样，与其解释世界，不如改造世界。就这样，瑞恰慈来了。

第四章　瑞恰慈与中国正字学会（1923—1937）①

瑞恰慈夫妇1927年冬抵达中国,这也是二人盛大蜜月旅行的一站,资金来自瑞恰慈为《大西洋月刊》所写的一篇文章《登山的诱惑》。夫妻二人在夏威夷火奴鲁鲁结婚,然后前往日本,并在大阪关西大学讲学。隆冬时节,他们来到北平,"得意马蹄疾,看尽长安花"。

登山之于瑞恰慈,正如游泳之于温德。奔放的精神从矫健的身体那里汲取养分。瑞恰慈在14岁时得了肺结核,大学时此病卷土重来,为了与之对抗,他从大学时代就开始登山。1917年在威尔士登山时,他遇到了未来的妻子多萝西(Dorothy Eleanor Pilley,她更中意多萝西娅[Dorothea]这个名字)。瑞恰慈发现她和自己一样热爱登山。

群峰之巅成就了一段琴瑟和鸣的好姻缘。多萝西娅的著作《登山的日子》,如今被称作"登山文学之经典"。在书中,她回忆起在阿尔卑斯山上的惊险一幕。她和瑞恰慈"挤在餐盘大小的一块地面上,只有一个地方勉强可供抓紧! 两个人要在如此局促之地站定,可不是一件容易的事情。幸运的是,扭曲身体要比描述怎样扭曲容易一些"。经过他们的一位登山者,看到二人拥抱得如此紧密,"送上一个大大的笑容,说着'啊,情侣呦'"②。

---

① 对于这个题材的研究,可参阅 Rodney Koeneke's *Empires of the Mind: I. A. Richards and Basic English in China, 1929-1979* (Stanford, CA: Stanford University Press, 2004)。此书对温德有一定涉及。

② Ibid., p.596.

多萝西娅客观描写了瑞恰慈的登山天赋:"瑞恰慈手脚灵活,他喜欢在下巴处寻找立足点……由于科学化的分析性格,他会坐在锚点上,不厌其烦地向我讲解如何最不费力地攀爬。他是小心翼翼的典范,试探再试探,总是能够无困难地从任何地方往上攀登。——展现了对平衡的精心把控。"①

冒险与审慎并存,自制力与试探心齐放,瑞恰慈可以说是一位以退为进的天才。——而这也可谓瑞恰慈思想生活的特质。待时机恰当,他便凌空一跃。瑞恰慈夫妇在北京度过了一个愉快的冬天。瑞恰慈第一次到中国时年仅三十四,但温德告诉我,无论走到哪里,他都是焦点:"瑞恰慈处处是灵魂人物。"②瑞恰慈有着极为清晰的头脑,对文学饱含激情,声音洪亮优美,并且深信人类能超越自身。像温德一样,瑞恰慈每次讲课,教室都爆满,许多学生只能在教室外隔着窗户听课。

瑞恰慈抵达中国之时,就已经名满天下。他与 C. K. 奥格登合写了《意义的意义》(它恐怕是语义学领域最受欢迎的一部作品),独自完成了《文艺批评原理》(书中提出的批评模式统治了英美文学批评领域将近四十年),以及《科学与诗》(天才般地指出诗歌是科学时代不可或缺的一股动力)。而随着《实用批评》的推出,他终于完成了《文艺批评原理》所开启的任务:用巴塞尔·伟利(Basil Wiley)的话来说,通过《实用批评》,瑞恰慈用一种流行已久但其起源经常被遗忘的语词,对文学批评做出了极大贡献③。同样重要的是,要论为

---

① Climbing Days, quoted by Russo, p. 596.
② 1985 年 3 月 27 日访谈。
③ Quoted by William Empson, *The Magdalene Magazine and Record* (Winter 1979-1980), p. 3.

英语文学中的现代派确立"议事日程",或许除了瑞恰慈的多年好友T.S.艾略特,再没有第二个人,能像瑞恰慈那样居功至伟。

瑞恰慈这位最典型的现代主义者之所以来到中国,是由他的思想气质所决定的。如同约翰·罗素(John Russo)所言,瑞恰慈的"思想地图由各种对立面交叉而成:经验主义与理念主义,科学与诗,严格的说明性语言与不可转译且浑然的诗性语言……理论与实践,东方与西方"①。瑞恰慈被所有对立面深深吸引,自然也对中国着迷。就像威廉·布莱克,他深知"对立者,相反相成也"。

瑞恰慈第一次来北平,"到处走马观花"。用蒲乐道的话来说,那时的北平仍然是一座历经五个朝代浮沉的灿烂城市。它看起来千年未变。中国学者(以及西方学者)坐下来书写思想时,仍然要时时拭去桃花心木书桌、笔筒和砚台上来自戈壁的浮灰,一如几个世纪前的古人。虽然时事纷乱,暴力频仍,但所有这些都还是老样子。

然而与此同时,"北平从古老的沉睡中被迫醒来,这又与瑞恰慈的向未来一路狂奔倾向构成了鲜明对比"。在北京大学,他结识了一位好友——哲学家胡适。胡适是杜威高足,也是中国向西方学习的主要倡导者。为了躬行他所倡导的,胡适很喜欢结交西方或西化的知识分子。

不过瑞恰慈还是更喜欢清华大学,因为这里更有活力、思想进步,也更西化。随着新校长罗家伦这位五四干将走马上任,清华大学即将迎来一次"文艺复兴"。与此同时,它也蜕去了留美预备学校的局限性,改为公立,逐渐纳入国家的高等教育体系中。清华大学很快

---

① Richards, *Basic in Teaching*: *East and West* (London: Kegan Paul, Trench Turbner & Co. Ltd., 1935), p.23.

将成为中国自由人文教育的圣地。舒衡哲写道,在 30 年代,"清华大学的思想风气要比做官样文章的保守北大自由得多"。①

也正是在清华大学,瑞恰慈遇到了一群西方知识分子先驱,他们致力于消弥东西方之间的隔膜。其中最著名的三位:翟孟生、吴可读,还有温德。在当时,瑞恰慈还无法预见到,像他这样能从一个巅峰轻易到达另一个巅峰,并且深谙平衡之道的人物,将迎来一次失败,他将会由于历史或者说自己的狂妄而深陷泥沼。他将在后来发现自己"吃尽苦头",并把当初雄心勃勃的基本语事业奚为"一生中永不消停的毒药"。②

但当时,他从这些新朋友那里了解了中国大学体系,教育改革,西方语言文学学科的地位,对过去十年来中国大学里出现的暴力政治紧张气氛也略有耳闻。他们不仅告诉瑞恰慈在中国亟需普及基本语,而且还给他提供了开展此项目的人手。吴可读和温德对语言和文学抱有极大的热情。翟孟生不像其他人那样浮夸,但长于应酬,而且某种意义上已经成为在华的英语教育的非正式"掌门人"。

三人中,翟孟生的学术背景也最强。远渡东方之前,翟孟生用笔名 Raimon de Loi 已出版过数部著作,在瑞恰慈二度访问北平前,他完成了五卷本的《欧洲文学简史》,并且在写《中国民间传说三讲》。对于《意义的意义》,他极为首肯心折,四年前该书问世后,翟孟生就为它写过一篇重要书评。他也有一颗不断挑战新事物的自由灵魂,在这点上与瑞恰慈极为投缘。费正清曾在 1932 年见过翟孟生,记得

---

① Vera Schwarcz, op. cit., *The Chinese Enlightenment: Intellectuals and the Legacy of the May Fourth Movement of 1919* (Berkeley: University of California Press, 1986), p.199.

② Russo, op. cit., p.467.

他"留着一部滑稽的山羊胡,戴一副眼镜,时常露齿而笑,笑容是那样富感染力,姿容颇具魅力","对基本语、民间传说和英语文学热情极高"①。

吴可读这个人性格较为世俗,爱自娱娱人,也写过一部文学史。他不及翟孟生那样理想主义,但令人称奇的是,他却是为基本语事业牺牲最多的那一位。不过,与瑞恰慈夫妇走得最近的则是温德。他尚无著作问世,而且从本性上说,温德对宏大计划和高标理想是持怀疑态度的。温德对文法极为较真,也极有天赋(我曾听说,他曾就句号应该在引号里面还是外面这个问题,与瑞恰慈好友奥格登争论了一年之久)。这一点最合瑞恰慈的意。而且温德擅长说故事,只要见识过温德说故事的人,没有不被吸引的,瑞恰慈夫妇自然也不例外。

与瑞恰慈初次相遇时,温德在中国才待了四年。温德俨然已成为一位中国通,对于中国,深得其中三昧,可为初来乍到者指点迷津。多萝西娅写给我的一封信中说,他们夫妇二人从温德学习了"很多中国传统文化",温德对中国的了解"既深刻多元又风趣"。虽然温德在中国生活得还不长,但在这群灿若繁星的人物中间,他也已经声名鹊起:深得学生喜爱,"单凭他的口才,就能让参加聚会的人乐不思归"。

温德还懂得不少社会底层的事,这给瑞恰慈留下了深刻印象。"当时的黄包车夫还梳着长辫,穿着白袜飞奔往返在从清华到北大14英里的路上,风雨无阻。温德对于黄包车夫口里骂骂咧咧的含义了如指掌,远超其他外国人。"(温德深谙中国话中各种骂人方式,这

---

① John Fairbank, *Chinabound: A Fifty-Year Memoir*, op. cit., p.42.

在后来曾救过他一命,但也伤害过一些中国朋友,因为他说得太顺溜了,听起来便不像玩笑)

北平让瑞恰慈夫妇心旷神怡。在回剑桥差不多两年后,1929年秋,他们再度愉快地抵达北平。这次,瑞恰慈会教三个学期的英国文学,写出一部《孟子论心》,并开展基本语项目。之前在剑桥,他和好友奥格登一起打造出基本语。多萝西娅也开始学习汉语(她后来能说一口不错的汉语,这一点瑞恰慈甘居下风)。二人在周末则去京郊登西山。

在北平的任教经历,使瑞恰慈对中国和中国人的感情逐渐加深。虽然中国再度陷入政治动荡,但让瑞恰慈大为折服的是,"黑头发的中国人,炎黄子孙,自强不息,组成了一个富有人情味、不使用暴力、互相尊重、彬彬有礼、遵纪守法又勤俭节约的社会,这一切告诉我们,人类是可以在艰难时日中相互扶持的。这给我们上了很重要的一课"①。

瑞恰慈后来见识到了中国人的一些负面形象,但热爱中国之心始终不改。他终身服膺柯勒律治,此服膺在1935年问世的《柯勒律治论想象》一书中开花结果。对于只保留理性、着迷于科学知识的世人,柯勒律治实在厌恶。瑞恰慈同柯勒律治的看法一致,从浪漫派的观点出发,上述做法削弱了其他方面的认识能力。

但瑞恰慈也深信,如果能想象"一种非西方式的意图以及服务于此的心理结构",我们就庶几能纠正西方哲学和心理学方法上的缺陷。以他自己的术语来解读孟子,是他跨出的第一步。在三位

---

① Richards, "The Future of Reading," in *The Written Word*, ed. Brian L. McDonough (Rowley, MA: Newbury House, 1971), p.32.

燕京大学教授的大力帮助下(瑞恰慈不懂中文),他开始研究孟子,得出如下结论:中国式心理不像西方那样在自然与人性之间判然二分——孟子笔下的"性"就涵盖了这两个概念。简而言之,孟子的心理学不像西方心理学那样有一种普遍存在的二元论倾向,"即认知力仅仅对事物本身感兴趣,而不涉及事物的日用以及道德意义"。①

瑞恰慈指出,东西方思想烛照出人类心灵的两面,二者若能相互辉映,相辅相成,必将产生第三种形态的心灵(柯勒律治称之为 tertium aliquid,也即想象本身)。此时,观照力与分析力彼此圆融无碍。批评家杰弗里·哈特曼(Geoffrey Hartman)说,这便是瑞恰慈的"东西交流之梦"②。在这一点上,瑞恰慈与当时不少中国思想家不谋而合,他们都认为中国与西方的药方都在于东西方文化融合。

这些想法付诸实践,便有了奥格登在与瑞恰慈完成《意义的意义》(1921)后自创的一套语言体系。瑞恰慈回忆,两人在撰写《意义的意义》第六章"论定义"时,他们找到了一个乐子。"在写这一章时,我们发现,虽然会有些许字义出入,一小部分常用词可以代替词典中的其他词汇,这在理论上是行得通的,且无伤大雅。"③

奥格登长久以来就醉心于发明一种放诸四海而皆准的语言,再加上边沁(Jeremy Bentham)论语言的著作如虎添翼,他便着手挑选词汇,并给出相对简化的近义词。奥格登十年磨一剑,把这套新语言

---

① Richards, *Mencius on Mind: Experiments in Multiple Definition* (Westport Connecticut, 1964; 1st ed. 1932), p.92.

② Geoffrey Hartman, "The Dream of Communication," in *I. A. Richards: Essays in His Honor*, ed. Reuben Brower et al. (New York, 1973), p.173.

③ Richards, "Sources of Our Common Aim," *Poetries: Their Media and Ends*, ed. Trevor Eaton (The Hague, 1974), p.169.

取名为基本语(瑞恰慈点评说,basic 这个词当时几乎没人用)。就这样,两人准备开始他们的浩大工程。

基本语只需要 850 个词,600 个名词(包括 400 个抽象名词,加上 200 个具象的特殊名词),150 个形容词(其中有 50 个互为反义词),余下来的都是"操作词"——动词、介词、方向词和粘着词。奥格登将 4000 个常用动词砍到 18 个,不仅简化了整个词汇表,而且还简化了语法,使之"能完整打印在一页工作便签纸上"①。

基本语马上获得了令人目眩的成功。这套新语言究竟有多大魔力,以下事例可为证:(在奥格登、瑞恰慈以及奥格登助手洛克哈特女士的帮助下)乔伊斯将包含 85 万个词汇的巨著《芬尼根守灵夜》一些章节译成了基本语。1932 年春,像萧伯纳、H. G. 韦尔斯、约翰·杜威、坎普·马龙(Kemp Malone)、朱列安·赫胥里(Julian Huxley)、保罗·罗伯逊(Paul Robeson)等文化名流,以及苏联、东欧和日本的许多支持者都在一份宣言上签名:

> 吾人皆深知出现一种国际语言的紧迫性,但纯人造语言则不在可接受之列。吾人认为简化英语,如像基本语,可堪此大任。因此,吾人乐见基本语运用于实际,特别是用于商业与通讯,以及促成与非洲、东方人民更紧密之联系。②

签字人的世界级声望,让这份宣言吸引了全世界的眼球。

到 1934 年,基本语的志愿推广者遍及三十个国家。奥格登称,"在远东地区的传播速度,将决定基本语的未来。1935 年,一个针对

---

① Richards, "Sources of Our Common Aim," *Poetries: Their Media and Ends*, ed. Trevor Eaton (The Hague, 1974), p. 169.

② Ibid.

改善基本语的研究项目,以适应东方从学者,届时将告完成"①。

大卫·史蒂文斯是很早就被基本语运动吸引的一位人物,他刚当上洛克菲勒基金会人文部主任。1922—1932年,奥格登为基本语的发展注资十五万美元,一部分来自贷款,一部分来自各方人士的资助(有识之士信赖这个项目,深知它对人类的互相理解功德无量),还有一部分是奥格登自掏腰包。② 庚子赔款筹建清华以来,洛克菲勒基金会就在中国扎下根来。③ 1933年1月,洛克菲勒基金会开始资助正字学会。正字学会是奥格登为基本语所建的工作机构。这一年7月,在纽约召开了太平洋关系学会的内部会议,讨论基本语的开展,中国和日本代表的参会由洛克菲勒基金会资助。奥格登和平素最讨厌开会的瑞恰慈都出席了会议,并提出一个新项目,反响热烈。国会图书馆东方分馆当时的馆长恒慕义(Arthur Hummel)写信给史蒂文斯,感谢他对会议的鼎力支持,"我曾在日本和中国教过十年的英语,当时基本语的原理还未总结出来,因此很遗憾未能在教学中运用"④。

奥格登与瑞恰慈的基本语,正好与全球主义者的理想不谋而合。这一理想是史蒂文斯,也是一战后数十年间许多知识分子活动家念兹在兹的。1933年,史蒂文斯在一份声明中写道:"思想上的好奇心

---

① Ogden, quoted by Richards, "Toward a World English," *So Much Nearer* (New York: Harcourt, Brace & World, 1968), p.244.
② *Psyche*, XII, 4 (April 1932), p.83.
③ 洛克菲勒基金会在中国的活动,详情可参考 Frank Ninkovitch, "The Rockefeller Foundation, China, and Cultural Change," *The Journal of American History*, vol.70, no.4 (March 1984), pp.799-820.
④ Letter from Arthur Hummel to David Stevens, dated September 26, 1933, Rockefeller Archives RG1.1, Series 200.

能让个体超越各种边界,追寻知识共同的源头,它必然会让民族主义败下阵来。"这份声明后来成为洛克菲勒基金会推广现代语言之起点。时任洛克菲勒基金会理事(1936—1948年期间任理事长)的福斯迪克(Raymond B. Fosdick)后来对这一使命有过阐述:

> 这个世界日益联系在一起,外语不应为此设障,不应只有凤毛麟角的象牙塔学者才能掌握。若要实现文化大同,种族与种族间应互相理解,我们就该做些事情来打破因语言不通而造成的彼此隔离。①

洛克菲勒基金会的官员自然也看到了基本语的重大实用价值。他们以在全世界普及科学及其方法为己任,而基本语将会帮上忙。中国迫切需要学习西方科学,古老的汉语对此又捉襟见肘,因此基本语计划在这一初始阶段,看起来如同天赐机缘。让洛克菲勒基金会眼前一亮的,还包括奥格登与瑞恰慈对于世界联邦的畅想。早在1926年,二人就在《意义的意义》第二版序言中呼吁建立"总部设在日内瓦、纽约和北平三地的语言研究学会"。多年后的二战期间,瑞恰慈进一步解释,建立语言研究学会,就是"要它成为人民与人民的交流平台,而非政府间的平台"。②

与此同时,这一通用语言"不能也不应由某国或某组织强加给他人。它必须是为了人们日常生活方便的一种自由选择","也不应该让学习这一世界语的人生出一丝受人摆布的感觉"。为了避免上

---

① Raymond B. Fosdick, *The Story of the Rockefeller Foundation* (New York, 1952), p. 249.
② Richards, *Basic English and Its Uses* (New York: W. W. Norton & Company, 1943), p. 6.

述危险,我们必须"本着最公允的真心,推出一种作为共同媒介的语言,不受任何组织的私心影响"。实际上,人们学习基本语,也相当于"成为人类共同政治参与的一分子,标志着他挣脱自己的地域、种族与文化局限,朝世界大同迈进了一步"。瑞恰慈深信,只有这样,基本语的传播方能"与一股全新的力量之源紧密联系在一起。这股新力量即人类超越旧知、走向新知的需要"①。

1936年4月,在洛克菲勒基金会大卫·史蒂文斯的帮助下,瑞恰慈回到中国。当时,正字学会的工作由翟孟生负责,在温德与吴可读协助下,已经开展了三年。1935年,翟孟生在一份名为"基本语在中国之现状"的报告中写道,正字学会旨在"将一种有用的英语教给中学生和大学生,为他们节省两年记单词的时间,省下来的时间可用来做更有益的事情",也旨在"通过这种学习,教导学生一种分析的思维习惯——与含混的中式思维习惯适成对比"②。

为了实现第一个目标,翟孟生等人考虑了如下操作性问题:基本语的词汇如何先后出现,有哪些最可利用的汉语习惯,教学生读、说、写英文时,哪些语法是必须的。至于如何实现较抽象的第二个目标,翟孟生认为,"不仅要靠中西方的进一步交流,也仰仗于将西方的科学方法注入中国"。不过,向中国人提供一种分析语言,"并不是要将中国式思维改头换面,而是让中国人能接触到一种逻辑的或曰分析的思维习惯,毕竟这才是西方人在科学领域之成就的最大功臣"。否则,死记硬背西方科学知识,照搬再多的西方术语,也是无济于事

---

① Richards, *Basic English and Its Uses* (New York: W. W. Norton & Company, 1943), p. 12.
② R. D. Jameson, "The Present Position of Basic in China," RA, RF RG1.1, 601R Orthological Inst., 1935-1936, Box 48, Folder 397.

的。西方思维的奥妙之处,便在于"将复杂事物条分缕析,然后重建各元素,归纳出普遍原理"。①

翟孟生希望将这一思维习惯移植给中国人。以前的中西方人士"虽然说着彼此的语言,但未曾意识到它们代表了截然不同的思维模式",这也解释了之前"以西方为榜样,重建中国的社会结构"的努力为何始终收效甚微。②

翟孟生心里很明白,为了按西方模式来改造中国,推广基本语势在必行,但当时他手下只有中国职员和杂役各一名。中国正字学会规模虽小,却掀起一股学习热潮。他甚至担心基本语的步子迈得太快,学会有限的人手跟不上。翟孟生很忙碌,除了准备教材,勒令一家盗卖奥格登著作的书商停止侵权,他还建立了中国西语协会,会员都是支持基本语、教西语的中国教师。国立山东大学外文系主任洪深也伸出了援手。身为资深电影导演、作家的洪深用基本语完成了一部独幕话剧。中央研究院史语所语言组组长赵元任是另一位热心于基本语的专家,他"特意为基本语录制了十二张留声片"。赵元任被誉为"中国的奥格登",用基本语写出了一篇论基本语的文章。

著名中国学者纷纷投入基本语运动。清华大学沈有鼎受瑞恰慈《孟子论心》的鼓舞,将《孟子》译为英文,并计划用"基本语的方法澄清孟子思想的多义性,廓清孟子思想之结构"。"基本语的代表者之一"水天同也正在着手写作一部著作,而后来嫁给翟孟生的多萝西则用基本语译出了《希腊罗马故事》和《格列佛游记》第一部。

---

① R. D. Jameson, "The Present Position of Basic in China," RA, RF RG1.1, 601R Orthological Inst., 1935-1936, Box 48, Folder 397.
② Ibid.

基本语最终空降到大学以及有英语课程的中学。在清华大学，基本语将于下一年进入大一的阅读课堂。1937 年，正字学会将为山东大学的暑期学校提供一门基本语课程。

基本语专家泰勒曾是奥格登的助手，她 1935 年正代表太平洋国际学会在中国开展工作。泰勒得知教育部长王世杰对英语教育现状不满，也希望就如何改善英语教育听取各方意见，便力陈基本语的重要性，教育部长听后颇动容。回到美国后，泰勒在哥伦比亚广播公司做事，学习实践知识，以便在将来用广播推广基本语。

翟孟生的中国正字学会虽然人手不足，但他们有充分的理由相信基本语运动前途一片光明："之前，对基本语的热情与争议并存。但今天，这一切都让位于一种确信：基本语并非一时风尚，而是为一个重要问题提供了可行的解决方案。"

两个月后，翟孟生自信满满地预测，到 1938 年前，正字学会将"在某个县进行实验，在该县的各个中学设置基本语课程，为基本语成为一门全国性课程做好准备"（该希望后来一定程度上在云南省"如期"实现了，虽然其契机颇为阴错阳差：1937 年日本占领北平，迫使北方的重要高校纷纷迁往昆明）。翟孟生还指望，到 1938 年或者再早一些，他能借调到教育部担任顾问，这样，他便能到地方任职，处理一省的英语教学事宜。

翟孟生感觉到在大学里有反对基本语的苗头正潜滋暗长，于是在他的请求下，瑞恰慈于 1936 年春回到中国。在一些中国教授看来，基本语像是娃娃学语，是对使用者智力的贬低。与此同时，教育部批准了翟孟生的一个暑期项目，培训 100 名中国教师。二人觉得可以利用本次机会检验基本语的教学法。这也意味着继翟孟生等"田野工作者"之后，瑞恰慈也将面对实践中的诸多难处。

果不其然,6月,瑞恰慈在一封写给史蒂文斯的信中嘟囔,"中国大多数的中学教师都是'半成品'"。他对中国式教学法非常不满:学生成年累月学着"拼写错误,语法蹩脚"的英语,到头来既不会说也不会写。瑞恰慈还抱怨起中国助手。他告诉史蒂文斯,让他们"各司其职可真难"。"来自西方的支援很难持久,——现在万事停顿。"

就好像这还不够糟似的,清华大学内部对基本语的抵触,逐渐开始以政治权术的有害方式显出来。比如,翟孟生与清华续约遇阻,清华的一小撮人很有可能会以他在校外为基本语做事为理由,将他逐出英语系。瑞恰慈在草稿《一所中国大学内部政治的极端复杂性》有如下生动描述:

> 嫉妒,拉帮结派,有权有势者的施压(他们有想要教职的朋友),长期领空饷,身兼多职,太多你想象不到的东西层出不穷。所有这些又由于学生的插足而火上浇油,这些学生有的以爱国主义为借口不想考试,却要求毕业文凭,还有的向来欺负胆小的教授。

一个月前,瑞恰慈还处于兴奋中,他告诉史蒂文斯的助手约翰·马歇尔(John Marshall),"如果你知道在这里换一种教学方法有多容易,你一定会羡慕得两眼放光",如今却已被现实击垮。但瑞恰慈仍然勇猛精进。教员中,有几位是极优秀的,像谭女士、王女士和陈女士。但其他人,用瑞恰慈等人的话,"我们不得不在读本以及教师手册中加入更多内容。这里的中学教师缺乏常识,做事也不主动"。

这年夏天,正字学会招募了新的中国员工。除了陆志韦、水天同、赵诏熊、谭女士之外,其他人都是帮助这个暑期培训项目的运行。

该项目受教育部委托,培训来自全国的中学英语教师。翟孟生又招募了两名美国员工,希望可以给整个项目带来一点新气象。

两名来自美国的新成员中,施美士是翟孟生的旧同事。翟形容他为"中国最具经验的初级英语教师",希望他"给出建议,并对正字学会的课程给出鉴定"(翟孟生很喜欢用"鉴定"一词,它意味着去粗取精)。瑞恰慈后来将施美士誉为"美国老传教士型教师中最成功的一位",他的角色比较像"学会外部的批评家"。另一位美国员工是温德。

翟孟生与瑞恰慈考虑的是增加一名受过训练的"基本语学家",只负责翻译和编辑事宜。这样的人选,他们无需花费时间精力寻找,正好有温德。翟孟生马上为他写了 1936 年 5 月 1 日到 1937 年 6 月 30 日的预算申请,并补充说:

> 语言学训练方面,在华任教者,无能出其右。温德的语言能力和语法知识出类拔萃,这必将给我们制订教材、编辑和翻译等工作提供最大的帮助。他深谙中文和中国人心理,无疑也是一个优点。有鉴于此,给他开出的 200 美元月薪偏低,但随着学会事业的发展,我们希望将来能逐渐为他加薪。

这一年的夏末,瑞恰慈称赞温德是"一股极大的推动力……一位极富天才的人士。就好像他一直在等待的就是基本语,然后发光发热。他将为我们在语言学方面把关,就像伦敦的洛克哈特之于奥格登那样,而且不止于此"。对温德而言,且不论这个任命颇有皈依的意味,首先每月增加了 200 美元收入,这对于他的生活不无小补,而且还使他在清华任教之余,能做自己非常得心应手的事情:编写英语教材。

* * *

整个炎炎夏日,瑞恰慈都留在北平(他以前曾说过,"我是吃不消七八月的暑热的"),为第二期暑期培训班做准备。这次培训班将在北师大举办,因为北师大是北方最主要的师范大学。瑞恰慈像往常一样,常常工作到深夜,这一工作习惯迫使他中途必须搬家。他原先住的大羊宜宾胡同,骑五分钟自行车就能到学会办公。虽说这给了瑞恰慈近距离观察中国街巷生活的机会,但他的工作生活也颇受干扰。半夜两点,他正奋笔疾书,卖汤的还在"街边叫卖,吸鸦片的在这个点清醒了,会出来溜达,吃晚饭"。还有巡夜的,敲着梆子,"让人小心盗贼"。卖汤的叫卖声,巡夜的梆子声,夹杂着"三码外三个邻人的相骂声,还有小贩沿街叫卖,也不管邻人是在吃饭还是休息"。所有这些喧闹,都能透过纸糊的窗子听得一清二楚。7月末,瑞恰慈终于忍无可忍,搬离了"我们小小的房子"。新寓所是奥斯伯特·希特维尔(Osbert Sitwell)曾经住过的,房间很多,唯一的邻居是巴西大使。瑞恰慈这位谦谦君子,这下终于满意了。夫妇二人一直住到了12月份,然后经由西伯利亚铁路回到西方。

瑞恰慈深知中国正处于多事之秋。夫妇二人离开北平的前几天,蒋介石被张学良扣押,张学良的诉求是组成新统一战线联共抗日。不过时局虽动荡,动摇不了瑞恰慈内心的平静。他有一个高远的信念:基本语一定能够在风暴中乘风破浪。他写信给约翰·马歇尔,"西安事变不会对我们在中国的事业造成很大影响……即使蒋介石不行了,教育部终归是原来的教育部"。瑞恰慈这么说,无疑是试图让纽约方面不致太担心,以继续资助基本语事业。但他也真心相信,基本语是超越所有民族私利的,因此一定能得到特殊的保护。

事实证明,这只是天真的梦一场。

* * *

在北平这座迷人的城市,温德也度过了他最后一个梦幻般的人生阶段。当时的北平绿树成荫。如果站在故宫边的景山俯瞰全城,北平城就像一片绿色的海洋。皇家公园里的柏树在空气里撒布香味,令人心旷神怡。大大小小的饭店能满足最挑剔的食客。文玩铺子里各种待售的书画玉石,即便是温德这样靠固定薪水过活的西方人也消费得起。温德所收藏的家具品质上乘,得以被收入乔治·凯茨(George Kates)那部经典著作《中国家具》中。①

清代中期,皇家的艺术收藏臻于完美。这些艺术藏品中的大多数,在国共内战结束前,被国民党带往台湾,而在三十年代的故宫里,仍能亲眼看到这些瑰宝。唐宋元明清各代的书画中,活泼泼的中国精神力透纸背,出没在山水翠竹间。

东方学家蒲乐道(John Blofeld)与温德的相遇,大约正在此时。蒲乐道称呼温德为 Luton 教授,他们的介绍人——蒲乐道的一位朱姓朋友当时选修了温德为大学二年级生开设的欧洲文学史课。② 温德在课堂上大力推荐普鲁斯特。"我们非常喜欢温德,所以对他那些有可能引起骚动的举止言行都不以为意了","上个礼拜,他在课堂上极力诋毁中国人。他说,你们只为口腹而活,天上地下水里,只要能吃的,你们就塞到嘴里。如果人肉比猪肉好吃,你们肯定早就吃人了。几位同学听到这番话后愤怒地离场抗议"。不过,"温德意识

---

① 读者可以在以下图片中看到温德的家具样式:pp. 80, 81, 98, and 100-191 of George Kates's *Chinese Household Furniture* (New York: Dover Publications, 1948).

② John Blofeld, *City of Lingering Splendour* (Boston: Shambala Press, 1958), p. 171 ff.

到自己过分了,向学生真诚道歉,很快赢得了我们的谅解。他还告诉我们,他种了一些名贵花卉,种子是从美国订的。每次花一开,一个邻居就派他的小孩爬墙过来摘花。温德认为这些被摘的花都进了隔壁人家的锅里"。朱同学承认,温德的猜测有几分道理:"许多花很好吃。你一定尝过撒有煎菊花的鱼肉或鸡肉。"

蒲乐道很想见见这位性格暴躁但可爱的美国人。几天后,他和朱同学去中老胡同拜访温德。在旧象房的附近,顺着小道走下去,"两边是没有窗子的高墙,间或出现带装饰的屋檐,大门把手是铜的,门漆已经褪色了"。进到温德寓所的外门,有一条石径通向里面。"正房竟然不带前厅,朝东不朝南,所以估计原来是某更大四合院里的厢房。西式花圃与草坪,再加上玻璃瓶里的插花,充分说明了房主东西方合璧的品味。"蒲乐道觉得温德居所的整体效果极佳,而在北平长大的朱同学看来,则缺乏对称,有点不够整洁。

蒲乐道耳闻不少闲话,对于温德的"不按常规出牌"有一定心理准备,但是见到温德时,他还是大惊失色。"一位身材壮硕的美国人,蓄须,伸出手指放在唇边,原是想让访客不要发出声音,但动作太夸张,反倒显得滑稽,左手拎着一条刚剁下来的狗尾巴,血淋淋的。"蒲乐道心想,"最近的丢花事件"可能让温德发神经了,不过认识温德很久的朱同学,"则自始至终神色无异,温德接下来不让他介绍来客,还大声斥责他,说古琴名家吴冠田正在屋里"。

三个人就这样进了屋。温德处理了那条血淋淋的狗尾巴,把他们带到里屋。"七位颇有学者风范的老先生穿着适合秋天的黑色丝袍",围坐在一位矍铄老琴师身边,琴师俯身面对梨木矮桌上的一把古琴。蒲乐道定下神来,才意识到"老琴师在入神演奏,琴声无比悠扬,丝般琴弦发出的琴声竟轻柔似蜂鸣!旋律如泣如诉,间有金玉之声,如风之入松,如雀之在林。一切都如此高古,恰似静谧的墓园,一缕幽灵之乐始终盘旋。然静穆多过哀戚,并杂以赏心乐事"。

一曲终了,温德一一作介绍。"他像变了个人,变得沉潜、可亲而庄重,一如在场的中国客人"。但蒲乐道又觉得温德刻意模仿中国礼仪,"便颇觉有些怪诞"。那些行礼如仪"更适合着丝袍的客人,他们面白而清瘦雅致。作为一个身形硕大、红脸髭须的西方人,再加上他又未穿长袍,在作揖行礼时难免在双腿间露出个大大的O型空档"。

其他客人告辞后,蒲乐道与温德小谈片刻。朱同学突然跟蒲乐道说因家兄去世,要先行回家,但却是笑着说的。温德给蒲乐道做了一点解释:在朱同学看来,"你还不属最亲近的朋友,所以不应该将他的个人痛苦加在你身上。他的笑,他没有早一点告诉你,这些都不令人惊讶。想必你也注意到,笑有时候是中国人对厄运的标准反应,它伴随着震惊、恐惧、难堪,间有怒气"。但朱同学在笑完之后,又突然泪如泉下。"你对此没觉得怪异,是吧?"中国人和我们的感觉是一样的,而且可能更为深沉。如果他们看上去面不改色,那是因为礼仪更重要。"他们的行为举止是由礼节决定的,直到突破那临界点。年轻人可能不像你我那样有自控力,因为他们的感情都被封藏,直到最后压力太大而爆裂。那时,礼节会被抛在一边,君子也会发现自己和别人一样任由情绪支配。"

二人在温德家里进了午餐,阳光透过中式格子窗洒落在餐厅。蒲乐道在华多日,认出这些"木质深沉,雕饰简单"的家具,应是明代之物。餐室中挂有四幅画轴,"以墨色画出四季",从笔法(以及随年月而泛黄的山色)来看,必是出自古代大家之手。不过,食物虽装在泛翠绿光泽的瓷盘中,吃起来却实在太西式了。温德不得不解释说,他爱吃中餐,但每天吃可不行。桌上有一道牛尾汤和烤鱼。蒲乐道以中式礼仪,克制住了自己的怀疑:牛尾汤的主料有可能是他进门时看到的那条血糊糊的狗尾巴。

午饭后,他们在"室外露台喝咖啡,沐浴在阳光里,周围有一丛丛粉白色的夹竹桃,旁边是木槿凉棚"。温德又带他去"花园一角,茂密的山茶花将此处区隔开来",这里建了另一处露台,三面环以笼子及围栏。此处为温德的鸟兽苑,里面有各种动物,更多的是禽鸟,甚至还有孔雀。和当时来温德家做客的其他人一样,蒲乐道特别记得,"几只灵猫在笼子里踱来踱去,面带凶相,狰狞地盯住人看;两只丑怪的灰猴正开心嬉戏,看到有人来,从笼子里伸出爪子欢迎主人"。他们往左走,来到一处装着铁丝网的围栏,可俯看整个鸟兽苑。围栏里有三只灰兽,蒲乐道原以为是"杂种阿尔萨斯犬,更瘦小却凶狠无比",温德马上纠正他。"你以前见过狼吗?没有?这几只狼是在东北山林里抓到的,特别凶狠,能迅雷不及掩耳地咬断你的脖子。"这几条狼熟悉温德和仆人老刘,但两人总是拿着鞭子才敢上前喂食。温德在停顿片刻之后,开始告诉蒲乐道他进门前发生了什么事情。

老刘一如往常开锁喂狼。"分完一篮子肉后,老刘起身要去水槽打开水龙头。"水槽前,"他看到地上有一截尾巴。这是一截刚咬下来的尾巴,血还在滴淌"。老刘的第一反应是赶紧查看温德的三条狼,但它们的尾巴完好无损。这更让人疑窦丛生。"如果是哪条傻狗贴着笼子向狼示好,围栏的格子很密,狼是咬不到狗的尾巴的。"

而老刘最后提出的解释让蒲乐道瞠目结舌。温德的花园尽头有一个狐仙祠,有几个大字不识的邻居几乎每天早上都来焚香。狐仙祠供奉的不是"阴险狡诈的狐狸精,而是能化身为老者的狐仙……狐仙最喜欢恶作剧,让人捉摸不透"。老刘认定,今晨的狗尾事件肯定是狐仙开玩笑。

蒲乐道很怀疑温德是不是真相信这类故事。温德回答说,"当你年复一年身处一座城市,此地的报纸像报导麻疹爆发一样逼真讲述这类事情,你不由得会改变立场"。他还问蒲乐道"有没有看过上礼拜报纸报导一个飞贼当着巡警的面爬上一棵树,变身为一只小棕狐,消失在暮色里,警察根本不敢开枪,怕狐仙回来要他们的命"。

蒲乐道时常来和温德谈天说地。温德是一个爱说笑的人、艺术鉴赏家、鸟兽饲养人、民间故事人、东方君子、美国人,他最爱有意思的东西,也知道如何将其融入自己的生活。有一次,温德告诉蒲乐道一个惊怖故事:他某个学生死于结核病,因无可救药地陷入与一个妓女的情欲关系而病情加剧。这位妓女姿容卓绝,身世成谜。温德后来知道,大家相信她是个狐狸精,慢慢吸干了对方的气血。该学生最后其实已发现真相,但他无法逃脱。用温德的话说,"你知道狐狸精吧。狐狸精的诱惑难挡。一旦沾上,就没救了"。患病学生知道自己死期临近,可难以自拔,也无法向别人求援。"每天你都会想:今晚,是最后一次,明天我坐上头班列车去南京——或者不管什么地方,只要够远就行。但是明日复明日,直到有一天你气血耗尽,摇摇晃晃回家或者被人架回家,就这样死了。"

听到最后,蒲乐道浑身发颤。温德"在讲这个惊悚故事时,从面带笑容陈述事实,转而语气极为凝重。他不再是一个追求听众反响的说书人,一变而为被自己口中故事深深触动。我很高兴,他觉得这样的故事一个足矣,又开始讲可乐之事"。

有一天,温德带蒲乐道去寻乐子,他们来到头等妓院"庆元春",温德是这里的常客,蒲乐道则把温德形容为此地的百事通。温德对蒲乐道说,"我喜欢和这里的女子寻乐子,这里百无禁忌。有个金蝉你肯定会喜欢,我教会她不少东西了。真真是个尤物。"

果不其然,金蝉尖叫着冲向他,伸出双臂搂住温德的脖子——这是温德教的——给了他一个长长的吻。温德乐在其中。蒲乐道只能得出如下结论:温德虽然在华多年,但"仍然迷恋美国的荡妇型妓女,所以这些姑娘们知道他的口味后,纷纷以此取悦他"。在温德面前,她们习得的如花般矜持都抛到九霄云外了。

温德的这一面,虽然多次展现,但很少形诸文字。蒲乐道所记下的一次聚会上的温德,则是我们熟悉的温德形象。这是蒲乐道回国前的一次饯行。他们在酒席上痛饮了上好的绍兴黄酒,宾客们开始玩酬酢游戏。蒲乐道提议即席联句,第一位随机吟出首联诗句,其他人在规定时间内分别联上第二、三、四句,依次而下,连成一篇。犹豫者或未能联成者,罚酒三杯。

有人提议温德出首句,因为"温德的中文比我们还好"。中国人经常用这句话来赞扬外国人,因为外国人的中文极少有那么好的,温德马上接话:"多谢,多谢,张大夫,实在不敢当。驽钝如我,只能汗颜。请允许我叨陪末座。"温德用纯熟的北京话,得体的回答,"婉拒了这一提议。在极短时间内首出联句,对于外国人来说难度有点大"①。

蒲乐道像其他外国人一样,深谙旧北京之风雅。在回忆起如此场景时,他会感叹道:

　　对我而言,长乐未央,从未变也不会变!②

和温德不一样,蒲乐道的回忆没有被后来的历史所破坏,历史一次又一次证明:昼短苦夜长,长乐终有尽。

---

① John Blofeld, *City of Lingering Splendour* (Boston: Shambala Press, 1958), p. 248.
② Ibid., p. 202.

第五章　抗日战争与中国正字学会

瑞恰慈听从内心的召唤。1937年2月初,他写信给刚成为洛克菲勒基金方面负责正字学会的大卫·史蒂文斯:

> 我们沉醉于剑桥大学麦格达伦学院的花园里那鸟语花香。一周以前,一朵玫瑰仍然在枝头迎风摇曳,现在树下的冬堇葵如铺成了一条金黄的毯子。这样平静如水的生活,颇有些陌生。我经常在想,究竟是什么骚动我的内心,让我想与世上的人们互动。在我们的这个时代,为什么像奥登这样的人会写下这样的诗句:闲适地在石砌花园里读先贤书,是一种可鄙之事。我的石砌花园自从我离开后,已经长出了半英寸的青苔。从自身而言,剑桥无疑比中国吸引我。但我想前往中国。

瑞恰慈其实非常清楚,究竟是什么将他拽离安乐园。在这封信的左空白处,瑞恰慈又写下了附言,他问史蒂文斯:"你记不记得政治活动家威廉·戈德温的名言?他说,我余生所要追求的,是让自己更有益于人的事业。二十年前,我把这句话挂在门上,纯粹出于乐趣。而现在看起来它向我索债来了。"

彼时彼刻,瑞恰慈有充分的理由相信他能在中国做出有益的事业。首先,他再度与奥格登共事,发现一如十九年前二人合写《意义的意义》,合作依旧亲密无间。瑞恰慈让奥格登了解到教学方面的问题和中国问题的特殊性,而奥格登则有能干的洛克哈特、格林厄姆

(干活特棒,一个能顶四十个中国人)相助,正在编写中国所需的基本语词典和阅读材料,进展良好。有了这些教学材料,在与奥格登交谈之后,瑞恰慈得以回到北平"专注于进一步的基本语教学培训工作"。

为了推广他心心念念的这一事业(虽然并非唯一事业),瑞恰慈走向了一条崎岖之路,但他的卓荦高才在其中居功至伟。哪里需要他,他的身影就出现在哪里,说服中美两方官员提供支持,并在世界和平的宏大视野鼓舞下,事无巨细,亲力亲为。因此,基本语事业最后未能成事,其实错在历史,而不在他。

瑞恰慈尤其希望将奥格登的材料汇总成一份呈交给教育部的报告,以说服教育部加入对正字学会的支持(基本语若要成功,它能独立于洛克菲勒基金会的支持,并得到中国官方的认可,将是很重要的两大标志)。奥格登敏于言,讷于行,而包括翟孟生在内的北平人士也无法担此重任,瑞恰慈看在眼里,急在心里。为了催生一份"将作为中国教育之永久指导文件"的报告,瑞恰慈必须亲赴北平主事,"与相关人员一字一句推敲出这份报告"①。

从翟孟生处得到的佳音,让瑞恰慈心神不宁,重返中国的心情越发迫切。翟孟生发来电报说,正字学会在冬季年会上通过了一项决议,"敦请教育部分配教学实验区,由正字学会来开展为期三年的实验"。瑞恰慈欣慰地得知,翟孟生对此"如履薄冰"。正字学会当下并没有足够的人手来开展如此浩大的一项事业。而且瑞恰慈此时已初谙各大洲学界的刀光剑影,他担心这个决议可能是一个精心设计的陷阱,因为发起者竟是负责清华大学新生英语写作的陈福田。瑞恰慈和翟孟生都有些瞧不上陈福田,瑞恰慈怀疑后者之所以推动决

---

① John Blofeld, *City of Lingering Splendour* (Boston: Shambala Press, 1958), p.202.

议,是想让正字学会扛起不能承受之重,导致胎死腹中。① 尽管有这些政治阴谋,尽管瑞恰慈各项事业多管齐下,而且又遇日军侵华,但他对基本语运动始终初心不改,这一点着实让人感佩。

瑞恰慈3月离开剑桥,在美国各处参加由洛克菲勒基金会的约翰·马歇尔组织的大大小小研讨会。一路往西,他发现对基本语事业感兴趣并受他鼓舞的美国人遍及全国。瑞恰慈的这次访学巩固了自身在美国各大学的影响力。5月,他从西雅图启程赴华。

瑞恰慈到来的时刻危机四伏,但他仍对未来充满遐想。刚从教育部发来的信件显示,"他们对我们寄望甚殷"。他请正为紧缺培训教师而发愁的正字学会振作起来。正字学会接下来的中心任务,是准备好给教育部的报告。这份报告将成为"中国教育之永久指导文件"。瑞恰慈此番远渡重洋,正是为此而来。通过这份文件,瑞恰慈们即将为中国的所有中学乃至最终为大学的英语教学提供蓝图。②

瑞恰慈在船上写了上述所思所想给史蒂文斯,想必在他看来,经过了如此漫长而辛苦的准备后,那丰硕的果实终于在枝头等着摘取了。三十二年后,瑞恰慈如此写道,这果实,具体来说包括"(1)中西方人民更易了解彼此;(2)为人们提供工具,以应付我们这个星球越来越棘手的难题"。③

* * *

1937年暮春,"天上飘雨,春寒料峭"。当北平的炎炎夏日到来

---

① Richards to Stevens, February 3, 1937, RAC, 601R, Box 48, Series 399.
② Ibid.
③ iSources of Our Common Aim, *Poetries: Their Media and Ends*, ed. Trevor Eaton (The Hague and Paris, 1974), p.168.

之际,瑞恰慈和多萝西娅打算搬到一个较为清凉之地,草拟"那份大报告"。与此同时,他向来对将日新月异的新传媒引为教学之用兴趣多多,认为无线电广播将使基本语教学如虎添翼。他与翟孟生二人商量着将夏洛特·泰勒从哥伦比亚广播公司延请回北平。① 马歇尔觉得,夏洛特在一年后更短的时间内或可成行。

临近6月末,事情推进得极顺利,万事俱备,只欠东风。瑞恰慈将提案递交给南京政府的一个由教育部长王世杰主管的委员会。委员会成员除了瑞恰慈和翟孟生外,还有叶公超。叶公超,艾默斯特大学学士(他在语言学和诗学方面的才具曾引起罗伯特·弗罗斯特②的注意),剑桥大学文学硕士,专攻印欧语言学,回国后很快就成为一名杰出学者,讲课犀利,仰慕者称其为"中国的约翰逊博士"。委员会其他成员还有:陆志韦、赵诏熊、水天同、赵元任、吴富恒等,和其他与中国正字学会的工作有直接或间接的人士。③

委员会通过了三十三项决议,瑞恰慈为基本语培训中学教师的提议得到批准,为全国实验基本语教学迈出第一步。瑞恰慈打电报给留在北平的多萝西娅:"一切都如愿以偿,肯定哪里有问题。"④

两个星期后,问题终于水落石出。1937年7月7日,卢沟桥事变发生。日本坚称这只是一次偶发事件,并非战争爆发,历史却发出

---

① Richards to Marshall, April 24, 1937, Special Collections: Herbert Stern Collection, RAC (unsorted).

② 罗伯特·弗罗斯特(Robert Frost,1874—1963)是20世纪最受欢迎的美国诗人之一。——译者注

③ Robert Winter, "Notes on the Orthological Institute of China," enclosed with letter to Dr. Houghton dated January 18, 1939, Special Collections: Herbert Stern Collection, RAC (unsorted).

④ *I. A. Richards: His Life and Work* (Baltimore: Johns Hopkins Univ. Press, and London: Routledge and Kegan Paul, 1989), p.420.

了窃笑。抗日战争一直打到1945年8月14日,接踵而来的是四年国共内战。

瑞恰慈曾梦想以一种通用语言,服务于"超越国界族群之目的","契合这样一种世界观:只有以世界大同为旨归的国家民族才值得珍视",然而这一切都葬身于腥风血雨中。

在我看来,中国正字学会的历史象征着弥漫全世界的文化湮灭现象,文化在一波接着一波的暴力面前折戟沉沙。基本语运动原本是为了实现世界和平之梦想①,我们现在回头看,它失于幼稚,甚至某种程度上可以说,运动本身也已为盎格鲁帝国主义所玷污。但这依然无减于这一梦想的光辉,我们今天依然怀有同样的梦想:人类能够彼此善待,相处无间。

7月26日夜,北京,对于一起消夏的三人来说,完全想象不到梦想竟会破灭。瑞恰慈夫妇与温德在他东城的宅子里共进晚餐。多萝西娅在给我的信中写道,7月7日的枪声似已恍如隔世。他们舒适安坐于温德宅中,环以那蛩声遐迩、用心经营的大花园(温德尤其善于打理"高大多色的鸢尾花"),园中有各色畜禽,"园里似有一只鹦鹉,还养着一笼子狼,温德常常喜欢手抚它们"。②

那一晚就像记录下黄金时代最后瞬间的旧照片一样。宅子里到处是温德精心收藏的物什。家具都是上好的古董。有一张精美的游

---

① 我很感兴趣于诗人里尔克的和平之梦——通过转变心性的诗歌实现和平。里尔克曾在一封信中写道,战后,艺术界与思想界的任务是要使人们为温柔、神秘、战栗的心性转变做好准备,自此静谧未来的理解与和谐将来临。Quoted in Rainer Maria Rilke, *Duino Elegies*, trans. J. B. Leioshman and Stephen Spender (London: Hogarth Press, 1957), p.16.

② Dorothea Richards to me, January 15, 1985. RAC Special Collections: Herbert Stern Collection (unsorted).

戏桌;一张古雅的琴桌;一张近三米长的大木榻,可供两人平躺下来吞吐鸦片;还有躺椅,清朝皇帝就曾坐这种躺椅,在圆明园的亭子里养心怡情,欣赏西山风光——温德家离西山不远。①

白天,阳光透过窗格洒落在餐厅里,正如蒲乐道所记,唯一的画轴是古代某位大家的水墨画,四时风光跃然纸上。② 在如此雅致的屋内,瑞恰慈的南京之行又硕果累累,温德谈兴正浓。多萝西娅回忆道,"一点思想准备也没有,日军突然发动袭击,子弹在四周呼啸。很明显应该立即卧倒"。于是三人卧倒避险,直到第二天早晨才爬起来。"温德作为主人,自始至终表现得冷静又热心。"在日本飞机大炮的狂轰滥炸下,北平沦陷。

一个月后,瑞恰慈对这一灾难的反应与温德如出一辙。他非常冷静,建议"节衣缩食,以保存我们最好的雇员及已经分拨下来的资源,执行教育部委员会的决议,集中精力编好教材,并为战后的重建时期做准备"。水天同还宽慰瑞恰慈,说战争的爆发也许是塞翁失马,焉知非福,因为战时,人们"无心互相攻讦,没有了这些琐事的掣肘,反而会踏踏实实做最基本的工作"。③

瑞恰慈承认,北平当时的情况"极为可怖"。日军围城的头几天,战机低空俯掠,离屋顶不过十多米,"枪炮子弹之发射声整夜可闻"。但即便是这样恶劣环境下,瑞恰慈的精神仍旧昂扬,他又说如今无一事可做,"唯有勉力撰写基本语的入门读本,并尽量相信它庶

---

① Photos and descriptions of Winter's furniture can be found on pp. 80, 81, 98, and 100-191 of Kates's *Chinese Household Furniture*.

② John Blofeld, *City of Lingering Splendour*(Boston: Shambhala Press, 1988), p. 80.

③ Letter from Richards to Stevens dated August 21, 1937; Box 481, Series RG1, RAC Series 601, Folder 400.

几能在未来弥补失去的时间"。①

瑞恰慈百折不回的斗志,以心碎告终。再也没有比"麦格达伦花园的鸟语花香"更远在天边的了。他与多萝西娅相当"不走运",夫妇二人有约5000美金的定期存款放在一家中国的银行,现在根本取不出来。"我们实在担心这钱一去不回。我一直计划五十岁的时候退居山林,静心从事基础语言问题的研究。——这样一来,全都告吹了。话虽如此,这里有太多的人命丧黄泉,而我还活着,拥有健全的四肢和自由,实在无从抱怨。"

9月,北平沦陷,等事态逐渐平息,瑞恰慈夫妇迁往战火尚未蔓延到的南方(虽然一路上几乎与战火擦身而过),同行的一群人,近一半都随身带有武器,以防盗匪。这趟旅程少不了每日跋山涉水,不过瑞恰慈仍旧留意四处招募才俊,寻找远离日本人的安静之所在开展工作。留在北平的翟孟生却不一样,在瑞恰慈看来,他如墙头草般摇摆。

数年后,洛克菲勒基金会的远东项目负责人冈恩(Selskar Gunn)告诉翟孟生:瑞恰慈心怀不满。8月份与史蒂文斯的书信往来中,瑞恰慈摘引拜伦的诗,影射翟孟生——虽然瑞恰慈自己也是一位跟着风向转帆篷的卓荦者:

> 好,好,这世界总得绕轨道运行,是人都得跟着转,不管头脚倒正。我们活一阵,死去,恋爱和纳税,风转向时,我们也跟着转帆篷。

他还加了一句:"目前情势下,这样做实属必要,我也亟需如此

---

① Letter from Richards to Holland D. Roberts (President, the National Council of Teachers of English), July 27, 1937, Box 578, Series 601 IAR, RAC.

行事。"①正是瑞恰慈,而非翟孟生,这样说服他自己:如果日本人占领全中国,正字学会应该继续办下去,"我们可以找到新方法与日本合作"。②

瑞恰慈帮翟孟生做打算,但翟孟生显然有自己的想法。瑞恰慈抵达昆明后的第二天,收到翟孟生的电报,说自己正在清算北平的中国正字学会本部,会尽快——他希望在11月初——赶往湖南省会长沙(毛泽东曾在此任教于湖南第一师范学校)。芭芭拉·塔奇曼曾在书中描写,数以万计的平民已经撤退到长沙,或乘船或坐车,"蒋夫人所主持的一个妇女委员会用一列列火车将衣衫褴褛的饥饿的战争孤儿从战区运到这里"。③ 北方三所名校——清华、北大和南开——也在迁往昆明前,驻足于此。翟孟生前往长沙与清华教职员会合。但战局急剧恶化,不久长沙告急。刚在长沙安定下来,包括翟孟生夫妇在内的许多人又开始逃亡,这次是越过崇山峻岭前往昆明。清华的女学生和教员有机会乘坐火车,清华男学生和其他两所高校人员则在闻一多教授的带领下组成"湘黔滇旅行团",开始漫漫长路。

翟孟生夫妇在昆明羁留约一年。翟夫人回忆道:"我们知道美国即将参战,所以觉得在战争期间应该回到祖国。正字学会无一事可做,我们也不希望领空饷。我想,美国人当时不知道发生了什么。"④

不过在离开前,翟孟生成功得到了云南省教育厅厅长龚自知的支持。早在1935年,夏洛特·泰勒曾游说龚自知,说基本语可让英

---

① Richards to Stevens, September 1, 1937, Box 48, RG1.1, Series 601R, RAC.
② Richards to Stevens, August 21, 1937, Box 48, Series 601R, RAC.
③ Barbara Tuchman, *Stillwell and the American Experience in China* (New York: The Macmillan Company, 1985), p.192.
④ 与Dorothy Jameson 的电话采访, November 13, 1986.

语教学事半功倍。1938年3月20日,龚自知邀请正字学会"与云南省各教育机构开展中学英语教学方面的正式合作",并表明政府最终会接管正字学会。这让洛克菲勒基金会心头一喜,基金会一直希望基本语项目能颇有成效地运作起来,早日实现经济独立。

基本语事业有了突破,温德还滞留北平,瑞恰慈夫妇则在西南地区周游,并遇到好友兼学生燕卜荪(William Empson),之后燕卜荪从游了一阵。燕卜荪早年以《朦胧的七种类型》享誉学界,他在剑桥写这部论文时,瑞恰慈是他的指导老师。燕卜荪是一位知名的文学批评家,还是杰出的现代派诗人,他精练的诗句成为年轻一代盎格鲁-美国诗人的典范。燕卜荪曾在北京大学任访问教授,并为正字学会工作过(瑞恰慈将燕卜荪视为"最优秀的基本语专家中的一位",后来燕卜荪自谦地说,他只不过将JBS Haldane的几篇文章译为基本语,"花了很多时间纠正动词用法")。燕卜荪从游瑞恰慈夫妇,到10月中旬结束,期间穿越贵州与云南最险阻之地,最远曾至越南河内,"令他惊讶的是,即便在这些边陲之地,瑞恰慈也盛名不减"。在中国最偏远的西南腹地,瑞恰慈也能获得人力物力上的帮助。但对燕卜荪来说,北京大学一关门,他就无处可去了,于是在10月中旬告别瑞恰慈夫妇,返回英国。1939年,他回到昆明,在西南联大任教一年,与联大师生共度时艰。酒精的功劳不小。燕卜荪在联大的同屋曾告诉我,某天早上他惊恐中发现燕卜荪不见了,结果发现此君睡倒在床底下。①

---

① Some Teachers of English in China: I. A. Richards, William Empson, Robert Winter, and Wu Mi, talk delivered at Wabash College, Spring 1986, RAC: Herbert Stern Collection (unsorted).

中学英语委员会如今在昆明办公,瑞恰慈此行目的之一,是向主要委员展示新问世的《第一读本》(温德是该读本的合编者,但他做了无名英雄)。瑞恰慈希望通过读本,使英语和西方思维方式同时得到传播。读本内容包括西方逻辑、卫生学、科学等方面的基本介绍。而在不久之后的《第二读本》中,瑞恰慈会邀请燕卜荪用基本语介绍一些最基础的西方概念,如"系统"(system)——有些材料助瑞恰慈后来写成了 Basic Rules of Logic 一书。天公若肯作美,这一项目本该收获颇丰。数年后,费正清对 Alger Hiss 说了如下评论:"此地像欢迎飞机一样欢迎新观念,这颇令人惊异。然而由于华盛顿当局缺乏想象力,导致中国的新观念运动未能在最适宜的地方生根开花。"①

一俟完成在昆明的事务,瑞恰慈夫妇放松身心,去找植物学家、探险家约瑟夫·洛克(Joseph F. Rock)。此公 1932—1949 年间生活在丽江,研究纳西族,并写成了那部经典的《中国西南部的古纳西王国》(The Ancient Na-khi Kingdom of Southwest China)。1956 年,诗人庞德被关在圣伊丽莎白精神病医院时,用来打发时日的便是这部作品,并从书中演绎出一个人间乐园,写进了他的《诗章》:

> 雄踞丽江的是青翠映衬皓白的雪山,洛克的世界为我们挽住多少记忆,云烟中依然飘摇丝丝记忆……②

(巧合的是,温德在战争结束前,也曾到过这里。)

瑞恰慈夫妇从洛克那里了解到喜马拉雅山的进山路径,打算登上5700米的哈巴雪山。在写给兄弟的信中,多萝西娅这样写道:"如

---

① Fairbank to Alger Hiss, *Chinabound*, op. cit., p.197.
② Ezra Pound, *The Cantos of Ezra Pound* (New York: New Directions Book, 1950), canto 113.786.

果不是时速160公里的暴风,这座雪峰是相对容易攀登的。我们费尽力气,终于成功登顶,没有冻伤自己。"①

* * *

在战争爆发前,翟孟生成功说服洛克菲勒基金会继续扶持正字学会。1938年夏,翟孟生在国会图书馆为麦克利什②工作,瑞恰慈刚刚得到哈佛的聘任,二人去往纽约与基金会共图在中国的未来发展大计。他们力陈,正字学会在中国取得了稳固的发展,翟孟生申言:抗日战争"对于工作的循序渐进并没有造成大损害",基金会被说动了,为1937年4月1日至1939年6月30日期间正字学会的运营又拨款29000美元(从1936年2月,为启动项目拨款15000美元,到1947年最后一次拨款20000美元以支持温德在清华复校后的工作,洛克菲勒基金会一共支付101550美元。虽然以洛克菲勒基金会的拨款标准来看,算不上重大款项,但也绝非一个小数目)。

新一笔拨款用来支持正字学会在昆明的运作,学会如今由吴可读负责。和翟孟生一样,吴可读,还有中国助手水天同、吴富恒和赵诏熊,都是1938年来到昆明的。根据云南省教育厅的意愿,重开的正字学会,更名为云南省立英语专科学校。战火纷飞,但工作还在继续。

* * *

与此同时,温德还留在北平,为《第一读本》忙碌,并帮助撰写《第二读本》。温德素喜浮华,却也能吃得苦中苦。他为《第一读本》足足写了十五页单倍行距的审稿记录和更正,内容各式各样,有纯粹

---

① Russo, op. cit., p.427.
② 麦克利什(Archibald MacLeish,1892—1982),美国诗人,三次获普利策奖,在罗斯福新政和二战期间任国会图书馆馆长。——译者注

技术性的,比如第四页,"最后一个词 bottle 后要加上逗号,第五页页首的 bottle 后也一样处理",更多的是加入了自己的思考:

> 稿件中对电力产品大唱赞歌,窃以为并不应景,(中国)现在,电力产品实在遥不可及。如果不怕麻烦的话,我建议抽去一两篇这方面的文章(有几篇关于农场的文章距离中国人生活最遥远),转而介绍较为普泛的应用科学,也许更能让读者感到自己在学习真知。①

北平沦陷后,温德在这里又盘桓了近三年。这险象环生的三年,在后来的二十年里如鬼魅般时隐时现在温德心头。但即便在温德垂垂老去,神智时常不复清醒,在红卫兵对他"以其人之道还治其人之身"后很久,他仍旧为生命中的这一段华章而自豪。和我谈起这段往事时,他有时候仿佛回到了那时的清华,正极力保卫校园不被日军强占。正是从那时候起,他开始随身携带一把手枪。

---

① 《第一读本》的编辑笔记足足写了二十页。Rockfeller Archive Center, Special Collections: Herbert Stern Collection (unsorted).

第六章　保卫清华

　　与历史大事件共沉浮,希望渐次熄灭,这是温德的命运,而不是瑞恰慈的命运。他置身涸浊,与暴力越来越赤裸相见。瑞恰慈有另外一个世界。中国之于他,永远是剑桥或哈佛或洛克菲勒基金会各项大事业间的一阕插曲。温德没有另外一个世界,中国成了他唯一的家园。

　　大多数清华教员退居昆明,在大后方办起西南联大,为什么温德恪尽职守,留在了北平?这需要一番解释。清华南迁,校园却仍在北平,大楼、设备和图书等校产都无法靠人力带走。清华的知识与精神,跟随着清华人一路从长沙落脚于昆明,弦歌不绝,薪火相继。至于物资,白修德、贾安娜的《惊雷中国》中写,"骡马驮运米和面饼,再跟着几辆扑哧扑哧的卡车,在崎岖不成形的路上爬行"。①

　　温德护着弃守的大楼和设备,徒劳地与日本人周旋。日本人对高等学府全无敬意,有意要把中国的大学变成战火前线,毁之而后快。天津的南开大学已经被炸为废墟。北方大学中,除南开之外,日本人还有三个目标——北京大学、燕京大学和清华大学。极为讽刺的是,日本人和瑞恰慈、温德一样,对教育的力量极为虔信,正因此他们才要毁掉中国的教育。

---

　　① Theodore White and Annalee Jacoby, *Thunder Out of China* (New York: William Morrow and Company, 1980), p.58.

在清华大学,体育馆被改为马厩,新南院竟成了日军随军妓馆。这还不算什么,日军最为垂涎的是清华的科学技术资源,大肆掠夺它们,不仅用来充实本国科技实力,与此同时也切断了中国的人文科技知识一脉,保证中国人永无翻身之日。白修德、贾安娜的《惊雷中国》里提到,日本人的第一步是捣毁各系实验室,把设备书籍运回国。①

以上便是1937年10月的时局,温德应学校当局的请求,决定留在清华。温德是中立国家公民,所以他被选为护校的留守人员。温德极严肃地履行了他的职责。温德无权无势,如果他不是那么有强大的自我,或者不能那么娴熟地运用治外法权,一定会像堂·吉诃德战风车一样。

10月8日,星期五,温德开始了与日本人的第一次交锋,当时日军第四次"访问"清华,"装走了数卡车的校产"。他马上去见清华"平·校保管委员会"主席毕正宣,商量应对之策。毕正宣是中国人,日本人闯进学校大楼时,他不被准许跟随左右,但他告诉温德事态发展大概,并列出了一份目前已知的被抢校产清单。② 听完这个介绍后,温德开始行动了。他身材壮硕,足有一米八多,因此站在日本官兵中间就像鹤立鸡群。他天赋异禀,能将愤怒化为滔滔不绝的雄辩抨击,决心冒着生命危险告诉日本人"占领军也应守法"这一原则。

一开始并不顺利。他去拜访日本科学图书馆的森先生,却无功而返。温德原本被告知,森先生是文化关系委员会主席,负责这方面

---

① Theodore White and Annalee Jacoby, *Thunder Out of China* (New York: William Morrow and Company, 1980), p.58.
② 此段护校经历主要基于以下报告:October 11, 1937, and presented to the Peace Preservation Committee, and letter to Mr. F. Shima, Third Secretary, Japanese Embassy, Peiping, RAC Special Collections: Herbert Stern Collection (unsorted).

第六章 保卫清华

的申诉,后来才了解到主席是桥川。不过森答应打电话说一下此事,温德同意了。但由于联系不到桥川,森又找到竹田,将情况说明。竹田和桥川一样,都是北平地方治安维持会顾问。

竹田不像森那样古道热肠,实际上正是他批准了日军的四次查抄。他既不认为毕正宣让温德转交的报告准确可信,也不相信"日军犯下了报告中提到的罪行"。竹田坚称,毕正宣是清华负责人,那么他只能接受毕亲自提交的报告。

温德处于十分弱势的地位。因为位阶不够,无法直接与竹田对话,他只能通过电话、通过中间人来报告清华的损失。他还被迫让步,承认日军洗劫清华时,毕正宣和其他留守中国人未被允许跟随左右,因此毕正宣的报告有不实之处。

不过温德在东方有十五年的生活经验,在此类冲突中自有应对之策。他把自己"包装"成三方面的官方角色。首先,他是毕正宣任命的报告提交人,向治安维持会提出申诉,治安维持会的机构名称就表明在清华应维持治安,而非洗劫校园;第二,温德是清华大学教授;最后,他是美国公民,有责任向美国政府报告"美国政府捐赠给中国的教学楼和设备的现状,当时签订的协议严格规定它们只能作教育之用"。总之,温德摆出了一副义正辞严的官方姿态。以个人身份面折日本官员是无济于事的,只能摆出有机构支持甚至有可能的外交支持的样子,斡旋才有可能。

但无论温德表现得如何义正辞严,日本人都决不会轻易收手。①

---

① 1985年1月15日,多萝西娅·瑞恰慈信中告诉我,"温德在日本占领北平期间十分勇敢……据说有一次日本兵打他的黄包车夫,温德怒不可遏,把日本兵的牙齿都打掉了。"RAC Special Collections: Herbert Stern Collection (unsorted).

美国政府跟日本不愿撕破脸,不可能提出质疑或抗议,而中国人当时毫无发言权。这时又有了新转机。森先生建议温德等维持会的最终调查结果。他还代表竹田,请温德转告毕正宣:"这几天,相关机构会正式占领清华校园,到时候对清华的任何举措都将是官方授权的。"温德会意地离开森的办公室,把森的话理解为不会再有进一步的抢夺行为,而事态发展正是如此。

温德处理冲突时游刃有余,他在拜见森之前,已把失物清单抄送给美国驻华使馆的罗赫德(F. P. Lockhart),日本驻华使馆的岛先生,以及合众社记者费舍尔。与此同时,他还将中文版的报告全文递交维持会的一位官员,这位官员答应一接到报告就会马上处理此事。温德还将报告全文呈送给洛克菲勒基金会,但他没有向岛先生或维持会提及这些。总而言之,温德一介平民,以惊人的耐心和细心,在这场劣势明显的较量中,四两拨千斤。

10月3—8日,日军四次"拜访"清华,不仅把大量科学仪器和书籍运回国,还带走了教学楼和实验室的钥匙。个别日本兵私拿"手表、画作和文具等个人物品",电机系两名校工甚至遭到军警毒打。

温德呈交毕正宣报告的同时,还向维持会附信一封,力陈维持会应回答如下重要问题:

1) 确保清华大学作为中国人的高等教育机构不变,是否为维持会的一项既定政策?

2) 若这是维持会的既定政策,我希望维持会能说明为何授权非清华人士侵夺清华校产。

3) 若维持会批准侵夺清华校产,望能告知授权内容以及时效。被侵夺校产的用途为何?哪一方可给出恰当的补偿?

温德其实心里很清楚,日本人如果真诚回答问题,将会给出什么样的答案,但温德很机智地留下了开放式的问题。日本人在中国北方设立了傀儡政府后,又设立各地维持会,使外侨免遭占领军的侵扰,以维持现状。但维持会的第一次预备会议上,中国人就发现中国代表名额不足,而且有十个重要决议居然直接宣布,"未经任何形式的审议"。

日本人一再强调,中国积贫积弱,自身难以抵御共产主义,他们来是为了保护中国。维持会里只有一名中国代表,侵略者希望中国人相信维持会所通过的决议代表了中国人自己的意愿。决议之一,直接关系到清华命运,即将这所中国现代高等教育的旗舰改为体育学校。

温德的第二步好棋,是将维持会置于普世价值下,即假设维持会对于日军的掠夺行径会像他一样感到震惊。温德用英文和日文写下了涉事军官的名字,他狡黠地请求维持会,以后至少将负责人士的名字提前告知清华大学,"清华平校保管委员会提名一位代表,在维持会代表和日军进入清华搬运校产时能陪同左右"。这一建议保证了至少有一名清华代表能在现场。温德还希望钥匙能够归还("若无钥匙,清华平校保管委员会很难保护校产")。他希望知道驻军的日本军官的名字,这样当掠夺校产事件再发生时,能向其申诉。这些请求,他希望能尽快得到答复,"以避免将来再有误解"。在温德看来,日本人会看到这么做实属必要,因为"很明显,与清华有关的美国人都有义务保全美国政府慷慨资助的机构,向美国政府报告事态进展"。从某方面看,温德所要求的并不过分,也合情合理,但从另一方面看,则又无比像堂·吉诃德。

我之所以会对这个事件的细枝末节产生浓厚兴趣,乃是由于它揭示了实践（praxis）的真义，即在险恶环境下，具有足够计谋、耐心、勇气的抵抗者如何成功实施抵抗行为。温德在这个事件中，他这方面的天赋可追溯到童年时期，当时的小温德周旋于一屋子女性中间，备受宠溺。在我看来，温德对日本人的抵抗堪称英勇之典范，他坚持不懈，目标明确，即便遇到再大的障碍也毫不退缩。

信寄出去三天后，石沉大海，于是温德又写了一封信，这次是写给日本驻北平领事馆的三秘：岛先生。10月8日，温德曾给他呈送了一份纪要和失物清单。他希望岛先生能马上知悉，10月12日星期二，他在校园里亲眼目睹"六名军官和四十五名士兵为维持会派遣护校的部队来清华选定驻地时"又顺走不少校产。

多年以后，温德在文章中说，他生于恐怖主义的年代。恐怖主义是什么？是在正常手段得不到某物时，用暴力或暴力威胁攫取它（terrorism一词来自法国大革命时期）。因此，日军对中国大学的袭击是赤裸裸的恐怖主义。

温德在这场惊心动魄的博弈中究竟能得多少分？10月12日，所有的疑惑烟消云散。一队日本官兵来到清华，为维持会派遣"护校"的部队挑选驻地。一位日本军官与一位清华平校保管委员会成员（很明显就是温德）进行了交谈，"其他官兵则命令清华校工打开第一和第二教学楼的所有门"。温德知道，很多房间里都存放着清华校产，所以他坚决要求跟随官兵前往。

在一间房间里，他发现三名日本兵"正在搜值钱物什，把东西丢得到处都是"。小物件已经被他们收入囊中（"烟盒、砚台、铜墨水瓶、旧钱币，等等"），温德"要求他们"把东西放回，离开房间——温德的遣词造句告诉我们，他有在紧张压力下保持风度之特异能力。三人离开后，他锁上了房门，并把事情报告给一名日本军官。这位军官马上当着温德的面,训斥了这三人。但就在训斥现场,温德还是看到别的士兵试着打开工学院大楼的门窗,那里面存放着非常重要的校产。

10月8日星期五,温德拜访森先生,森保证"日本士兵将遵纪守法,以后不会犯此类错误"。在同一天,竹田安抚温德说,他们将派纪律良好的部队进驻清华,防止清华再遭偷盗或破坏。现在,温德希望提请森注意,"进驻部队也参与了对清华的偷盗破坏"。

接连十天的纷乱的汇报和协商,犯罪现场面折,温德保护校产的努力,可以预料,几成泡影。但他做到了挺身而出,直言日本人的野蛮行径。在当时的情势下,他能做的也不过如此,而从他本人的个性看,他绝对会站出来的。仅仅为了正义,为了几乎不可能的道德秩序,温德挺身而出,显示出大无畏的勇气,这不是第一次。

*　*　*

温德在北平一直待到1940年8月。在沦陷之前,由于日本人涌入,修学旅行的日本学生一车车到来,故都北平的魅力早已暗淡无光。如今北平陷落,离不开的人们只能忍辱在占领军眼皮下讨生活。1937年12月底,重要英文刊物《天下月刊》社论提醒日方,只有遵守新近在布鲁塞尔签订的《九国公约》第一条之下的和平,才是中国人可接受的和平。该条款规定,日方应"尊重中国之主权与独立及领土与行政之完整","施用各种之措施,以期切实维护有效稳定的中国政府"。

但北平市民非常清楚,日本人无意遵守《九国公约》四条款中的任何一条。比如,日本人支持药店售卖鸦片和烟具。日商马上取代甚至吞并了中国人的商铺。整座北平城都是日本人的天下。哪里都能看到日本旗在头顶上招摇。商店的招牌和广告越来越多用日文，黄包车基本上由日本人包了，导致黄包车上的中国人经常会被误认为日本人。许多市场、歌厅、饭馆只向日本军队开放。

更严峻的是，驻北平的中外新闻机构也完全处在日本的掌控下。谁要想获悉中国军队的获胜情况，只能读天津的 *North China Star*（《华北明星报》）和《时代》杂志。北平市民平日能读到的报纸，成天刊登的只是"日本帝国主义战士挺近西南"，或"河北人民支持日本之管辖"。

除此之外，从表面上看，日本人生活在他们自己营造的和平繁荣里。他们有时通过宴请、提供飞机往返、军事访谈、住宿等，成功收买到一些外国记者。对于中国记者，他们则提供免费展览、电影和饮品。

这些公共关系方面引时代之先的大胆举措，虽能暂时从国外媒体那里得到些许同情，但无补于维护北平的安定祥和，虽然日方宣传机构对此大肆鼓吹。真相是，日本军国主义者生活在巨大的恐惧中。1938年9月，立场中立的《密勒士评论报》反问，"中国游击队每天都在北平城周围搞破坏，抽掉铁轨，阻断通讯，袭击车站，渗入城中，日方怎么可能不恐惧？"

日方宣传说，他们正在致力于各种仁政，其中之一便是"教育改革"。这些改革背后的实情，却是清华这所大学，师生已南逃，实验室和图书馆遭洗劫，驻校日军铁蹄踏过每寸校园。正如芭芭拉·塔奇曼观察到的，北平城的每个角落，都可以看到日本步兵和骑兵在军号声中忙着训练（战马对日本军官而言太高大，他们要靠勤务兵帮忙才能跨鞍上马，勤务兵侍候在旁以随时搭把手）。官方汽车上太阳旗迎风招展,穿行在故都北平的街巷。①

北平沦陷,绝大多数市民都敢怒不敢言。像所有肆无忌惮的占领军一样,日方可以随意闯入民宅。他们见证了北平城的美与伟大,但无论去哪,他们都能感受到北平市民的那种仇恨,随着战事的发展,日本人知道自己随时可能死于非命。他们怎能不时时恐惧附近西山的游击队?

很自然,在这样的情势下,在中国沦陷区(甚至非沦陷区)英语教学的未来越来越问题重重。1938年2月,北平所有学校都要求教日文,再一次回到中国的瑞恰慈当时正在天津,看有没有机会将正字学会北方本部搬到那里。正字学会的两名年轻中国教师在天津的津沽大学②已经成功开设基本语入门班。瑞恰慈打算把赵诏熊从北平请过来,在该校开设一个扩大班。③

2月6日,温德乘车两个半小时来与瑞恰慈见面,讨论他未来何去何从。车厢里没暖气,还未到天津,温德就开始咽喉痛,发高烧(自从1917年大流感以后,温德就很容易肺部有恙)。瑞恰慈担心他得了猩红热。温德在医院里躺了四天,结果只是咽喉严重发炎而已。温德和瑞恰慈的这次会谈,没有任何结果。④

温德的老朋友、老同事吴可读当时已经在昆明负责基本语,但昆明的工作开展得不是很顺利。根据与史蒂文斯的书信往来,1938年2月,吴可读的工作"因空袭(两次假警报,一次真空袭)而搁置了"。2月21日一次未遂空袭之后,昆明各校马上疏散到边远农村的寺庙

---

① Tuchman, op. cit., p.156.
② Hautes Études Jesuit College,天主教法国耶稣会在天津所办的大学。——译者注
③ Richards to Winter, January 1938, Box 579 960 IAR, Series 601.
④ Richards to Winter, 1938, Box 579 960 IAR, Series 601.

里。吴可读不屈不挠,试着在这些新校开设基本语课程,但目前只争取到了一所中学——校长很积极,学生的底子也相当好。

与此同时,吴可读开始与散布在乡间的各中学教师多方接洽。2月24日周六,他召集了二十位中学教师开会。这二十位教师,"是教师队伍中的佼佼者",和他们说好定期培训,第一次培训定在下个周六。但吴可读担心的是,在目前情况下,下次会议还能不能按时开。

吴可读经历过的一次空袭是一个月前,但给他留下了抹不去的心理创伤。日军集中轰炸昆明师范学校。流亡的清华大学学生宿舍和食堂就租在这里。有几位学生和校工命丧于空袭,附近街区的老百姓伤亡也很严重。①

现在的生活完全要重新安排。每天早上八点,绝大多数市民涌出昆明城门,直到12个小时以后才回家(日本人向以准时闻名)。昆明城本是弹丸之地,一次空袭就能对某个街区的全部人命造成威胁。在这样的情况下,吴可读不免心下疑惑,"是否有必要从此地转移到别的地方去"。

回到北平这边,温德的日子还是不好过。继要死要活的咽喉痛还不到一个月,他的肾又开始剧痛。他去医院看病,医生告诉他应马上手术(医生没有告诉他的是,手术的疼痛有如撕心裂肺)。医生给他上了麻醉药,然后让他用力排尿,在排尿时,他疼痛难忍。最后排出一大颗结石,大约豌豆大小,呈不规则的三角形。医生们如释重负,让温德回家。温德和瑞恰慈共进午餐,后者几天前刚回北平。②

---

① Pollard to Stevens, February or March 1938, Box 579 960 IAR, Series 601.
② Shui to Richards, "Friday the 11th" (1938), Box 579 960 IAR, Series 601.

除了身体不适外,温德在精神上也承受着更严重的折磨。他无事可做了。北平的清华大学和正字学会总部已无法提供给他继续教学的工作,虽然洛克菲勒基金会在瑞恰慈的要求下,将温德的月薪从200元法币提高到150美元①——这一丰厚月薪只发放到1938年底。尽管瑞恰慈比较乐观,但《第二读本》完成后,接下来能给温德派什么活儿,还是个疑问。温德虽然现在主持着北平的正字学会办公室,但它几乎有名无实。随着战火的蔓延,看来洛克菲勒基金会是时候停止援助在华正字学会了。

对于这段艰难时日,温德没有留下只言片语记录自己的心情,但它一定很像乔治·凯茨(George N. Kates)在当时的感受:"四顾茫然无路走。"在《丰腴年代》(The Years That Were Fat)里,提到北平沦陷后,生活在这里的西方人毫发无伤。然而,"我们越来越像一个身体上没有任何不适,但却知道自己已罹患绝症的人,在深夜里百爪挠心。我开始默默地向许多乐趣道别,感觉每次赏心乐事都将是最后一次"。②

和凯茨不一样的是,温德留在了中国,但对他来说,某样东西也一样终结了,也许一去不复返。在北平,乔治·凯茨、艾克敦(Harold Acton)、巴克斯(Edwin Bachaus,"北京的隐士")等享有特权的西方侨民的好日子到头了。留在中国的西方人,如今向审美化的生活挥手告别,要过另一种生活。

温德在和平年代的日常生活被彻底粉碎,无可挽回。于是,他开始对抗那粉碎自己生活的强权。在那段时日,温德敢于为同事与好

---

① Richards to Stevens, April 4, 1938, Box 48, Series 601, Folder 401.
② The Years that Were Fat, op. cit., p.258.

友挺身而出。温德帮他们在日本军官眼皮底下偷运钞票,帮他们离开这座沦陷之城。有传闻说,他曾冒死给城外的共产党队伍偷带枪支,有一次,军警在火车车厢里挨个检查行李,温德用脚将一盒枪踢到正在睡觉的一名日本军官乘客座位下,逃过一劫。①

我记得1984年曾和一位中国教授聊天,当时我刚开始对温德产生浓厚兴趣。他说了几则轶事,这些轶事编织出一个温德神话。我感叹道:"哈,他真是以身涉险哪!"这位教授接话,"是啊,他算得上出生入死"。

1938年末或1939年初,温德再次涉险。我在这里会详述该事件,因为十多年后,这会成为温德的主要罪状。事件起因于清华哲学系的一位同事将一位名为熊鼎的女子带到温德住所。当时的熊鼎还是冯夫人,后来她嫁给了美国作家白英(Robert Payne)。白英1941年来华,1946年回国。熊鼎天生丽质,更重要的是她父亲熊希龄在一战时期曾任中华民国总理。这位貌美坚毅的女子是逊帝溥仪的儿时玩伴,亲眼目睹过紫禁城里的各种繁礼冗节(辛亥革命后,此类仪式照旧在紫禁城里举行),用白英的话来说:"她生于钟鼎世家,对于这一切心生厌倦。"②

根据白英《中国日记》,熊鼎的十三岁女儿冯健美,30年代末曾名震全国:她在天津大光明电影院里暗杀了汉奸程锡庚,然后和同学来到街边一家商店大吃冰淇淋庆祝锄奸成功。电影叫《贡格丁大血战》(Gunga Din),到了激战场景,画面里枪声四起,她与同学乘机自后面一枪击毙程锡庚。国民党政府后来在重庆表彰冯健美,她一度

---

① 杨周翰教授在一次访谈中告诉我,这个传闻不实,盒子里装的实际上是书本。
② Robert Payne, *Chinese Diaries*, 1941-1946 (Weybright & Talley, 1970), p.8.

是特务头子戴笠的座上客,因戴笠本人也极谙暗杀之事。虽然冯健美后来加入了共产党,但解放后还是有人记得她与国民党的关系,因此被判刑劳改,直到垂垂老矣才获自由身,后来死于肺结核。

少女冯健美的反抗精神习自她母亲熊鼎。熊鼎也是一名大无畏的抗日爱国义士。温德与熊鼎初次见面时,介绍人只说她参加抗日,需要外国人协助,但温德想必也已认出她是何许人。总之,他答应伸出援手。事情就这样定下来了。几天后,熊鼎回来找温德,请他帮忙将一本("极为重要的")密码簿子从天津的英租界转移到法租界。

到这时,温德有理由认定他在为共产党办事。为了让温德感受到自己的真诚,熊鼎告诉温德,她从日本叛徒处购买枪支,再送到中国游击队手里——这事得到了英国人普莱斯的帮助。但不久,温德开始怀疑他身处的是国民党阵营。

不论他认为自己在为哪方做事,在抗战初期,人心淳然,二十年后温德回想起来还为自己当时的政治幼稚病而懊恼,他反省道:"我在政治上实在过愚。"抗战前,多年的老邻居、清华大学近代史教授蒋廷黻曾举荐他任南京政府顾问,温德毫不犹豫地推辞了。至于为什么推辞,据他说是"因为南京政府对待共产党的态度"。但日本侵华之后,他开始认为"中国人将会团结起来共同抗日,忘记立场之不同"。[①] 抗战头几年,这是中国人的共同心愿,毕竟共御外敌才是当务之急。蒋介石政府此时还未曾竭民力,失民心。

温德悉听尊命,搭火车赶往天津,住在英租界的一家旅馆,在那里他接到密码簿子。现在,他需要将它移送到法租界。这项任务难在途中要经过一座法国大桥,日军在此设卡脱衣搜查。温德涉险过

---

① Robert Payne, *Chinese Diaries*, 1941-1946 (Weybright & Talley, 1970), p.365.

关的方式相当传奇。

他在药店购买了几瓶碘酒、红药水和一卷纱布。回到旅馆后,他把密码簿子卷住自己男根,然后用他的话来说,"纱布蘸上药水,红红黄黄的,缠在密码簿子和男根外"。上桥后,日本兵让他脱下裤子,但没有"检查纱布绷带"。

温德还协助熊鼎完成了另外的任务,二十年后,这一事件成为温德受政府审讯的口实。1938年夏,见到熊鼎的几个月前,温德结识了外蒙古乌里雅苏台的一位活佛。项美丽(Emily Hahn)后来在香港通过温德见过这位活佛。① 项美丽后来在《中国之我见》中,提到这位活佛"五十多岁,气宇不凡,长着一张麻脸"。

温德是一位"狂热的无神论者",但向来对"喇嘛教的迷信"非常感兴趣,所以很喜欢与活佛相处。二人常常讨论密宗,活佛喜欢温德,把他视为自己最好的朋友。

在一次谈话中,活佛告诉温德,"日本人想利用他",他希望能逃到西藏,他的精神家园——用项美丽的话说,"一个他如此熟悉的地方,虽然在此生转世中,他从未去过那里"。日本人打算抓住活佛,把他送回乌里雅苏台,这样能提高日本在外蒙古的合法性。温德早已积累了帮人离开沦陷区的丰富经验,因此答应活佛愿效犬马之劳。

完成移交密码簿子的任务,从天津回来后,温德为活佛谋划出逃事宜,包括篡改护照——这项工作温德做起来十分得心应手。熊鼎窃想,如果温德能得到重庆中央政府的支持,他发挥的作用会更大,因此建议温德去趟重庆。恰好活佛在去往西藏途中,也想在重庆稍作停留,"向中国最高统帅表达敬意"。两人的计划碰到一起了,于

---

① Hahn, *China to Me* (Philadelphia: Blackstone Co., 1944), pp. 106 ff.

是温德接纳了熊鼎的提议。把活佛带到香港后,温德将直奔重庆。最后,活佛通过印度安全进藏。

计划开始得相当顺利,温德和活佛先分别抵沪,温德从天津的塘沽港上船,活佛则乔装坐火车前去。一路无话,不过船到威海卫时,温德发现同行乘客中有一位居然是周恩来之弟,他告诉温德此行是去山东与当地游击队接洽。

温德在上海与活佛碰头,然后一起奔赴香港,在边境处遇到了一些麻烦。活佛虽然愿意脱掉僧袍,但还是遵从戒律,要求以黄布遮阳,结果就头戴黄色粗呢帽,用项美丽的话来说,"是一顶像洪堡软毡帽的黄色长毛绒帽"。这可不像尽量不惹人注意、偷偷出逃者的装束。更难办的是,活佛没有免疫证,但项美丽回忆道,他最后指着自己的麻脸问:"这样一张脸还不行吗?"才得以顺利过境。二人安全抵达香港后,住在六国酒店。

到了这时,故事发展得有点让人摸不着头脑了。温德1959年告诉共产党审查员,他并未与活佛谈论他自己的打算,温德以为活佛会直接经由香港去印度。但活佛听说温德打算从香港飞往重庆后,也决定同机前往,在重庆待几天。他现在才告诉温德,他要向蒋介石传一个口信。

没有证据显示,温德在此之前就对活佛早就想去重庆之事心知肚明。但也有可能是在面对审查员时,温德刻意对此事加以隐瞒,毕竟重庆之旅,铸成了活佛的大错,以及国民党的大胜。二人登上了重庆方向的飞机,有一人在机场接待他们。这人告诉他们,将先去董显光家。董显光与温德差不多同龄,在美国的密苏里大学新闻系学习过,在几家美国报纸(包括《纽约时报》)当了几年记者后,于1913年回到中国,在新闻界和政府干得风生水起。1938年温德见到他时,董显光已经是国民党政府的公共关系专家,任中宣部副部长。正是经由他的努力,《时代》创始人亨利·卢斯(Henry R. Luce)才会深切同情蒋介石。继1952年出任"中华民国"驻日本大使后,1956年4月—1958年9月,董显光任驻美大使。因此董显光可谓国民党政府与美国之间的一条重要纽带。二十年后,温德与董显光的这次点头之交,竟也成为新政权对温德不信任的源头之一。

到董显光宅中后,温德和活佛马上被分开了,温德被带往一所旧式旅馆。一名姓谢的男子前来相谈,他们闲聊了片刻。谢先生首先向温德的抗日义举表示感谢。最后他请温德安心住几日,稍安勿躁,等待进一步指示。

温德从来不是一个坐得下来的人,更难以忍受的是,手边无书报可读。于是不等谢姓男子归来,他自作主张搬到了外国人聚集的重庆饭店,那里能找到聊天对象和书本。在这里他碰到了英国女子Corin Bernfield(被日军俘虏后自戕),还有项美丽。此时项美丽住在重庆,正准备写一本关于宋氏三姐妹的书。在两位女士陪伴下,温德去往蒙藏委员会找到了活佛,并相约一起吃饭。项美丽在电话中告诉我,这次聚餐是野餐,为了娱乐大家,活佛唱起了蒙古牧歌。

聚餐后过了几天,有两人过来向温德表达谢意,但还是请他再等几日。身材不高、精瘦、脸色发红的那一位看得出来位阶更高,温德认为可能是蒋介石的得力干将戴笠。戴笠打理上海的青红帮和秘密会社,对蒋介石的崛起功莫大焉,后来负责有十万特务的情报机关中统局。费正清在回忆录里曾说道,战略情报局(中情局前身)的史迪威将军不顾美使馆的反对,让美国海军给中统局成员提供训练和武器。不论来客是谁,他们都没有给温德任何指示,只告诉他接着等下去。

一两天后,董显光亲自来见温德,告知他:活佛想给蒋介石转达一个重要口信,希望到时候温德在场见证。在这之前,唯有干等。有一日,年轻的小谢过来请温德吃饭。两人边走边说,到了蒋介石官邸对面的一处住所,通过一个小门入内。在场人员之一正是那位精瘦红脸男子,他没有做自我介绍,但温德觉得应该是戴笠没错。

谈话依然从感谢温德开始,然后红脸男子问温德,有无可能在北平宅中放置一台无线电发报机?温德答应了下来。于是,他们布置一名能操作无线电的年轻人,假装是他的下人。

他们还谈到了资金安排,指示温德回北平途中,在上海一家银行开个账户。此次行动的全部费用,包括搭建发报机、年轻人的旅费和劳务费,都会汇入这一账号,温德能得到多少补助却只字未提。而且最终这个账号里一分钱也没有汇入过。

商谈到此时,主宾双方都还比较融洽。但精瘦红脸男子突然提起共产党。温德绝对不曾与共产党暗通款曲,实际上他与共产党素无瓜葛。温德因此提出抗议。他提醒红脸男子,熊鼎曾说过,她"从日军叛徒那里买来枪支,分发给游击队。那些游击队可能是共产党"。红脸男子沉默不语,温德又接着陈情,说他唯一的目的是"保护中国免于日本蹂躏",至于他帮到了哪一方,并不重要。晚餐在此时不愉快地戛然而止,温德回旅馆休息。

几天后,谢姓男子又来拜访温德,告诉他应立即回北平,但在回去之前,需要他在活佛和蒋介石见面时在场作证。谢姓男子还抛出了一个奇谋。温德认识一个叫 Geraldine Skinner 的美国女子,中文名字叫苏冰心。她是传教士之女,如今单身生活在中国。谢姓男子提议,温德回到北平后,戴笠的特务会杀掉苏冰心,并制造出她为日本人所害的假象,此时温德替国民党站出来作伪证,这样,就能将美国政府拉入战争。温德笑着婉拒了这个疯癫的奇谋。他回答:"日本人杀掉再多的苏冰心,也不可能对美国的政策起什么影响。"

董显光将温德和活佛二人用车载往蒋介石官邸。他们刚在客厅坐定,蒋介石就出现了。他首先对温德的抗日义举深表谢忱,这样的感谢在过去的几天里,已经是他大大小小手下的陈词滥调。蒋介石转向活佛,询问口信的事。原来,蒙古的德王被日本人所控制,现在羁押在某处,希望逃往重庆。德王请求活佛告诉蒋介石,某日某时,他与王室成员将在某地,等待蒋介石派一架飞机将他们接到重庆。

蒋介石没有给出答复就离开了客厅。温德自始至终都不知道,蒋介石有没有答应德王的请求(至少此事没有公开记录)。之后,温德返回北平。活佛被邀请在重庆多待一些时日。项美丽曾有一次去见过活佛,虽然"他住在舒适的大宅中,可俯瞰整座花园",但面带倦色,颇为烦躁。"整日无所事事,唯有诵经。"

1949年,活佛来清华拜访,这时温德才得知整个战争期间,活佛都被软禁在重庆。活佛还告诉温德,虽然"以前的转世有比今生更腥风血雨的",但他开始困惑该不该转世再做活佛。他送给温德一件绣花羊毛大衣。据见过的人说,做工之精美为前所未见。但我在温德的大衣柜里找了许久,并没有找到这件大衣,温德也不记得它去哪里了。

故事并未终结于此。1939年春,温德回到北平,请一位叫博克的人(他的父亲是德国人,母亲是广东人)帮他装了一台无线电发报机。当然,博克不会将此事通报给日本人。温德把无线电发报机买回家后,负责操作发报机的人也到了。但这时候,温德才意识到自己并不喜欢重庆方面的人,而且也因为这纯属无偿劳动,他并不觉得自己有义务为国民党忙东忙西。于是大概一个月后,他给年轻人买了

第六章 保卫清华 *139*

火车票,送他回重庆。那台发报机,他一次也没有用过。

发报机如果被日本人发现,那将百口莫辩。而处理这台没用的发报机,却比让操作员走人要难得多。日本人不允许温德坐出租车。法国女士Wu-Morey,和熊鼎女儿冯健美同属一个抗日组织,她帮温德找来裴文中(北京人头盖骨的发现者)。裴文中先是坐出租车到温德宅中,帮温德把发报机运到Wu-Morey处。然后再把它送往曾为正字学会服务过的燕京大学英语系教授施美士住所。等到夜深,施美士将发报机带给林迈可①,再由后者把它送到西山的游击队那里。就这样,温德应国民党之请而购买的发报机最后到了共产党手里。

项美丽很喜欢温德,曾经这样形容他:"有极强的自我表现欲,如果卖亲人能卖出一个好故事来,他一定会去卖。或者根本不必费事,他只需编一个卖亲人的好故事就行了。"我的观点是,温德的话基本属实。从这个故事里,我能读到的还有:当温德答应帮活佛和熊鼎的忙时,他还没有睿智到穿越重重阴谋,看清自己未来的路是否安全。

有一次,温德带着伤感跟我说,他想自己可能在不明真相的情况下帮敌人做过事情。说这番话时,他脑海里想的也许就是那次重庆之行。在后来的岁月里,温德经常陷入自我批判。1949年以后,许多中国人会发现,他们曾经的爱国之举,一条条变成了反革命罪状,但他们的罪过仅仅是轻信国民党联共抗日的号召。当时正进行两场战争,除了抗日战争之外,还有一场兄弟阋于墙的内战——有时要记住这一点,实在太难。

---

① 林迈可(Michael Lindsay,1909—1994),出身于英国书香世家,1937年与白求恩同路来中国,援助中国的抗战事业。——译者注

第七章　去往昆明之路

在温德滞留北平的三年里,时日越发艰难,瑞恰慈和洛克菲勒基金会希望温德做的工作是建立起一套英语教学系统以深化东西方交流,根本无从开展。他们最不希望看到的是,温德不顾基金会的中立立场,毁掉基金会在远东的发展前景。

但温德恰恰就这么做了。温德的抗日举动,成为了北平中外人士的谈资。他曾助活佛脱离日本之魔掌,以免日本人利用他合法化对蒙古的统治。他将密码本从沦陷区送入抗日组织之手,甚至帮助学生逃往国统区——有几次是与好友吴晗合作(吴晗是一位历史学家,后来当上北京市副市长)。有名学生回忆道:"1939 年,我逃到昆明,先从天津乘船到香港,然后经由越南抵昆明。逃离日本人占领的北平是非常艰难的。我手头有些美元,由温德在火车上避开日本兵之耳目偷偷交给我。"温德如法炮制,帮助过许多学生。[①]

温德还给西山的游击队捎口信,送发报机,正如我上文提到的——甚至输送枪支。他对非正义和压迫恨之入骨,加上身临其境,且当时危机四伏,让迷恋戏剧化场景的温德情不自禁站出来。但他并不是一个人在"战斗"。燕京大学的多位美国教授利用治外法权的保护,也在秘密从事反日行动。这让洛克菲勒基金会相当忧心,也严重影响到温德与基金会的关系。

---

① 与杨周翰教授的访谈,日期不详。

1940年夏末,温德不得不离开北平,前往昆明。讽刺的是,逼他走人的除了日本人外,还有洛克菲勒基金会。来自日本方面的压力在于,温德的美国人身份虽然是个护身符,但每次冲突都在考验这个护身符的效力。做出头椽子,到哪里都不会安全,何况是在沦陷区。温德已经被盯上了,他的信函极有可能遭监视,如果温德再不收敛,日本人也许就会采取行动了。

然而,如果洛克菲勒基金会不向温德施压,日本人单方面的压力还不足以促成温德南行。基金会一度希望温德与吴可读同去昆明。这座西南的省会城市当时是唯一还在开展基本语教学的地区,此处还驻扎了流亡中的清华大学,它如今与北大、南开组成西南联大。而温德总归是清华的人。①

但昆明对温德无甚吸引力,尽管四季如春的高原天气让它享有"春城"之美名,古朴的主干街道酷似北平,让流亡学生倍感亲切,称之为"小北平"。由于地处边陲,与北平没有直接通路,昆明自古以来就是流放之地,当地人以少数民族居多。

在大城市生活过之后,温德对于移居小县城心有抵触,他从1940年3月开始在昆明生活,但始终对它喜欢不起来。3月底,温德突然离开昆明,从表面看是因为他听说日本人要收缴他的北平宅子与花园,但其实他早就在寻找这样一个离开的借口了。

好友吴可读在与史蒂文斯的书信往来中,对温德的离开深感惋惜。吴可读说这位老友"人才难得","盼他能尽快参与高中英文教材这一重任"。这里说的是温德与水天同等人合编的《第二读本》在

---

① 还可参看另一位美国教师写的回忆录:Edward Gulick, *Teaching in Wartime China: A Photo-Memoir, 1937-1939* (n. p.: University of Massachusetts Press, 1995)。

课堂中的试用,现在这一工作转到昆明吴可读那里。但是,吴可读的话有敷衍之嫌,因昆明并无多少工作留给温德做,且温德答应身在外地时完成《第二读本》①。

洛克菲勒基金会的巴弗尔(M. C. Balfour)奉命调查温德的行踪,对温德重返北平一事并不看好,他写信告诉史蒂文斯,温德回北平仅仅是因为"受不了云南的偏僻闭塞,念念不忘冠盖满京华的日子,此事很可理解"。巴弗尔虽然理解温德的选择,但还是不太能理解温德在北平的所作所为。温德汇报说自己写给基金会的信件消失无踪。对此,巴弗尔的评价是"上海和北平间的正式邮路并没有中断,邮件检查仅限于那些被列入黑名单者"。

温德在夏初给基金会写了份热情洋溢的报告:他说服北平三家重要的教会大学(燕京大学、辅仁大学、法英大学)采用基本语课本以敷初级班之用。他还忙着为《第一读本》推出新版——正是这个事情导致他南行计划延迟。但在巴弗尔看来,这是温德在编造事实、邀功请赏,只为能在北平多待些时日。②

8月底9月初,温德一走,巴弗尔就亲赴北平督查。后来任美国驻华大使的燕京大学校长司徒雷登亲口告诉巴弗尔,"说燕京大学采用基本语课本及方法,此事不确",不过课本和师资若能到位,燕京大学外文系其实很乐意共襄其事(需要从印社拿到课本,下文将会详述)。

除了温德未能将课本及时从印社送往燕京大学,还有别的事情

---

① Pollard to Stevens, October 21, 1940, Box 48, Series 601, RG1, RAC.
② Balfour to Stevens, September 19, 1940, RG1, Series 601, Box 48, Folder 404, RCA.

第七章 去往昆明之路 143

让巴弗尔不满。司徒雷登深孚众望,巴弗尔向他了解温德在北平的情况,他答复道,"这也是我们这些身处北平的外国人想知道的","温德居然还与基本语项目或支持该项目的基金会有关系,这让我们吃惊"。史蒂文斯告诉他,温德与游击队有瓜葛,这让与温德有关系的英国领馆甚为尴尬。巴弗尔指出,这也将不利于洛克菲勒基金会,"因为正字学会是由洛克菲勒基金会全额资助的"。温德"是基金会的雇员,在我看来,与温德的合作不宜再持续"。①

温德早在一年前就向史蒂文斯表明心迹,他预见到自己的抗日活动会带来麻烦:"从个人来讲,我把正字学会看成大事业中的一小部分。除正字学会之外,美国人还有上百种帮助可以给中国人,在过去的几年里,中国人目睹了太多希望成泡影,如果我为时局嗟叹,还望您不致以为我想得太多。"②而这正是巴弗尔所担心的,他也认为温德写给史蒂文斯的信件如果被扣压,肯定是国民党怀疑他暗通共党。

不劳巴弗尔进言,史蒂文斯就写信告知温德,将把他的名字从正字学会预算中划掉——理由和巴弗尔的担心如出一辙。9月初,身在纽约的史蒂文斯接待了一位访客,罗伯特·德拉蒙德(Robert Drummond)。此君是温德好友,后来在昆明任美国红十字会负责人。德拉蒙德想帮温德说话,天真地报告说:7月1日,他离开中国的时候,温德"忙得热火朝天,具体为什么而忙,不得而知,但明显与英语教学无关"。对史蒂文斯来说,这也意味着基金会不必再为温德的

---

① Balfour to Stevens, September 19, 1940, RG1, Series 601, Box 48, Folder 404, RCA.
② Winter to Stevens, April 18, 1939, RG1, Series 601, Box 48, Folder 396, RCA.

生计花心思了。

近二十年后的1959年,新政权质疑温德当时的活动。他在写自我批评时,对此事道出了自己的看法。温德告诉审查员,他当时是公认的"亲中分子",在基金会的身份只是装点门面而已。德拉蒙德到纽约拜访"洛克菲勒的人",告诉他们"我正在英勇地与日本人作对","幼稚地以为这样会让他们心生钦佩",但实际后果是"他们马上写信给在昆明的吴可读,将我解职"。①

直到抵达昆明,温德才知道自己被解职一事。他历经千辛万苦在北平做完收尾工作,跋山涉水来到昆明,听到这个消息,实在很愕然。8月中旬,温德搭火车去天津,两百本课本已经印好。他原打算将课本带到北平,装船运往香港,最后送抵昆明。

温德到天津后,却发现日军从6月初开始封城。1938年11月,日本宣布中止门户开放政策,此次封城正是将此声明付诸实际。如此一来,外国租界基本上被关闭,在城中活动意味着要经过重重关卡和检查站。②

8月的天津城,日本人还不是唯一的敌人。当时天津发大水,整座城市都泡在水里,水深一至五米,"日本人靠船来设路障"。印社在老城里,温德没费多大劲就找来一艘小船,顺利地从英租界出发,日本巡逻兵被洪水所阻,只能对这个美国人作罢。

洪水实在太肆虐,像极了海明威《在士麦那码头上》中那噩梦般的场景:

---

① Statement by Winter, September 15, 1959, RAC Special Collections:Herbert Stern Collection (unsorted).

② 温德将这段经历写在给瑞恰慈的信中,January 22, 1940, Box 48, RG1, Series 60。

我们来到的是一个惨不忍睹的威尼斯,所有房屋的梁木上都坐着成千上万挨饿的灾民,他们离得太远,连讨饭乞水都不能。整个场面就像《白雪公主和七个小矮人》,白雪公主只能看到水上眨巴着好多人的眼睛。人死之后,倒下来,浮在水里。我们还见到有全家漂坐在一具棺材上的。棺材只要没完全烂掉,就成为垂死的威尼斯老百姓唯一的救生工具。水里打捞起约一万具尸体,被集中运到城外某地。只有几个礼拜后洪水消退后,方有可能将尸体集中焚烧掉。

温德把船泊下,船上架起一把梯子,在印社二楼找到了印刷机,欣喜不已。温德把两百本教材搬到船上,顺利运回到英租界——但顺利只是暂时的。当天下午,他乘船前往火车站。书本放在一个大板条箱里,由三个苦力抬上了车。大雨仍旧滂沱,温德去惠罗百货公司买了一件雨衣,却没留心这是一件英国军用防水上衣。正是这一步铸成了大错。日本在天津与英法两国矛盾激化,他们本来是不敢轻易挑衅美国公民的,以免美国站出来为英国说话。

麻烦自此开始。火车站外的检查站前,日本哨兵拦下了温德坐的人力车,命令他下车。温德请求哨兵让他把书本搬到检查站,以备审查之用,这时哨兵看到了他穿的雨衣,非但没有答复,反而朝他胸口打了下去。温德平日里最敬佩好友 C① 在临大难时泰然自若。大悲大喜面前,能做到道家式的不动心,正是温德对很多中国好友最为激赏之所在。在他看来,这种不动心起自"内心平和,使得中国人可以获得独立之精神,自由之感受"。敬佩归敬佩,温德却始终未能涵

---

① C无疑是指经济学家陈岱孙,他和温德一样终身未娶。

养出不动心。日本哨兵打了温德,暴怒的温德马上"回击,希望他能杀了我,以此唤醒美国政府的沉睡,但又有那么一刻,我头脑中闪过一个念头:以我一介平民之躯,未必能有如此效力。我俩互殴起来,日本兵用刺刀两次刺进我腹部,足以造成伤人但并不致命"。温德把日本兵推到一边,狂奔一百米来到检查站。日本人认出他是一个美国人,于是向他道歉。但道歉的军官因为怕打人的哨兵感到丢脸,所以没有陪温德折返。两百本书还错放在检查站的另一边,温德准备好一场恶仗,他又回到哨兵那里,不顾哨兵的阻拦,执意拦下一位意大利人的汽车,向对方说明情况,请苦力将书搬到车上。到了检查站,他的货物被拒绝了,温德抗议说要将此事报告给使馆,却无济于事。

他气急败坏,只得返回城内,三个钟头后,他买到五个行李箱。又回到火车站,把书本带回一家意大利旅馆。在旅馆里,他把书本一一装进行李箱,然后再度试闯火车站,想搭乘另一班开往北平的火车。在车厢外,他找到三位愿意帮忙的乘客,请他们每人带一箱,他自己双手各提一只行李箱,一双雨鞋则挂在肩上。

将近午夜,温德抵达北平,想拦一辆出租车,无奈出租车只有见日本人才停。他只好折回车站,找来几个搬运工,把书搬到一英里开外的美国领事馆。书堆放在领馆街边,他请领事馆的门卫代为看管,第二天再来取。

几天后,由于要匆匆前往昆明,温德不得不把这些书本掺进从正字学会图书馆救出的四千本书中,赴香港中转。他跟瑞恰慈说,"这需要非同一般的耐心"。但其实,耐心不足以让温德在这样的险象环生中脱身。它需要的是百折不回的意志力,靠此意志力,温德才能动心忍性,从极端恶劣的情境中,为自己拼出一条生路。

* * *

在昆明住了两个月,温德对于此次南行的艰辛只字不提,只是大略说道,与之前的磨难相比,昆明"除了空袭警报,并无甚难捱之处",简直像佛罗伦萨那样舒适。水天同后来告诉史蒂文斯,实际上温德这两个月基本上在休养,才慢慢从九死一生的旅行中活过来。

两周的卡车之旅,一路上满眼都是被炸坏的桥梁、铁轨,无休止的官方拖延(仰光当局用了一个月才批准他入境)。抵达昆明后,温德给瑞恰慈写了一封信,生动讲述了旅途之艰辛。温德说,他在滇缅公路上待了十四天,

> 每一分每一秒都在苦苦挣扎,要对付觊觎我行李的司机,还有疟疾,官兵的怀疑,无数次扛着行李上下车却没有苦力帮忙,简直筋疲力尽,在炸坏的桥边苦等,以茶水和脏干粮果腹,在近三千米海拔的山路上睡觉导致严重腰痛,从日出到日落——有时到半夜——都必须小心弯着身子,否则头会撞到车顶。①

我们知道温德素喜讲故事,像他说他一天里看到"五辆卡车坠崖",很可能是夸张的说法。仰光是蜿蜒千余公里的滇缅公路的南起点。温德在距仰光上游近500公里的腊戌,惊闻吴可读的死讯(而六年后,从西藏边境返回昆明途中,身处客栈的他将听到好友闻一多被暗杀)。

吴可读之死,是战时生命无比脆弱的一个缩影。从水天同、使馆参赞裨德本(Prideaux-Brune,吴可读姐夫)等人那里,温德拼凑出真

---

① Winter to Dorothea and Ivor Richards, November 1940. RAC Special Collections: Herbert Stern Collection (unsorted). The subsequent account of the truck ride is in the same letter.

相:事故起于10月2日,空袭警报响起之时。一声警报骤然划破长空,"整座城市的人们"涌向城门,奔往城外半小时路程的山林。警报后,通常有半小时的疏散时间。但是这一天,日本军机十分钟后就杀到了,城里一片混乱。老百姓把值钱的东西或放在头顶,或抱在怀里,向狭窄的东城门跑去,人流裹挟着颤颤巍巍的老妇,鸦片瘾君子,瘸子,带着书包的学生,走路艰难的三寸金莲妇女,与轿车卡车挤成一团。吴可读被一辆卡车撞倒,左腿伤口严重。空袭过后,医生克拉多克给吴可读的伤口做了包扎,让他过几天以后再来。由于未发生并发症,吴可读也便没有回去复诊。

接下来的一周,吴可读一如既往"白天在山里,下午和晚上从事教学工作"。10月12日,在与一位朋友同去毁于空袭的住处挖财物时,吴可读说起自己的肌肉拉伤,他觉得这是前一天爬山找庇护所所致。但第二天,他浑身疼痛,没人扶连厕所都上不了。日本军机若再来,他是断断逃不出城的,所以裨德本把他送到昆明七十五公里之外的罗次。次日一早,裨德本回昆明找克拉多克医生未果。克拉多克医生不让一辆醉驾的上海卡车开进医院,导致医院遭到一群司机围攻,一名医生被殴。第二天深夜,裨德本才找到克拉多克医生,此时距吴可读受伤已过去两周。两人天一亮就匆忙赶路,打算给他截肢。谁知,他已在头天晚上因坏疽而撒手人寰,年仅四十六岁。亲友准备就地将他葬于罗次。

数日后,西南联大在昆明为吴可读举办了追悼会。水天同希望按中国式葬礼来办,但主事者陈福田不知从哪里找了个牧师,还让一个女学生唱起了赞美诗《与主更亲近》(Nearer My God to Thee)——这让温德颇为不满。追悼会后,裨德本请"可读的朋友们从遗物中拿取纪念物"。温德此时还未染上由腰疾发展而来的坐骨神经痛,

所以也去了,留了吴可读的一本书。在空荡荡的屋子里,他被哀伤击中,脑海里回响的是叶芝遗诗《鬼影》:

> 我看见过五十个鬼影;
> 最坏的一个是一个衣架撑着一件衣裳。①

吴可读极具天赋与魅力。他写过一部《西洋小说发达史略》供中国学生学习参考,云南省教育厅厅长龚自知褒扬他"启迪后进,劳瘁不辞"(镌刻于一块纪念铜碑)。瑞恰慈记得他是"中国诸位好友中最年长的一位"。温德与吴可读两人在清华做了多年邻居,过从甚密。两人同一年来中国,他们是多么渴望团圆相见——即便是在昆明的惨淡时日里。

现在,温德历尽千辛万苦来到昆明,吴可读却已不在人世,接下来的六年里,他只能在昆明独自捱过。如果知道未来等待着他的是什么,温德还会执意留在中国吗?我想他会的。出于道义、观念和个性上的多种原因,温德已经如过河卒子。在缅甸腊戎听闻吴可读去世之后不到一周,他终于到了昆明,"瑞恰慈一封语焉不详的信",却让他再接噩耗:洛克菲勒基金会终止了他与正字学会的关系。② 一个多月后的11月11日,巴弗尔发来电报,正式宣布此决定。

史蒂文斯刚被说服对正字学会的资助延长一年,而吴可读偏偏死在史蒂文斯做新预算时将温德剔除在外,和温德到达昆明这两个时间点之间,这越发让事态变得不明朗——直到12月6日,方才水落石出。

---

① See p. 11, supra.
② Richards to Winter, November 1940.

1940年11月4日,瑞恰慈写信来告诉温德,他刚收到巴弗尔的电报,"请温德顶替吴可读,负责正字学会在云南以及西南地区的基本语项目"——在该地区尚无游击队,即共产党军队。瑞恰慈站在基金会立场,担心温德再度卷入政治活动,威胁到正字学会今后的资金来源。①

温德在这句话旁边,用红笔写下感叹号,但又在瑞恰慈信的最后一行话("如果你能加入水天同的教学工作,将是上天最好的安排")下面划了两条线。11月14日,巴弗尔给昆明发来电报,转告史蒂文斯的任命:温德任正字学会负责人,温德当时已经做好心理准备。几天后,裨德本发电报给巴弗尔:"温德接受任命,愿为学会驱驰效劳。"②

巴弗尔当时正赴马尼拉途中,在香港接到裨德本电报,但直到12月17日才写信给史蒂文斯告知温德的事。写这封信,对巴弗尔来说一定很难,他在信中告知史蒂文斯,在他看来,温德11月11日的信不过是"自辩书"。虽然巴弗尔"认为谈论温德的过去并无裨益",但他听不进温德的解释,径自认为温德1940年4月至9月滞留北平期间,要么是为了个人享乐,要么是在为与洛克菲勒基金会无关之事奔忙。③ 温德则隐晦地自辩他当时以为自己孤家寡人,与一切机构无涉。

虽然温德并不是巴弗尔甚至史蒂文斯所心仪的正字学会接班人,但力挺温德者甚众。吴可读曾在9月份发电报说,温德是正字学

---

① Richards to Winter, November 1940.
② Prideaux-Brune to Balfour, Winter, December 1940, RAC Special Collections: Herbert Stern Collection (unsorted).
③ Balfour to Stevens, December 17, 1940.

会之股肱,不可或缺。① 11 月 12 日,水天同附和上述看法,并补充说,由于吴可读骤然离世,能继挑大梁的只有温德一人:"我能向您保证,正字学会在温德的带领下,定能不负众望,为中国的英语教育发光发热。"瑞恰慈还与当时正在哈佛教育学院进修的吴富恒讨论了此事。吴富恒也持这样的看法:"吴可读辞世后,势必应延请温德顶替他在英专的教学工作。"瑞恰慈又补充说:"你知道,温德在教学方面能力卓绝,而且 1939 年他以极大耐心负责项目的财务。现在事情更简单了,我们可以全心信赖温德。吴可读当时接任此工作,是因为这对温德来说太容易。"②

11 月 2 日,史蒂文斯在哈佛大学与瑞恰慈交谈后,日记中写道:

> 在瑞恰慈看来,明年在中国的英语工作,完全取决于对温德的起用。对于温德心多旁骛的批评,瑞恰慈照单全收。他强烈建议给巴弗尔递话,支持温德负责云南正字学会的工作到明年夏天。温德是一位才学深厚的清华教授,在此领域无有俦匹,是此时在云南的最佳候选人。③

就这样,尽管巴弗尔心存疑虑,但温德又上岗了。对此,洛克菲勒基金会别无选择。

---

① Quoted in a letter from Balfour to Stevens, September 19, 1940, RAC Special Collections: Herbert Stern Collection (unsorted).
② Richards to Stevens, November 1940.
③ Stevens, Diary, November 2, 1940.

第八章 联大之困

1940年11月8日,深夜11点,温德终于到达昆明。他风尘仆仆,看起来像尊泥塑,亟需在杜拉克酒店洗个热水澡,舒服躺下(两年前,1938年的最后一天,史迪威将军和陈纳德正是坐在这里进餐,倾谈许久,两人在未来的时日里争执不下)。但温德发现这家酒店已经关门,两周前的空袭,把酒店的窗玻璃都震碎了。温德摇醒留在酒店里看场子的门童,强使他让自己在"一间满地玻璃碎渣,烂垫子羽毛翻飞的客房里睡下"。① 第二天下午,温德撞见了从山上下来的禅德本,于是后者给巴弗尔发电报说温德已到昆明。巴弗尔第二天就迅速回话:"温德与学会的关系在9月正式中止。欢迎温德或水天同为学会的未来提建议。"②

禅德本极力为温德说项。对此,史蒂文斯授意巴弗尔11月15日转发一份电报:"同意瑞恰慈对温德之提名。若能停止一切他务,温德可全权负责英语项目。"③因躲空袭,禅德本和温德数日未见,所以禅德本把这份电报转给温德,并附上一封信:"唯盼您能冰释前事之误解,接受此职位——为了可读,为了瑞恰慈,也为了其他人。"④

温德接受了此任命。但工作问题解决之后,温德的日子并没有

---

① Winter to Stevens, November 1940, RG1, Series 601, Box 48, Folder 404.
② Balfour to Prideaux-Brune, November 9, 1940.
③ Stevens to Prideaux-Brune, November 15, 1940.
④ Prideaux-Brune to Winter, November, 1940.

好起来。腰伤导致了"严重的坐骨神经痛",温德连走路都困难。到昆明一周后,某天又警报大作,百姓向东门蜂拥而去,温德落在人群后面,赶不到防空洞。敌机到来时,温德坐在水稻田里,"飞机俯冲下来向人群投掷手榴弹,炸死了两名学生"。很明显,日军飞行员没有机枪弹药了,他们的手榴弹投得不准,这实在是温德和其他逃命群众不幸中之大幸。

温德并无大碍,但空袭警报六个小时后才能解除,他身上寒湿交加,连动一下都痛苦难当。又是好心的禆德本,把自己的热水壶给他用("在当时的昆明是稀有之物"),这让他多少好受一点。

1月15日,温德将1940年第三季度(7—9月)的财务报告给巴弗尔寄去,并正在为第二个季报而奋战,他希望第二天能寄走它。为了躲避榴霰弹,他得了伤寒("睡觉时被老鼠咬而传染的"),发着烧,躺在坟场的墓间,努力完成了报告第一部分,和第二部分的主体(吴可读去世那段时期还未整理)。他的一位朋友如是说:"这里没有时间去生老病死。"①

还是靠禆德本一如既往的帮忙,使温德得以完成报告。在他忘记随身带着便携打字机的那天,小偷刚巧破窗而入,用棍子撬开行李箱,偷走了这台打字机(小偷还偷走了温德两个月前在滇缅公路上搏命带到昆明的其他个人财物,2月份,失物失而复得,却旋即被日军炸毁了)。禆德本把英国领事馆的打字机借给温德,但它实在太重,温德告诉巴弗尔,"如果看到我和下人在逃警报时,搬着它逃跑的样子,你一定会哑然失笑"。他乱七八糟穿着友人送的二手衣服。

---

① Winter to Balfour, January 5, 1941, Box 48, Series 60 RG1, Folder 405.

1月5日的空袭将英专和美国领馆都夷为平地,虽然温德知道比起"欧洲惨状来简直小巫见大巫",但是对于他这样一个初来乍到者,目睹"全家死于空袭的妇女,坐在弹坑边上呆如木鸡",内心震撼不可谓不烈。从温德从昆明寄出的早期信件和报告中可以看出,温德的惊恐(有时是自伤)"力透纸背"。他正在努力学习默默承受痛苦——对他而言这实在太难。

温德在信中,大吐联大艰辛生活之苦水,几乎只字不提有甚思想乐趣。不过,思想上的乐趣多少还是有一些的。温德在联大(或他处)没有交到密友,但这里荟萃了中国最优秀的人才(包括温德钦佩的经济学家陈岱孙),温德与他们相得益彰。陈岱孙在清华时是温德紧挨着的邻居,二人学术兴趣虽不同,但在北平,他们相谈甚欢。陈岱孙对温德的花园赞不绝口,后来温德的兴趣从花花草草转到野物禽兽,他也极赞赏温德手养的野物,包括一只野生猴子——大家有时觉得它桀骜不驯的脾气像极了温德。

陈岱孙记得,在联大的每个人都喜欢温德:"我们觉得他人很好",但他又说道:

> 比较特别的是,温德从未与谁特别亲近。他一度与吴可读走得比较近,但我不觉得他们成为了密友。这也是他现在如此形单影只的原因。在清华,有不少英美教员,但温德从未与他们交心,与中国教员更是如此。当然温德有很多学生,但他与学生也是君子之交淡如水。①

* * *

---

① 1985年5月1日与陈岱孙的访谈。

洛克菲勒基金会的电报如雪片般飞来(有时它们互相冲突),这等于在对空袭的忧惧中又加上了一层忧惧。正字学会正"命悬一线"。温德的第二个季报(1940年10月1日—12月31日)中提到了几个提振人心的好消息。云南教育厅正式授权正字学会运作一所英语培训学校,学校的教学楼、设备和运行费用(除了教员薪水)都与教育厅签订合同,由教育厅拨款。这与洛克菲勒基金会将学会移交给中国政府的想法是一致的,时局虽乱,它至少鼓舞基金会,使它能为教员继续支付薪水。水天同将合同译出,寄送给巴弗尔。另外,中国政府还将陆续给予其他形式的认可。1941年1月中旬,重庆政府颁给温德和已故的吴可读二等景星勋章,以表彰二人十五年来对中国教育之卓著贡献。①

瑞恰慈写信告知温德"得到重新任命"时,曾建议他勿让中西方雇员薪水差距过大,以避免中方雇员的不满情绪(财务上精打细算,会给基金会官员留下好印象,因为即使不考虑到温德的特殊情况,他们也早有裁撤此项目的打算)。温德主动减薪20%,此外还采取了各种节约措施。吴可读在通货膨胀时,将开支成功控制在预算的44%。温德计划第三、四季度分别用掉总预算的37%,这意味着6月之前,只有不到一半的预算可用。他面临着削减开支的巨大压力。只能左支右绌,动用以前节约下来的资金,才能在6月份之后,继续下一个财年的运作。

但这付出了极大的牺牲。吴可读砍掉了100%的复印费,90%的差旅费,50%的外国雇员薪水,42%的日常开支,18%的中国雇员薪水。面对这些触目惊心的数字,温德的评论让我们知道他是如何

---

① Winter to Balfour, January 5, 1941, Box 48, Series 601, RG1, Folder 405.

在为无米之炊。比如他说,差旅费已经减无可减,它意味着"我们的教师不得不早上六点坐火车,步行或坐毛驴八公里,到乡下被疏散的学校授课"。

温德对于某些日常开支也会守口如瓶,比如"因吴可读去世而往来的电报费用"。"如果空袭最近不那么肆虐",温德本可以承诺在日常开支方面削减不少。

不过,温德的厉行节俭有一条底线,那就是他不肯再给中方雇员降薪。实际上,他和吴可读一样,认为给中方雇员加薪是当务之急。西南联大的教员有约相当于薪水10%的生活补助加薪和平价食粮代金(这也不能避免生活在饥饿线上挣扎。费正清1942年底观察到,法币的购买力缩水到1937年的百分之一,"师生能活下来,主要依靠政府提供的大米津贴,使生活勉强维持在集中营的水平")。但温德手下的职员既无生活补助加薪,也无平价食粮代金。为中国雇员加薪势在必行,不仅因为吴可读之前已允诺,更在于不加薪就活不下去了。

给自己降薪20%后,温德连"情况紧急时撤出昆明的救命钱"都拿不出了。不过这也许算不上多大的损失,从当时的惨状看,很难想象还会有更严重的紧急情况。1941年1月29日的空袭,"日军出动27架轰炸机,丢下50枚炮弹,600栋房屋被毁,死难者200人"。生活蹇滞穷顿,温德住在学校里视事,全部个人物品又毁于空袭(损失相当于在昆明一年的薪水)。学校炸毁了,但温德报告时带着乐观,说学会的损失"不算太巨",因为空袭时正值寒假,学生未有伤亡。工友"会在开学前清理好学校仅剩的两间教室",因此也不会耽误新学期。温德唯恐以上的好消息不够力度,又补充说,教育厅长龚自知根据合同"会给清扫重建工作拨款"。

温德满溢的自信,源于他所追慕的东方精神。1943年回美国途中,他在印度神象岛看到庄严的三相神。三相神代表了湿婆的三相:创造、保存、毁灭——这一周流六虚的平衡很难为西方人理解。好友C面对国民党政府的巨大压力而始终心神镇定(压力包括闻一多在内的多位好友被暗杀),让温德见识到此种平衡。在三相神和好友C那里,温德看到了相反相成而致中和之力,中国人称之为"气"。庄子说,"野马也,尘埃也,生物之以息相吹也"。虽然不免抱怨几句,但温德有时也体现了此种平和的东方精神。①

龚自知原先答应每月给正字学会拨款,但那是在1942年,大空袭还未开始。如今,空袭一周三四次,整座昆明毫无抵抗力,龚厅长手头已无余款可拨。那一阵子,温德和员工留守在旧办公区。"透过空袭在屋顶上留下的大窟窿,澈蓝的昆明天空可以一览无余。"龚厅长将这里提供给温德及其员工作为临时生活区,还让正字学会"使用另两所学校,以备不时之需"。城内学校都已疏散,师生搬到城郊的村子和寺庙里,所以有多所校舍可资利用。

昆明正字学会真可谓命悬一线。温德到达昆明前,学校就已经流失了一半学生,不少学生保证说会回校,但目前回校的仅两名。让温德欣慰的是,还有二十五位学生注册参加入学考试。他估计至少二十名考生会回来参加考试,温德清楚中国人的脾气:不到最后一秒绝不行动。考虑到这些年轻人生活的重重压力,这并不令人惊讶。现实如此不堪忍受,他们对未来的信心在一点一滴销蚀。温德估计到秋季学期,新生人数会赶上原有学生数量,他承诺在夏季开设暑期班,这样新生在9月底就能跟上原有学生。

---

① D2, p. 35 ff.

这些话无疑宽慰了瑞恰慈，也让洛克菲勒基金会略微放心，但它们大多只是愿望而已，若无基金会的拨款，温德举步维艰。彼时彼刻，正字学会有如风中之烛，但温德与学生始终精神昂扬。温德向巴弗尔详细汇报，他与学生在学校瓦砾之中赤手翻找重要文件（包括这份报告的初稿，"但还是没找到"），后来才借到铁锹。

抗战将近尾声时，因国民党军队杀害四个学生，温德挺身而出面折国军将军。翟孟生遗孀曾告诉我，温德是个独善其身之人，但其实他曾多次冒着危险保护学生和同事，藏匿他们，帮他们前往苏区。这为他赢得了"英勇进步的外国友人"之美名——虽然 1949 年之后，该名声并未保护他免于红卫兵之伤害。[1]

教学楼、文件、学生都没了，只剩下在学年初与学会合作的四川省立教育学院一家还与正字学会保持工作关系，请学会帮助建设英文系。该学院院长和英语系系主任忧心"中国大学和中学里的英语教育正陷入谷底"，以至于有权势者废除中学英语教育，英语这一"最有用的文化和知识媒介"若不能在中国扎根，中国将可能退行到"另一个闭关锁国的无知时代"。

勒紧腰带的正字学会，已无余力给四川教育学院提供急需的基本语教员。温德只能给他们提供教学建议，教科书由学院自己复印。在昆明这边也有若隐若现的好消息，西南联大的大学教育部主任黄珏生打电话给温德，表达了合作意向。

* * *

温德的报告，对远离战火的洛克菲勒基金会产生了微妙影响。但瑞恰慈人在海外，决不放弃。他多少让约翰·马歇尔了解到，不管

---

[1] 1984 年 11 月与李赋宁教授的访谈。

条件有多艰难,温德对正字学会肝胆相照,对得起他拿到的薪水。马歇尔同意,正字学会用上次拨款的余钱,再运作至1942年1月。①

后来,瑞恰慈在3月份告诉温德,他相信9600美元余款可以使学会支撑到1942年6月。"目前很难再争取进一步拨款,虽然鉴于中国已成美国盟国,有可能得到资助,重建英语教学。"他让温德继续汇报工作,他会为学会做不屈不挠的争取。

对瑞恰慈而言,温德的苦境也可以拿来做做文章。3月19日的信里,瑞恰慈开门见山:"您失而复得的财物又突遭炸毁,我们对此深表痛心","您诉说的个人际遇,令人不忍卒读——但对于我们在这里的争取工作甚有裨益。大家都至为感念您和学会艰苦卓绝的工作"。②

瑞恰慈说,此举与他的个人利益无涉。1939年3月,他从剑桥麦格达伦学院致信史蒂文斯:

中国时局艰难,我愿为正字学会奔走呼号,并非是我个人于此关键时刻站在备受摧残的中国一边(或更确切地说,站在中国的学生这一边)。以鄙人之所见,此时伸出援手会给东亚人民产生历史性影响,一旦错过,将铸成大恨。

燕卜荪曾论及瑞恰慈那边沁式的道德观:"计量最大多数人的最大幸福看似甚为荒唐,但貌似是我们能给出的唯一答案。"对瑞恰慈而言,正字学会是最大的善中的一环。眼看着它分崩离析,就是看到人类的心力被野蛮战争打败。

---

① Richards to John Marshall, in interview, March 11, 1941. RG1, Series 601, Box 48, Folder 405.
② Richards to Winter, March 1939.

温德汇报昆明噩梦般的画面，字字泣血，而经过瑞恰慈一处理，升华为绝地之中的斗志昂扬。当然，来自昆明的画面还有一些是无法轻易升华的。比如，在北平时，温德喜欢给身边的胆小者大讲恐怖之事，以此取乐，他曾经告诉姐姐伊丽莎白·温德，吴可读说过，"他所知的最可怕之事是踩在横陈的尸体上，以及把被子盖到下巴时，一只人手从被子里兀然伸出"。① 但不论温德如何"煽情"，他的文字仍是昆明满目疮痍的见证。为正在受难的沉默草民发出声音，这是温德新的"副业"。

* * *

至于瑞恰慈的愿景，未免失之天真。比如，他希望自己新译的柏拉图《理想国》基本语版被译为中文。瑞恰慈告诉史蒂文斯，因为他想"把它送给蒋夫人（还有基本语版《新约》，当时尚未完成），让蒋夫人相信基本语可提振世道人心，为道德复兴出一份力"。但实际上，在毕业于威尔斯利女子学院的宋美龄发起的新生活运动中，所谓道德复兴不过是利用儒教和基督教为幌子，达到国民生活"军事化"，以加强国民党的领导而已。——毛泽东后来的政策与之异曲同工。

通过基本语版的《理想国》《新约》，以影响宋美龄（甚至影响党国领袖蒋介石，瑞恰慈后来还试图用柏拉图影响共产党）的苦心虽成泡影，瑞恰慈还有其他理由认为，在中国复兴基本语，意义着实重大。温德转交给瑞恰慈一封信——来自四川省立教育学院英文系主任刘世沐。刘世沐在信中说，基本语在中国的成败，"不仅意味着某

---

① Winter to Elizabeth Winter, 1941, RAC Special Collections: Herbert Stern Collection (unsorted).

一理论的成败,还意味着英语教育在中国的生死"。如果英语教育的水准继续下降,英语"将会从课程中除名,像多米诺骨牌一样,首先是初中,然后是高中,最后殃及大学……英语是文化的媒介,也是互相理解的媒介,如此一来是中国人的损失,也将是英美人民的极大损失"。①

刘世沐似乎读过《孟子论心》,对于瑞恰慈所提出的东西方交流会带来文化互补有一定认识。但刘世沐也熟读孔子,他长时间以来不遗余力的理性吁请,实际上正终结于此次高调求助。他写道,"最后",虽然省立教育学院渴求与正字学会合作,但他并不抱太大希望。与在昆明的温德交谈过,了解到学会目前的困境后,他报告道:

> 我只能放弃持之甚久的希望,虽然有太多不甘。只希望将来有一天,我还能效犬马之劳,将我们的信念推向成功。但就目前来说,尽管出师未捷,我仍骄傲于自己为了神圣的目标(宣传一种真理),遵循儒家理想,"知其不可为而为之"。

其他人为瑞恰慈的梦想而感动,但最终还是向冰冷的现实折腰。瑞恰慈与马歇尔相商的一个月后,巴弗尔从马尼拉汇报了与温德在贵阳的一次长谈。此时,巴弗尔已捐弃先前的不满,盛赞温德在极端艰苦条件下,胼手胝足推进工作。但是他"诚恳提议,云南正字学会的存续不可持久"。② ——翟孟生早在两年前曾作如此观,当时他已断定自己在中国正字学会不可能做出实质性工作。

温德致信瑞恰慈,不认同巴弗尔之"诚恳提议",他说:"这个月

---

① English Version of the Official Authorization Granted to the Orthological Institute of China to Minister on Behalf of the Yunnan Commission of Education an English-Training School.
② Balfour to Stevens, April 15, 1941, Box 48, Series 691R, Folder 48, RAC.

除了持续不断的小空袭外,我们承受了两次大空袭。"第二次大空袭来势汹汹,"由于警报时间只有十五分钟,来不及疏散,伤亡者甚众。五千余民众无家可归"。而在第一次密集轰炸中,"吴可读的房间及其遗物尽毁"。

温德的此番叙说,对于瑞恰慈为正字学会争取支持,是于事无补的。它亦文学亦现实的风格,倒是有不同效果。温德以最寒峭的现代派语言来描写昆明之现状:碎片般的城市,地狱之城,像极了《奥德赛》,或但丁,或约翰·韦伯斯特,或乔治·艾略特的语言。它极其"可怖",像霍普金斯《可怖的十四行诗》中的那个世界。就像查尔斯·艾伍士(Charles Ives)音乐中那些极致隐喻,我们能听到昆明如《共和国战歌》(Battle Hymn of the Republic)般的律动。总而言之,它传递了某种感受,那是一个人在震惊麻木时的无能为力感。我下面全文摘引温德的信,作为文字,它算不上出色,但具有震慑人心之效力。它让我们看到,温德用他所钟爱的诗歌为棱镜,书写自己,也书写他所身处的世界。

    荒唐可笑的是那虚度的悲苦的时间/伸展在这之前和之后。①

    一位艺术家气质的上帝,将昆明在我面前展开,仿佛佛罗伦萨。在屋脊曲线之上,城楼像船锚一样安静泊着。桉树、柏树削瘦的线条沿着堤坝迂回步向远方。群山温柔环抱。老鹰慵懒地在蓝天里转了个弯。哦!今天,圣洁,活泼,美丽!②

    凄厉警报响起,又似不情愿地嘟嚷着隐去。兵士们,肩上用

---

① 这行诗句来自 T. S. Eliot,"Burnt Norton"的结尾。
② 这一句来自马拉美的《天鹅》,Le vierge, le vivace et le bel aujoud'hui。

棍子挂着猎物——一只黄狗,正慢慢悠悠归家,此时扔下猎物,开始猛跑。转眼间,整座城市像怒江在翻腾。我们被人流裹挟到城门,那里经历了好一场搏命。最后人群散入旷野。

更凄厉急促的警报声响起。十万火急!人们在旷野中慌不择路,有如无头蝇。有人在头上铺青草,有人撑起雨伞,有人一瘸一拐找藏身之洞,还有的人就像身处噩梦,虽极度恐惧,但一步也动不了。

远处传来蜂群一样的嗡嗡声音。春日的早晨,天空里是一片肃穆之静。我们俯身蹲在泥沟,不敢窃窃私语。农妇向能念经者寻求慰藉,她们手里做着空转念珠的动作。闪着银光的野兽,像革律翁①,污染着整个世界,慢慢游来,转向,俯冲……。但我们已经听到呼啸,惊怖的咆哮……天摇地动,就好像昆明城在一片白雾中冲入天际。……倾塌着的城楼,耶路撒冷雅典亚历山大,维也纳伦敦,并无实体的……②

过了一阵,一个个脑袋这里那里,警惕地抬起来。

闷热的太阳,一整天似有气无力,在无生气的旷野上射下日光。在热气中,鲜血似乎流得慢了。空气溽热,所有的思绪感觉都好似被摁入了泛着绿渣的沼泽里。我们全身细胞变成一团糊,就像蛾茧里的蛹。所有的思绪感受在沟渠中闷死后,破茧而出的将是什么样的怪形?……我想我们是在老鼠窝里,在那里死人连自己的尸骨都丢得精光。活人看到这样的地方会发

---

① 革律翁(Geryon)是居住在大西洋伽狄拉海湾厄里茨阿岛上的巨人,高大如山,长着三个身躯和三头六臂。——译者注
② Lines from Eliot's "The Wasteland."

狂……在山间那个坏损的洞里。①

　　警报解除声平稳传来,就像化雨春风,带来好消息。人群在沉默中回到城里。我们顺着湖边柳树一路回家。一个女子的半身,沾满泥土,空洞地笑着,倚靠在树根处。路边有一个尘土翻飞、吐着黑水的池塘,乱蝇无数,水面上泛着白花花的米粒。在池水中央,有一只鲜红的小手,手指向天。盖上她的脸……薄棺为何太么窄?没有关系,多的是残肢断片,但这个赤身裸体的胖男子,肩膀还是齐全的,所以只能用铁锹用力压下去。但情况好像不太对,沾着土的肉块越铲越多,终于有人蒙着手帕,低声说:"这是一家肉店吧!"一辆轿车开过,车门紧闭,与飞尘和臭味隔绝。在车里,一只细皮嫩肉、白白净净的手指向路边几个沾满泥土的破布娃娃。布娃娃头被拧断,红色的填充物散得到处都是。人不过如此?②可怕的愤怒,践踏了怎样古老的土地?③……在我家门口,一个人跪着,屁股高高抬起,就像祈祷中的阿拉伯人。他的头不见了。他们说,这是我的木匠……一个女人爬上被炸毁家宅的废墟顶上,一直在挖刨着,她涨红了脸,脸上闪耀着落日最后一道余晖。悲极不成悲。④

　　双眼中有深不见底的痛苦,讽刺的是,她的唇上却尽是木然。

　　9点钟,隆隆的加农炮声打破了城市的沉默。数个月里,为

---

① 第一句和最后一句来自 T. S. Eliot 的 "The Wasteland."
② 本句来自 Shakespeare's *King Lear*, Act IV。
③ 这处典出美国内战时的歌曲 The Battle Hymn of the Republic。
④ 最后一句来自 Gerard Manley Hopkins 的 "Terrible Sonnet," "No Worst, There Is None."

逝者而长哭的千年习俗已不复存在。只有碎玻璃上的老鼠……惊吓着纤弱的眼。夜幕笼罩，笼罩，但绝不会将我们终结！就像沉默而无名的蚂蚁大军，二十万民众，以干涩的嗓音，暗中私语，今夜在星光下，慢慢从废墟里走出来。五千名无家可归的大军，四处拣拾木条电线的破烂大军，扒手大军，带着伤寒的老鼠大军——棕鼠，灰鼠，黑鼠，在黑夜里乱窜。

今夜还有时间，"用你的手擦拭你的嘴，抿笑"①，当你在锁孔里旋转钥匙，吹熄蜡烛，子弹退回弹匣，你跌落地上，一口酒突然上头，掬一把热泪，直到你再站起来。床铺杂乱，"在如呻吟的吱呀声中，思绪烦乱"。②

正如我上文所言，温德在这里重重用典，对他而言，文学是观照世界的一副棱镜。但他所选的那些段落，甚至包括《李尔王》，都描写了惊恐，"上帝之死"也因第一次世界大战而渗透于现代派文学中的那份惊恐，对温德而言，则来源于充塞于身边的危机重重。

* * *

从温德1941年5月底给史蒂文斯的黯淡报告来看，5月份的情况并未好转。每隔两三天，日本军机就来昆明城空袭轰炸一回。空袭警报不及时，伤亡惨重。"有时通向城外的道路上都是伤员在痛苦扭动，呼号求助，他们在逃空袭的时候，被炸弹或机枪所伤。"在4月里，空袭预备警报时，意味着仅有敌军侦察机在头顶盘旋，班级照常上课。但在密集轰炸的这段时间，照常上课行不通了，因为学生脑

---

① 诗句来自 T. S. Eliot 的 "Preludes."
② 来自 G. M. Hopkins 的 "Spelt from Sibyl's Leaves."

海里盘旋着的画面是上次空袭逃难未果的人们在道旁哀号。①

当然,也出现了新的不便,需要去适应。新校址距昆明城有约二里地,一栋现代三层楼,西山的秀丽风景尽收眼底。当局要求将所有窗户上的玻璃卸去,而昆明是座多风之城。温德在报告中写道,"于此,我颇感艰苦","可学生已经很满足了,至少他们头上还有屋顶遮日,而在昆明城里,太多人头无片瓦,地有残灰"。

有警报的日子里,每个人都习惯于每天只进一餐,随身携带贵重之物,以免"毁于空袭"。温德带着打字机、眼镜,一件雨衣(躲在沟中避弹片时可盖身上),还有装着正字学会文件的文件箱。考虑到空袭一般发生在早10点和晚3点之间,上课时间安排在早上8点到10点,下午3点到6点。所有教职工,包括温德,要教二十五个班,他们没时间想别的。

老师们欣喜地看到,在恶劣环境中,学生们进步神速。温德告诉史蒂文斯,"您也许会认为这样的条件极其不利于工作","但大多数人,特别是中国人,非常迅速地适应了。有可能是身体筋疲力尽,便无暇顾及情感。在颠倒混乱的一天之后,我很难入睡,但学生们却不受影响。我想,我睡不着可能一定程度上是因为还未适应高海拔"。②

雨开始下起来,这不啻为利好消息,因为去年的5月初到9月,空袭暂停,每个人"都盼望着几个月的喘息"。但盼望还是落空,而且下雨天更加不便,此时的灌溉渠里积满了雨水,找地方躲避纷飞的

---

① Winter to Stevens, May 28, 1941 (cover to "Report on the Work of the Orthological Institute from March to May 1941"), Box 48, Series 601R, Folder 405.

② Ibid.

弹片成为一个大问题。

恶劣环境里,逝者为大的传统习俗也骤然改变,遗体如今"都是尽可能快地处理掉",葬礼也免了。温德听说皮雷先生——"一位在昆明开办多年英语学校的法国老绅士"死了,不过是因为他偶然遇到二十多名学生,肩扛着一副棺材跑向城门。一支竹棍上插着小布旗,上有中文写着皮雷的名字,表示他们正要将他的遗体带出去安葬。

史蒂文斯的电报捎来好消息,来年将下拨与今年相同的款项。温德和员工们"开始忙起来,为来年做各种计划"。本学期录取三十名新生,水平高于上学期中途辍学的学生。虽然空袭不断,"大多数人还是很有安全感,对于未来怀抱信心"。——至少温德给史蒂文斯的报告上是这么写的。①

在报告发出的同一天,温德致信给瑞恰慈,承认了自己底气不足。比如,与西南联大那边的合作无甚进展。叶公超在上海被日本宪兵抓了起来,后背被踢后六个星期连站立都困难。幸得叔父叶恭绰用钱疏通各种社会关系,方才营救出来。但叶公超脱险后,弃学从政,再不可能回昆明。温德叹息,这是一个巨大损失,因为"叶公超是一个能动之以情晓之以理的人"。② 但是在1941年的昆明,和世界其他地方一样,"情理"二字是如此的苍白无力。

*　*　*

正字学会的另一位负责人吴富恒,本来8月底应从哈佛回昆明。

---

① Winter to Stevens, May 28, 1941 (cover to "Report on the Work of the Orthological Institute from March to May 1941), Box 48, Series 601R, Folder 405.
② Ibid.

学会人手紧张,吴富恒的归来无疑将是一针强心剂。故此,也出于别的原因,温德热盼吴富恒归国。1941年7月底,温德再次鼓励仍未动身的吴富恒:接下来的一年估计不会像这一年那样"遭受狂轰乱炸",因为昆明将得到布防(陈纳德牵头的志愿飞行大队——飞虎队会在秋天到来)。但经济形势不容乐观。过去的六周里,物价翻番。豆奶是唯一能够买到的奶,闻起来有汽油味,两个月来价格从每加仑3.5元飞涨到16元。①

温德给吴富恒列了一份满满当当的采购清单,主要是买书,包括三十本基本语《通史》,三十本基本语的地理书("如果有的话"),三十本霍尔丹的《科学概观》(燕卜荪译为基本语),一部小型英语语源词典,莎士比亚全集和萧伯纳全集各一套。还需要一些个人物品,30磅奶粉("目前最急需……因为食物匮乏,我损失了20磅奶粉"),吉列剃须刀,打火机的火石,橡胶条,可修补衣物破损处",一台12Q4型的无线电控制天线(吴富恒只能偷运出关),"配有欧洲现代绘画彩插的图书,我想现在印刷质量不会很高"。

1941年夏,在仰光尚可付费给商用货运车运送物品——过不了多久就不行了。温德建议Steele Brothers这家比较可靠的货运公司,而且它用的是印度驾驶员。他叮嘱道,"千万不要把物品交给中国人",也不要乘坐卡车运输队来昆明:

> 我见过比你壮得多的人(按:我猜这是在说他自己),哪怕身上带有手枪自卫,在路上东西都被偷了个精光。建议你从仰光乘飞机过来。我是坐卡车运输队过来的,结果用了两个多月

---

① Winter to Wu Fu Heng, May 1941, RG1 Box 48, Series 601, Folder 405.

才恢复过来。东南亚的匪帮都到这里来了,滇缅公路基本上像在上演野蛮的西部片。当然,日本占领了西贡,有可能会在航线上进行激战,甚至导致你无法过太平洋。我的建议仅适用于当前形势。

* * *

温德原指望陈纳德的飞虎队到来,再加上雨季会阻挡日本军机前来,1941 年的夏天会比春天平静些许。从 5 月 10 日到夏季学期结束,放假复习,但当学生开始期末考试时,"天气兀自变晴……日本军机乘机又来骚扰十日"。

正字学会办公室奇迹般地在"一片废墟中矗立,完好无损"。"除了附近西南联大遭轰炸牵连校舍天花板震落之外",学校也基本无恙。西南联大有多名学生"手足断裂",学会则无人员伤亡,因为学生数比较小,"我们能在空袭到来时组织学生躲避,在最短时间内确保最人的安全"。①

情绪上的疲累与撕裂却开始显现。虽然报纸(和温德)都报告说,对自由中国的轰炸并未造成多大影响,中国人民一如既往地工作生活,但实际上,"日复一日的轰炸在很多人心上堆积起了太多震撼。从听到头顶炸弹呼啸而过的那一瞬,到你醒来发现自己还活着,过去的画面一幅幅在你脑海中快马加鞭浮现"。

在中国开展基本语事业的核心目标,虽未能光大,但至少还在坚持。温德深信,基本语教学方法切实可取。实际上,基本语教学是在愁云惨淡中给师生的一份慰藉。温德编制了一份基本语词根表,张

---

① 参见"Report of the Work of the Orthological Institute from March to May 1941," Box 48, Series 601R, Folder 405, RAC。

贴在所有教室和宿舍墙上,方便学生精确了解到在"特定时间里,需要掌握哪些内容","这极受学生欢迎,在入校前,他们的学习方法太囫囵。这不仅有助于他们学英文,而且这种精确化训练对于其他学科的学习也功莫大焉"。

在我看来,基本语在当时的坚持,其意义不止于此。福特·马多克斯·福特(Ford Madox Ford)笔下的 Christopher Tietjens(《队列之末》主人公)在一战战壕中自言自语英国诗人乔治·赫伯特的诗句"美好的日子,如此凉爽,如此静谧,如此明亮,/地与天的婚礼",为的是让自己在疯狂世界中保持一点清醒。温德和学生们为英语词根各种丰富的变化列出表格,可能也起到了分散注意力、舒缓情绪之作用。

温德和学生们的世界里,日益疯狂的除了日军炸弹外,还有其他东西。温德在第二份季报中提到给员工加薪势在必行。他在夏季报告中宣布,给中国员工加薪25%,并供给"临时大米津贴",以跟上西南联大的举措。他将新报告也抄送给瑞恰慈一份,希望这位好友能理解加薪之必要:"我们的人吃的像狗食——这些东西是中国穷人左支右绌才能吃到的。有一次,我出了饭钱,假装和他们一起吃,但边吃边想吐。"

1941年夏末,温德的身体倒是很好。他经常光顾的饭馆挤满了"新加坡的汽车司机和技工",他们穿着工装,是滇缅公路上的新贵。但他不得不与许多朋友和在北平的旧相识说再见:

> 我市场里看到在北平相识的几位女子,曾经活泼的丽人,此时脚穿破烂鞋子,一身油烟,偷偷找看哪里有买得起的东西,低头走过,生怕别人认出。林徽因得了肺结核,快不行了……裨德

本 5 月份的时候连签字都没力气。他申请了两个月的病假,去大理和丽江休养。现在,他看起来好多了。

(建筑师梁思成之妻林徽因,实际上 1949 年后痊愈了,而且还挽救了景泰蓝行业。李又安①告诉我,朝鲜战争爆发后,女儿执意要参军,林徽因生气郁结,病情恶化而去世。在费正清记忆中,她"是一位才华横溢的作家、诗人,具有极细腻的美感和极广泛的智性爱好,交游广泛,光彩照人"。②)

1941 年 8 月底,温德还没等到吴富恒的消息,有点着急了。他写信给仰光的美领馆,询问滇缅公路的交通近况,并把了解到的情况汇报给位于马尼拉的洛克菲勒基金会办事处。他甚至发去详细的行程指南。但当时只有物资才能空运,温德开始焦虑吴富恒到底能不能从仰光滇缅公路出发。

当时,副总统哈里·霍普金斯正署理罗斯福总统的工作,他派交通专家丹尼尔·安斯坦(Daniel Arnstein)调查"为何滇缅公路上寸步难行"。安斯坦报告说,除非把公路管理权移交给中国政府派出的才干之士,否则滇缅公路上的腐败和低效率绝不可能杜绝。蒋介石收到了安斯坦报告的中文译文后很欣喜,想将管理公路一事委托给安斯坦及其两位助手,"允许他们可从每辆卡车取一定比例的个人抽成",被安斯坦婉拒。

让交通停滞的,并不在于滇缅公路仅 1.5 米宽的单车道,而在于官僚主义。举个例子来说,在滇缅公路北起点昆明,驾驶员要花上大

---

① 李又安(Adele Rickett),与夫君李克(Allyn Rickett)都是美国学者,1950 年富布赖特"清华间谍案"当事人,饱受牢狱之灾。——译者注

② 与李又安和费正清的电话访谈。

半天时间才能通过八个海关检查站,而一路上还有十多个这样的关卡,发放当地通行许可证。安斯坦发现,250辆卡车在中缅边境畹町等了二十四个小时,才得以通关。

公路的主事"婆婆"太多,每一方都想从中榨取油水,但即便没有多头管理,在滇缅公路上行车也非易事。中国的驾驶员从不放润滑剂,公路沿途搁浅有数百辆卡车,零件被拆卸下来放在黑市上卖。温德听说唯一能确保卡车从缅甸平安抵达昆明的办法是:在仰光买一辆新车(当时只有新车才允许上路),交给Steele Brothers公司开到昆明后再卖掉。但他不敢在未得基金会同意下,擅作此重大主张。

9月底,温德还是没有吴富恒(后来的山东大学校长)的消息。吴富恒当时刚离开美国,11月10日才能到仰光。温德本打算安排吴富恒与鲍勃·德拉蒙德(Bob Drummond)在仰光见面。美国红十字会驻中国会长德拉蒙德此时也正赶往昆明,温德希望两人能结伴而行。德拉蒙德作为外国人,也许会获允携带(吴富恒为温德从美国带回的)一些私人物品。否则就只有用毛驴私运这一个法子,但温德觉得这过于复杂也太冒险。总而言之,对于吴富恒能否带回那些物品,温德不乐观。他听说中央研究院物理所订购的设备,已经滞留在仰光近一年。

在为吴富恒回国一事忙前忙后的同时,温德也在力劝史蒂文斯在1942年6月预算到期后继续提供对正字学会的支持。他的理由很充分:西南联大师范学院原则上定下将云南省立英专(由正字学会主掌)吸纳为附属单位,以培训英文教师。这意味着700名一年级新生会转学到英专。温德称,学生已经"准备好搬家"了。

温德另外报告,云南教育厅厅长龚自如的儿子目前也在英专就读,龚厅长保证每月拨款1700元法币,免费提供教学楼和办公室,另每月下拨800元法币作为学生津贴(不过,近来法币贬值得很厉害)。看来,学会不仅影响力依旧,如果资金和人员都到位的话,扩大规模也指日可待,而且不会让基金会掏多少钱。在上一个财年,正字学会共花费3097美元多一点,是配额的三分之一弱。温德希望能用上一年的结余(约3000美元)作为正字学会来年的运作资金。

温德甚至向史蒂文斯建言:如果基金会从1942年6月开始不再聘用他,可以把他的薪水节省下来,让裨德本代管剩余资金。他之所以作此请求,是因为"我们在极端恶劣条件下,为之投入了那么多心力,不希望眼睁睁看它停办,而您的上一封信里也没有为这个希望决然关闭大门"。①

温德还在向史蒂文斯努力争取,这边厢,瑞恰慈已经致信,讨论"学会和你自己的将来"。瑞恰慈的信里,满是感谢:"华北正字学会的事业即将开花结果,却一夕之间毁于战争,将此之际,您扶大厦于将倾,将种子播撒大地。吴可读与您,水天同与吴富恒,在云南筚路蓝缕,以启山林,让我们这些身处安乐之人深感汗颜,益觉谦卑。"

但信的末尾也提到,现在该是温德思考自己未来的时候了。瑞恰慈问道:"6月后,您是回清华,回美国,还是另有所计划?"瑞恰慈自认为可以帮温德在哈佛找份工作,但"还要等几个月"才能有明确结果。

史蒂文斯在最近一封信里,也很关心温德的下一步打算。但实际上,温德并无计划。在当时的环境下,对个人未来做图谋,听起来会有点滑稽。战争时期,未来是种侈谈。温德又一次遭窃:"价值数千元的被褥和衣物不见了——没有上次损失严重。"他的生存实系于洛克菲勒基金会,而史蒂文斯的态度还不明朗。瑞恰慈致信温德

---

① Winter to Stevens, Summer 1941, RG1 Box 48, Series 601R, Folder 405, RAC.

的前几日,温德给瑞恰慈抄送了史蒂文斯的原信和自己的复信,并说"我说不清他高兴与否,如果您能实言相告,则感激不尽。也许生活在这血色之地,会有种莫名的被迫害妄想症"。

11月份,瑞恰慈回信了。这封回信对他的妄想症究竟产生了什么影响,温德没说,但他特别高兴,因为这是自3月19日以来第一次与瑞恰慈通邮("这不是抱怨之语,而是在邮件总寄丢的这个时代的一句感叹")。温德之所以高兴,还在于这样一来,他就能去拜访教育厅长,向厅长传达基金会的明确意向。——近期日军可能会发动闪电突袭,一旦闪电战到来,厅长到城外乡间避难,要找他就很难了。

温德向教育厅厅长汇报的,正是瑞恰慈信中的建议:"现在明确的是,如果英专继续办下去,龚厅长会在1942年6月后接手,让水天同,或由水天同和吴富恒负责日常事务,3000美元结余将退还基金会。"瑞恰慈没有想到的是,若无温德,英专前景暗淡。①

龚厅长要求正字学会的现任员工"在三年内接手英专"。而学会已失去温德,也可能会失去吴富恒,龚厅长的展望很可能会落空。这样,即便洛克菲勒基金会决定留下3000美元结余款,龚厅长加强支持的承诺也将成为水中花镜中月。

退一万步说,假使教育厅落实各项支持,但"教员们目前正纷纷辞职开店,或在滇缅公路上寻生意做,新教员很难招募到"。温德最后还补充说,他"不建议将款项交给水天同",因为水天同好赌,欠了不少钱。在信的结尾,温德向瑞恰慈保证,"但凡有学校继续办下去的一线希望",都会及时告知。但考虑到温德的种种疑虑,瑞恰慈已经明白了八九分。

---

① Winter to Richards, November 11, 1941.

温德深深地了解他的员工,他为了原则与生存不惜战斗到最后一刻。在这一漫长而有时略显沉闷的插曲中,让我折服的,是温德的坚韧,以及他的不辞辛劳。当然这其中不乏个人利益因素,但主要是出于对瑞恰慈项目那份执拗的忠诚。对瑞恰慈来说,虽然他在迫不得已的时候也会将温德扔到狼群里,但他会用尽全力挽救他的朋友,因为这也等于挽救他的项目。

为何温德会留在昆明这样的围城中?这个问题,我之前苦思不能解。瑞恰慈和洛克菲勒基金会是有能力为他在美国找到用武之地的——就像他们最终所做的那样。温德自己也认为这个问题需要解释一番,在他给瑞恰慈发去公函告知学会命运的同一天,他也写了一封私人信件,向瑞恰慈说明他为何选择留在中国。

在早先岁月中,北平就像某种意义上的应许之地。这里极具审美上的吸引力,不仅在于宫殿楼台城墙的古老美好,更在于它的每样事物无不受到某种形式意义的加持——风光、人文建设、语言姿态之交流,甚至像书法这样的简单动作——而此意义又从属于整个文化意义。对于温德这样浸淫在人文主义中的西方人而言,生活在中国,就等于生活在一个用想象建构的异邦,在这里,各种象征符号都饱含道德、情感和美学力量。

中国还不仅限于此。与不少想法接近的西方人一样,温德想必也感受到作为先锋的满足感,他知道自己正在做某种意义上的先驱者,将两种异质文化糅合在一起,以等待第三种全新文化的到来。故此,这里是一个"苟日新,日日新"的天地,带来大喜悦,艺术家和思想家交汇于此,分享彼此的价值观、爱好与希望。在中国,温德能作为历史进程的推动者而有目标地生活着,这本身就带来无与伦比的满足。中国是个日新月异的国家,它正在"生成",在这里教书育人是该"生成"的一部分。

而一切的欢乐与满足,都被战争魔爪捏成了齑粉。如今生活在中国,就意味着占领军的淫威,以及制度的全面崩塌,也意味着见证乃至承受身体和情感上的双重折磨;意味着目睹学生或好友被残杀,或日益陷入饥饿,惶惶不可终日;意味着构成文化肌理的那些东西被无情摧毁,人类社会退化到仅仅为生存而活;意味着学习与恐惧共生;意味着精神旅程的往下跌落,古希腊人称之为 nykeia——这是西方文学的核心主题。被迫脱得一丝不挂的李尔王,回到"赤条条的未开化人",就是最好的例子之一。

温德在美国有足够强的社会关系使他有别样选择,那么,为什么他还是没有背过身去,回到祖国?至少那里是安全的,安全得理所应当,他的生活在任何时候都不会因突然的野蛮暴力而断裂。他专门给瑞恰慈写了第二封信以明其志——数周后,美国将被卷入世界大战。①

温德留在中国的第一个原因是,他在中国得到的礼待,是在世界其他地方不可能奢望的。温德在清华教书十二年,在清华平校保管委员会又服务了两年,按理说会有年假和年金。但掌管昆明正字学会后,温德放弃了上述两样。然而每年,西南联大都给他一份合同(虽然联大并无此义务),薪水等同于校长(每年 370 美元),温德则会例行婉拒。

最让温德动容的,是中国人的友好。一年前,他到昆明之时,身上只有 638 元法币,没有任何职位,清华大学校长梅贻琦邀请温德住在家中。温德未接受此好意,但确信只要他回到联大,"他们会以中

---

① Winter to Richards, November 11, 1941, vol. II, RAC Special Collections: Herbert Stern Collection (unsorted).

国人的变通,找到办法保全我的尊严,并使我免于饥饿,相信只有在中国我才可以得到此等礼遇,这多少补偿了生活的多灾多难"。

然而,温德感念于中国人的礼遇,仅仅是他之不肯离开昆明的理由之一。他告诉瑞恰慈,此外还别有一番原因,"很难说清楚,更难让他人去理解:为何一位年近六旬之人,去国怀乡十八年,没有浴室也没有好的图书馆的日子可能是他最后的时日,灭顶之灾随时随地会降下,对此他竟然毫无惊惧"。他想起了纪德《普瓦提埃的被隔离者》,女主人公在囚室中幽闭了二十年,被营救后不愿离开。此举背后的理由是什么?他猜想,也许是一种"习惯":

> 或许是某种天性让我忍受不了有序世界的那种沉闷?或许物质条件如此恶劣,人就省却了那无谓的担忧?或者这仅仅是出于虚荣?今年,我每周义务给联大学生讲一节诗歌课,由于听课者太多,甚至包括许多教员,课堂一而再再而三搬到更大的讲堂;或许是落后于时代十八年之后的一种自我放弃?或许害怕成为电台里听到的那种意义上的美国人?或者忧患出诗人,害怕选择安逸后,就意味着远离了文学?让T. S. 艾略特在这里生活几个月,他或许也会找到很好的理由留在这里。这难道是一种有传染力的宿命吗?"上帝深深的律令/苦涩会让我尝到,我的味道是我自己。"

> 或者是出于某种神秘性?为了将他们从年轻人典型的厌世出世思想中拯救出来,当这些才俊之士来向我求助,我将他们送出去。他们被打得肋骨尽断,指甲被拔,皮开肉绽。有人被扔进饿狗群;有人爬着回来了,此生只能以头抢地做求饶状;有些人,你也认识。你应该看看卢葆桐,他走的时候很安然。Leighton

Stuart, Pettus, Bradfield, Mac Fisher,我们手上沾满了他们的鲜血。后来,送他们出去的时候,我们给他们口袋里放了氰化物毒药。战争爆发后没有生活在这个国家的人,一定会觉得那样做无情又残忍。战争将中国变成了一个人间地狱,用一个比喻来说,人们就像用死去同伴的骨血熬成的汤在活命。虽然身边的很多人无诚信又冷酷,但我怎么忍心在所有苦难都结束之前,就悄然离去?

温德生来就是祖国的异乡人,他现在成为了受苦民族的爱国者。温德将"普瓦提埃的被隔离者"引为同道,而纪德这个小说取自真实故事。这名女子叫 Mélanie Bastian,被家里人幽闭在一间四面无窗的屋子里,浑身秽物和跳蚤,每日给她送食的兄长,良心上一点也没有过不去。她的母亲和兄长后来被起诉,又得到保释出狱。一位评论者曾指出,这则故事活生生地印证了纪德在《伪钞制造者》中的论断:只需要堆积起事实,就能勾勒出一个非人图景。

就这样,温德从一个象征世界(传统儒家文化)跌落进另一个象征世界。他原本想追求的是一个只有用想象建构的意义世界,但彼世界揭开面纱后,并不是浪漫的天堂,而是像现代主义者笔下的荒原。而温德选择被幽闭的命运。

像这样细腻地剖析自己,在温德极其罕见。温德自认为失败者,这也是他提及纪德《普瓦提埃的被隔离者》的深层原因。四岁的他第一次表达了这种心态:他并不崇拜去西部与印第安人作战的舅舅。小温德自比为受苦受难被驱逐的印第安人。此种自我认同像一件内衣,穿在外套里,"寻常看不见,偶尔露峥嵘"。但正因为从来就有这样的自况,所以温德才能看尽中国人苦难的最深处。

第九章　正字学会的终结

温德向瑞恰慈去信,说明自己为何选择留在中国。在附笔部分,则有难掩的怒气与失望:"对于拨款结余未能用于 1942—1943 财年,我深感吃惊,也十分失望。这是我最近信件的主要意旨。但让我不解的是,你和史蒂文斯居然都未正面回答。"这封信的邮戳是 1941 年 11 月。而到 1942 年 3 月,温德还是一无所闻,于是又给瑞恰慈去信一封,信中一反常态,言语直白:"太平洋战争爆发时,我曾写过一封信给你,但未见回信。希望这封信,你能收到。"①

在温德苦等回信期间,巴弗尔博士两度来访昆明,以示支持,这在巴弗尔当属罕见。第二次来访时,二人与教育厅龚厅长进行了磋商,龚厅长拍板从 7 月份开始,每月给英专 3000 元法币——比原先允诺的 1700 元翻了一番。这样,洛克菲勒基金会得以全身而退。云南省的拨款足够所有的开支,除了如复印费等特别开支,以及温德的薪金,因为这该由洛克菲勒基金会来支付。接过对英专的基本资助之后,龚厅长保证了基本语项目在昆明扎下根。

当然,温德这边的事还没有解决。巴弗尔大大惊讶于昆明的物价居然是纽约的两倍,因此向温德保证会给史蒂文斯发去电报,建议允许英专使用上财年的结余。龚厅长也承诺发一份类似的电报。利

---

① Winter to Richards, March 12, 1942, RAC Special Collections: Herbert Stern Collection (unsorted).

好消息虽多,温德仍像热锅上的蚂蚁。他向瑞恰慈挑明,他就像"在北平的时候,那些我们的下人",为自己的薪饷发愁。

整个3月,温德心情灰暗。日美开战后,昆明现在得到了空中防御,飞虎队现在成为美国空军的驻华特遣部队,陈纳德再次任指挥官。日军空袭已经平息,但昆明的情况并没有多少改善。滇缅公路被日军切断了,"从现在开始",看不到有什么方法可将物资送进城,"虽然有人建议用骡子从上缅甸的阿萨姆运货"。非军用的汽油供应也耗尽了,再这样下去,昆明城可能要清城,全体人员撤出。

温德的老朋友鲍勃·德拉蒙德作为美国红十字会负责人,成功抵达昆明。但到昆明那天,空袭还未停,德拉蒙德遭受了一次昆明式的洗礼:"四百名受害者血溅东城门边的一座桥,在场的他逃过一劫。"不久,他的腿又被卡车撞伤,至今未痊愈。"你觉得,人有没有可能死于绝望?"温德问瑞恰慈。①

美国这边,始终沉默以报。位于纽约的洛克菲勒基金会似乎已经忘记了温德这号人。无法告诉温德他不希望听到的事情,所以他们只能暂时什么也不告诉他。说不出口的事情也就是,不管正字学会是否继续办下去,温德都无法待在这个岗位了。但温德仍然紧紧抓住最后一线希望,幻想他还能在洛克菲勒基金会的支持下继续留在中国。

纽约的洛克菲勒基金会,和昆明的温德,在两方之间来回,让人感觉晕眩。邮件走得很慢,也不能保证成功投递。因此,消息传到乙方时,甲方这边的情况可能已经彻底变化。读着这样的往来书信,会

---

① Winter to Richards, March 12, 1942, RAC Special Collections: Herbert Stern Collection (unsorted).

让人想起两百年前的美国西部,纳西莎·惠特曼(Narcissa Whitman)在孩子夭折一年后,才收到给孩子的生日礼物。

而从1942年到1943年的大部分时间,始终不变的是绝望。物价每一天都在飞涨,1942年11月他告诉瑞恰慈:"因为通货膨胀,我们几乎已经在崩溃边缘。"一磅劣质茶售价50元,一磅咖啡200元,一顶帽子有可能标价500元,鞋1000元。"低于200元的一顿饭菜的质量,可能会让美国驻华空军的技师皱眉头,而我要是花20元吃一顿饭,都觉得是种奢侈。"一磅奶粉价格120元,这半年来的新生儿纷纷因营养不良而殇。①

1942年4月,温德收到史蒂文斯的来信。信的开头颇大言不惭:"这是一封鼓励打气的信,你一定会欢迎它。"连安慰都显得冷冰冰。史蒂文斯敬佩温德在"极端艰难困苦中"推进正字学会的工作,他"希望5月20日的理事会将通过中国正字学会的提议"。如果顺利的话,会计部门会将户头上所余的783.68美元(减去12月31日在温德生日当天汇来的1000美元后)转账过来,以缓解温德的拮据困境。② 这封信并没有给温德太多慰藉,也可能史蒂文斯本就无此意愿。

一个月后,瑞恰慈来信了。他收到了1941年11月温德的那封信,也回过一封鼓励打气的信,但信寄丢了。所以直到5月份,他的回复才姗姗来迟。瑞恰慈给的消息和安慰并不比史蒂文斯温暖多少。像史蒂文斯一样,瑞恰慈也不吝溢美之词:温德的工作"贡献卓

---

① Winter to Richards, November 18, 1942, Box 49, Series 601R, Folder 406, RAC.
② Stevens to Winter, April 1942.

著,堪比多个政府组织所能达到之成果"。① 但虽然史蒂文斯很早以前就同意用拨款结余使昆明的英专支撑到1943年6月,瑞恰慈却无法让史蒂文斯和理事会尽快落实此事,也无法预先告知温德。

那年春天,瑞恰慈正在迪斯尼公司,"制作一部基本语教学电影"(他给温德的函件上有米老鼠的logo,米老鼠微笑着张开双臂以示热情与信任)。瑞恰慈说,位于洛杉矶伯班克的迪斯尼工作室是一个极好的藏身之处,群山看起来像极了北平城外的西山。我们很好奇,温德看到米老鼠时会做何想?还有,当温德听说以下消息时会作何想?——瑞恰慈在华盛顿为了新老项目四处拜会各个机构时,遇到两名老友:翟孟生夫妇。瑞恰慈对于翟孟生弃云南正字学会而去,肯定心存芥蒂。翟孟生"在国会图书馆干得很成功,训练年轻一代的研究型图书馆员"。② 瑞恰慈突然对教学卡通影片产生兴趣,这对挣扎在饥饿、疾病和死亡边缘的温德看来一定殊为可怪。

洛克菲勒基金会在1943年5月中旬召开理事会议,比史蒂文斯预计的提前了五天。会议决定将约1700美元结余款在6月30日后交付使用,"作为温德先生的薪金,以及备不时之需"。但撇开"不时之需"先不谈,即便这笔钱到位了,也不能支持温德很久,只能算是权宜之计。

到8月份,温德手上只够自己和员工支撑到月底。一根烟10元,一个电灯泡则要价300—500元。战事也吃紧,如果局势再恶化,所有人都准备"向东北方向步行逃难,因为汽油已告罄"(1253年,蒙

---

① Richards to Winter, May 27, 1942, RAC Special Collections: Herbert Stern Collection (unsorted).

② Ibid.

古铁骑横扫而来时,云南老百姓也是步行向西向南逃命的)。日军虽渗透至昆明以西 300 多公里的怒江,但其实他们已经在中印边界驻扎了两年之久,所以"目前还无须担心"。①

温德自谋出路,与西南联大签了一份合约。之前由于主持正字学会,温德为联大师生义务开设诗歌课程,坚持不从西南联大支取一分钱。但西南联大的月薪只相当于 52 美元(购买力仅相当于 13 美元),即便是中国教员也都无法靠这点微薄薪水活下去。温德即将深味那前所未有的饥饿和疾病,那是他的中国同事所日日品咂的。他早已因留在中国而牺牲了安逸生活,但要他承受与中国人一样的苦难,即便是温德也必定会费一番踌躇。

温德在昆明期间的生活,本书强调的主要是生存问题,而对其他方面略而不谈。这是因为这期间我所能得到的文字材料,基本就是围绕着生存问题。有时候,我会提醒自己说:在战争和通货膨胀带来的困境中,温德还是过着他的日常生活的。作为一个上了年纪的人(至少五十五岁),他走过这些古老的街道,街道上市集遍布,满是难民与兵士;他每日进餐,不管食物有多劣质,访友讲学,处理公务,甚至阅读书籍。

温德告诉瑞恰慈,那年 11 月:

> 昨天,看到燕卜荪的一部诗集(第二册)。我被注释中谈论中国诗时的负疚口吻逗乐了。……在《酒神》中,他似乎跨过了那道鸿沟。双关语本应产生与浪漫主义暧昧意象相反的效果,对燕卜荪而言,双关语太过特别,导致他经常从别一种路径又抄

---

① Winter to Stevens, August 10, 1942, RAC Special Collections: Herbert Stern Collection (unsorted).

回到了浪漫主义式的暧昧。又或者,是我太老派了?①

虽然我手头缺乏材料,但也许温德保持着不那么浪漫的爱好,就像昔日与蒲乐道一同在庆元春宴游那样。② 即便在当时的昆明,此类乐子也还是能满足的,虽然没有北平那样精致。吴可读暴卒前不久,还告诉燕卜荪,自从他离去后,日子变得有多沉闷:

> 你走后,我就没碰过鸦片,过着异常道德的生活。我希望在河内能有稍许改变。只要温德一到此地,我就能找出昆明的秘密生活。他有立马打听到风花雪月之所在的特异功能,就像老兵一嗅就能知道在哪里何以一醉方休。

但世道艰难,温德即便找出风花雪月之所,也无奈手头拮据。1942 年 11 月,他终于接到中国银行的通知:1000 美元已经转账到他的户头上。但这笔本应支撑温德七个月的款子刚一到账,就缩水为 400 美元,连一个月都支持不了。假如汇票直接寄给他,温德可以按官方汇率两倍的价格在黑市上换成法币。与此同时,他已经"至少两周"靠卖美国优秀大学生荣誉奖章而来的钱度日,将来也将靠借钱或卖个人物品才能活下去,因为 400 美元"基本上不顶用"。③

早在 8 月份,温德曾给史蒂文斯写过一封长信,详细介绍了昆明的现状。④ 这样的书信让史蒂文斯感觉到,无论如何,从温德这里能得到关于昆明动向的最生动可信的第一手材料。史蒂文斯当时还没有把温德的信给洛克菲勒基金会或美国国防部官员传阅(如洛克菲

---

① Winter to Richards, November 18, 1942, Box 48, Series 601R, Folder 406, RAC.
② John Blofeld, *City of Lingering Splendour*, op. cit., p.202.
③ Winter to Stevens, November 18, 1942, Box 49, Series 601R, Folder 406, RAC.
④ Winter to Stevens, August 10, 1942, Box 49, Series 601R, Folder 406, RAC.

勒基金会主席雷蒙德·福斯迪克,国防部文化关系司的查尔斯·汤姆森或裴克),但他不久之后就会这么做了。洛克菲勒基金会的官员,就像所有掌权者一样,喜欢了解一些报纸上没有的新闻。它有助于长官们决策。比如,中国北方的知识分子精英如今汇聚于西南联大,温德对他们悲惨遭遇的报告,后来促成了洛克菲勒基金会向西南联大伸出援手。于是出于各种原因,能有这么一个人在现场向洛克菲勒基金会办公室不仅汇报教学情况,还介绍昆明整体时局,温德开始变得引人注目。

温德8月份的信还告诉世人,昆明成为缅甸华人难民和已沦陷的云南西部难民趋赴的中心。不少难民,步行数月,"以吃草根和树皮为生"。

保山(600多公里以西的一座重镇)两个月前被轰炸,短短五分钟之内,四千民众遇难,幸存者向昆明方向奔来。有幸搭坐卡车来的难民告诉我,公路上尸首横陈,卡车前后相继驶过,死人头颅在轮胎间滚动。他们带来了霍乱,昆明城内的染病人数减至三百例,但乡间的死亡人数不计其数,已然失控。难民们挤在街上,兜售唯一拿得出手的衣物,中央政府每天给他们一点大米,当地政府则一无所为。

1942年暮夏,虽然昆明城笼罩在混乱和污秽中,但有美国空军特遣队(温德仍然习惯称为志愿队,但此时已是正式部队)的保护,昆明人民九个多月来未遭空袭。但不幸的是,英专运气很差。英专房屋的主人正准备回昆明,8月30日给英专师生发来了通知。为此,教育厅拨款一万法币重修毁于空袭的英专原校址——正字学会办公室所在地。重修校舍至少要花费一万六千元,温德正着手找钱。

昆明的每样东西都在叫卖。美国大兵在街角贩卖各种政府发放的物品。在这些街角,吉普车都有可能买到。多种货币汇率浮动剧烈,再加上当代工业品涌入一座沉睡已久的地方小城,赚快钱的机会非常多。不过,正在忍饥挨饿的高校师生与这些快钱是绝缘的。对于这个问题,过来人的感受却有所不同。费正清和温德都提到了西南联大教授及其家庭深受食物短缺之苦,巴弗尔则向洛克菲勒基金会主席雷蒙德·福斯迪克进言,他"对于中国教育家群体正遭受苦难一事颇持怀疑态度"。而我见过的几位生活朴素的联大老教授,也说情况并没有那么差。

在温德眼里,其他阶层"都纷纷获得暴利"。美国大兵有美国军饷,从武器到衣食物品,无不敞开供应,使昆明的经济完全失控。惨淡的经济形势下,很多人在发国难财,师生们却束手无策。温德说,"高校师生半年来未闻过肉味"。西南联大校长梅贻琦不得不让几个女儿出门工作,梅夫人韩咏华"用化名找了一份工作,给一位地方官的子女辅导功课",后来被发现真实身份,这份工作也做不下去了,"理由是联大校长夫人做这份工有损尊严"。①

1942 年的食品价格是不到两年前温德抵达昆明时的十倍。因此,留在昆明的知识分子虽然得到了在中国其他地方得不到的自由,但付出的代价极其沉重。最终很清楚的是,国民党处心积虑使这群知识分子身处绝境,目的是方便控制他们。

西方人则在渐次撤出昆明。牛津大学汉学系主任修中诚,因"成天吃米饭、红辣椒和茶",胃病发作,此时刚赴印度就医。修中诚教授本想待一年,但只住了几个月。即便是吴可读的姐夫裨德本,熬过了日本军机狂轰乱炸的那些最艰苦时日,此时"也撑不下去了,请

---

① Winter to Stevens, August 10, 1942, Box 49, Series 601R, Folder 406, RAC.

求转移到印度"。

温德最后用自己和员工的苦况,为这封色调灰暗的信件收尾:

> 我想,无须详述我们工作的艰难境况。这里拥挤之极,食不果腹。校工、学生和教员都挤在一起,进出学校,都必须爬过层层废墟。哈佛的费正清,现在在国务院文化关系司做事,任美国驻华大使特别助理,他刚刚访问了英专,承诺会给我们一些援助。对于永无止息的轰炸,我们已经习以为常。而现在,我祈祷的是昆明再遭轰炸,这样物价能降下来。开始写这封信的时候,我用的是自己的打字机,但是它的弹簧坏了,我只好一次次用手推换行杆,最后不得不换用学校的打字机。一个新的打字机弹簧竟要价三千法币![1]

> 因为物价,几乎处于崩溃边缘……我这样年代过来的人,极能吃苦,伙食再差也能忍,但毕竟还是有极限。未来看不到改善的可能。能离开的人,都离开了。

温德实在不清楚自己还能撑多久。

但山穷水尽之时,依稀柳暗花明。1942年圣诞节前,后来对西方人理解中国古代科技有革命之功的李约瑟,当时受英国文化委员会之托执行援华任务,来到了昆明。瑞恰慈给李约瑟写了一封介绍信,呈送温德(信中说,李约瑟"是当世最博学有趣之人")。两人在昆明结为好友。李约瑟在昆明的作为,让温德深深思考:代表英国文化的海外英国人,做得比海外美国人好太多。他们送出了李约瑟,我们送出的是美国大兵。这番思索,与费正清对美国国务院的不满如

---

[1] Winter to Stevens, August 10, 1942, Box 49, Series 601R, Folder 406, RAC.

出一辙。

1942年圣诞节当天,距温德55岁生日不足一周,他终于能够开颜:"一切都在变好。"通过瑞恰慈的张罗,英国大使馆送来了100英镑,并暗示援助会继续。温德及其员工从云南富户募得2万法币,后续还将有3万法币到位。有见于这些捐助,看似"明年6月我退出时,英专是可以接着办下去的"。①

好事不断,让温德眉舒目展。吴富恒被要求负责云南省立大学的所有英文教学,而燕京大学的包贵思女士②用基本语写信求助——对此,温德仅给予她建议而已。美国驻华大使高思为五名中国教授申请赴美一年,各大学正在遴选,听到此消息,温德难掩兴奋之情(不久,在巴弗尔和费正清或温德之间会有一场争持,在前者看来,赴美机会应该给学术界有权位者,而后者则认为应帮助那些最需要这个机会的教授。在这场争执背后的真相是,究竟应支持忠于蒋介石国民党的学界人士,还是应支持另一群人数更多的知识分子,因为反对国民党,这群知识分子的生存压力更艰巨)。

此时,温德又开始像以前的温德了。他即将导演一出校园话剧,而话剧经常使他焕发幽默本性。他重新开始种植花花草草,养小动物,也开始养长臂猿。这可能是受高罗佩的影响。高罗佩(Van Gulik)在瑞恰慈的引荐下,1942年末拜访了温德,二人成了忘年交。高罗佩写过不少东方题材的作品,其中有一部《长臂猿考》。该书封底附有一张四十五转的唱片,"记录下一只3岁半母长臂猿的晨啸"。高罗佩在书中说:"长臂猿在中国近2000年的艺术和文学里扮演着

---

① Winter to Stevens, August 10, 1942, Box 49, Series 601R, Folder 406, RAC.
② 包贵思(Grace Boynton),时任燕京大学英文系主任。——译者注

重要角色,启迪伟大的作家和艺术家创作出传世杰作。"高罗佩还提出,在整个东亚,长臂猿都是许多成年人以及更多儿童的良友加玩伴。

在遇到高罗佩之前或之后,温德很显然也持上述观点,但他的长臂猿却成了(用费正清的话来说)"凶猛乱咬人的野兽,可能会被破门而入者一枪打死"[①]。看来温德有意让长臂猿长成这样,因为他家中数度遭窃,所以希望长臂猿能帮忙看家。

鲍勃·德拉蒙德以前的中国秘书,向我绘声绘色地讲了这只咬人的长臂猿。当时温德一个人住在被轰炸过的房子里,身边仅有一位女佣。"没几个人会愿意住在那样的地方,"这位老先生告诉我。"温德养了一只很吓人的猴子,非常大,"很可能是一只长臂猿。他曾经"带猴子去过一次学校。他大发脾气,他很容易动怒"(我以为"他"指的是温德;但现在回想,也许老先生在说那只猴子,或者兼指二者。当时普遍认为二者很像)。传闻有一次,温德肩上带着这只长臂猿,去一位大学官员那里抱怨什么事,他和长臂猿都不逊之极。等温德走后,这位官员说,"来了两只猴子,大猴肩上站着小猴"。

温德在白天会散放它一会儿。有一次,一个国军士兵想把它射下树,也许是想拿它打牙祭,温德急忙掏出手枪,阻止了猎杀。最后它咬伤了某位教授的腿,温德不得不想办法处理它。而且温德也开始有点怕它。他找不到能接手这只长臂猿的人,后来有位住在西山的唐博士说他可以养。德拉蒙德、温德和告诉我这个故事的老先生开吉普车前往西山,但唐博士看到长臂猿之后,又改主意了。最后无计可施,只能把长臂猿放归山里。温德半小时后回到放它的地方,长

---

① Fairbank, *Chinabound*, op. cit., p.193.

在西南联大，温德和他的猴子

臂猿已一去不回。

在这相对祥和的日子里,他还是能听到围绕四周的痛苦号泣。瑞恰慈和温德共同的朋友伯恩菲尔德夫妇(Skepper and Corin Bernfeld)战前在上海办民主之声,去年春天试图逃离上海。被日本人抓住后,被投入监牢,遭虐打。"丈夫被送上战俘交换船时已经丢了半条命,妻子就在能将他们送回英国的船到来的十天前自尽身亡。"①

温德用"向你和多萝西娅致以圣诞祝福"结束了这封信,考虑到温德所处之绝境,这句祝福一定在瑞恰慈心里激起了惊涛骇浪,不管他们是什么时候接到信的。写下并寄出这句祝福的日期是1942年12月。全世界刀光血影,平安喜乐恍如隔世,也遥遥无期。

* * *

1943年2月,洛克菲勒基金会执行委员会向正字学会拨款7500美元,以支持它到1943年12月31日。与1940年7月1日—1941年1月31日整个财年的9600美元(有部分结余)预算相比,这笔款子看似慷慨,但生活成本当时已经翻了四番。执行委员会在拨款时也承认:虽然正字学会取得斐然成就,但对于它的当下所需,仍然不甚了解。"由于与中国通讯之困难,正字学会官员并未明确陈述正字学会工作的目前所需。"②

委员会决议形成的三天前,史蒂文斯希望委员会在批准7500美元的半年拨款和温德的600美元月薪时,能先考虑如下三点:首先,这笔钱相当于国务院给费正清在华的月薪和其他开支。费正清已

---

① 项美丽对伯恩菲尔德夫妇故事的记述更详尽,侧重点也有所不同,参见 *China to Me*, op. cit., pp. 120ff.

② The Executive Committee of the Rockefeller Foundation budget proposal, with a skeptical note from Stevens, February 1943, Box 49, Series 601R, Folder 407, RAC.

婚,"温德在昆明,习惯于拮据的生活,而且还单身";第二,史蒂文斯担心这笔钱在昆明效用甚微:"依我之见,7500美元在中国能产生的效用太小了,相比之下,汇率损失实在不算什么。如果只有100比1的投入产出比,也就是说产出为75美元,任何美国人听来,也都是赔本买卖,而这笔款子能养活温德六个月,听上去很切实用。"最后,史蒂文斯在拨款草案中抱怨:

> 接温德回国,时机还不成熟,需要相关资金方可;在请温德走人之前,我们应该就未来如何与中国人开展合作,当面求教于他;在温德任期结束后,为了我们自己的目的,也为了温德的安全,把他接回美国,是最无足轻重的一件事。

约翰·马歇尔在文件上批示道:"我已经写信告诉史蒂文斯,上述三点都考虑过了。我支持通过此项决定。"2月19日7500美元拨款已成定局之后,马歇尔从纽约发电报给巴弗尔:"在目前汇率下,继续支持正字学会是白费气力。如果你能安排,看来唯一的权宜之策是接温德回国,给洛克菲勒基金会做顾问。"① 3月初,身处新德里的巴弗尔,开始与温德讨论交通事宜。这事颇费一番周折。温德给他发了一份电报,希望"最好坐飞机回美",巴弗尔的回答是:此事不太可能。②

正当温德坐飞机回美国的请求被晾在一边时,突然又峰回路转。昆明的美国文化关系项目负责人葛德石(George B. Cressey)极为推重在中国开展活跃的文化关系项目。这样一个项目,"是睦邻政策

---

① Marshall cable to Balfour, March 1943.
② Balfour to Marshall, March 16, 1943.

的开展","将我们的文化精华传播给其他文化","既表达了良好意愿,也促进国家安全";不过还有另外一方面:"从较为自私的意义上说,文化关系还有另外一个目标,即提供给我们所亟需的情报与专家,为国际贸易和民意教育服务,更重要的是,为外交努力失败、战争随之而来时做准备。"①

在葛德石对文化关系项目的构想中,包括安排美国国务院的几十名派出人员在这里定期培训。有些人进行紧锣密鼓的语言学习,适应中国人的生活;有些人语言学习少一些,但要精通中国大学,便于学生申请留学时给其毕业院校评分定级;还有一些人要熟悉中国的自然资源和工业生产。四五年后,有些人留在中国,有些人则回国,以储备官员的身份从国务院离职,并随时候命。他们会以大学教授的身份,为出口商提供咨询,或者成为中国政府的顾问,再或者成为文化专员。这些新职业将使从业者国内外两头跑,致力于理解某问题或某领域。

费正清热烈支持这个计划,他与夫人正为美国国务院服务,在中国从事文化工作。费正清坚称(与巴弗尔的看法大相径庭):"除非知道西方人会帮他们致力于在中国发展西方技术,中国人自己是不会好好发展西方技术的。"美国的各类基金会和组织可以尽心尽意帮助中国"开启民智",遴选出中华才俊赴美学习社会科学。②

1943年3月,温德极有可能留在中国,充任文化关系司的专家——或者由洛克菲勒基金会资助,或者由美国国务院资助(费正

---

① George B. Cressey, head of the American Cultural Relations Program in Kunming, memo copied to RF March 1943.
② Fairbank to Balfour, October 8, 1943, RAC Special Collections: Herbert Stern Collection (unsorted).

清在昆明与他讨论过此事)。不出意料的是,巴弗尔又想搅黄它,他致信马歇尔:"鉴于温德的身份,文化关系司专家一职作为补充是否合适?"① 温德毕竟在中国以外并无学术知名度,而洛克菲勒基金会和巴弗尔都迷信此类虚名。

温德只想留在昆明,奈何没有稳定收入。也许费正清与他谈到过的来自国务院的支持是实际可行的。甚至有传言说他会为美国军队服务,给在华将士讲授中国文化。但是到1943年3月9日,温德仍然在苦苦等待:要留在中国,看来还是要仰仗纽约的洛克菲勒基金会。他揣摩瑞恰慈和史蒂文斯最近的言论,再加上巴弗尔那边的情况,得到的结论是:"纽约方面不希望看到正字学会中辍,但也心疼大笔钱白白撒在通货膨胀如此剧烈的地方。"温德在近期的报告中提到,他可以从教育厅、云南富户以及英国大使馆得到一定资助。这让基金会认为通过与温德商量,可以找到办法"以较小的投入,与正字学会共克时艰,以俟来日"。温德觉得自己能让基金会信服,于是请求巴弗尔给基金会发一份电报:他同意赴美相商。② 温德虽未明说,但至少表达清楚了以下意思:他愿意赴美商谈,而且不管商谈结果如何,应能被送回昆明。他不确定自己"是否会留在美国",他也明白"没有充分理由,势必难回昆明"。③

在这个近乎滑稽的情势里,还有别的难题要克服。温德如今任教于西南联大。如果纽约方面批准了这次美国之行,是否希望温德在3月马上出发?因为这牵涉到有可能缺课数月,所以需安排温德

---

① Balfour to Marshall, Fall 1943, RG1, Series 601, Box 48.
② Winter to Balfour, March 9, 1943, Box 49, Series 601R, Folder 49, RAC.
③ Winter to Richards, April 13, 1943, Box 49, Series 601R, Folder 407, RAC.

乘坐飞机,确保他能在夏天回昆明,补上所缺的课程。不然,温德希望用七周的时间加紧上完十四周课程,"在 4 月底启程"。温德对联大的拳拳之心,天地可鉴。他在清华已经十八年了,现在联大师资严重短缺。"从 9 月份开始,我从西南联大拿到的薪水只够将狼挡在门外,虽然我经常听到门外狼嚎。"去国二十年,要去重新适应一个全新的文化,一个他并不依恋的美国,温德难掩焦虑之心,请求瑞恰慈给基金会提个醒:"他们供我回美国的钱——加上我在联大的薪水——足够我在昆明过一年的。"温德说,在美国待一个月倒是不错,毕竟离乡那么久,也有怀念,但很不值当:他不得不变卖自己所有的物品,包括"课程笔记等"——那是学者的最贵重之物。其实,最好是能在美国待至少半年或一年,"但那样一来,回昆明就变得极其渺茫"。

此中潜台词可谓一把辛酸泪,我们之前听到过,下面还将一次次听到。"从被送到昆明的美国人素质来看,我在美国不会很开心。最近,红十字会用飞机不远万里送来三个傻妞慰问美国大兵。她们坐着小汽车,一路慰问一路醉,每天汽油钱至少 200 美元。这里,所有美国人都精于投机倒把,他们有大把的好机会。"温德把自己排除在"所有美国人"之外。假如精于渔利之道,最近身体有恙的他就能负担得起医生建议的治疗。每粒药片要价 50 元,整个疗程下来要花费 1 万元。所以他只能硬扛着,幸好无大碍。

到了 1943 年 4 月 22 日,温德还在有意拖延。温德告诉巴弗尔,他对于回美国有一些顾虑。他乐意回去看看,但"为正字学会起见,最好还是在这里再奋战一年"。① 十六个月来,就去留问题,他与洛

---

① Winter to Balfour, April 22, 1943, Ibid.

克菲勒基金会来回交涉,由此可见他焦虑得不轻。只要他选择留在昆明,就得不到资助,看来只有去纽约,洛克菲勒基金会才会帮他想出路:

> 我不知道此次赴美将费公帑几何,但如果再回中国,往返差旅费够我在这里过一年。如果正字学会继续办下去,我长时间缺席肯定是不行的,已经有一些学生声称如果我不在,他们也会休学。而且,因为没地方寄存,我必须要卖掉所有的家当,这些东西必定一去不回,我回昆明后该怎么办?如果未能说服基金会提供进一步资助,以我一己之力回不了中国,目前正值战时,除非战争相关人员,其他人是拿不到赴中国许可的。我去国多年,按理说应该回来了,但二十年来,我在中国深深扎根,如今要我抛却这里的一切,义无反顾归来,确实要费一番思量。

对温德来说,回美国这一前景,比肚子上挨日军的刺刀更可怕。与此同时,他不愿孤身待在中国,无枝可依,还是希望能找到海外组织的支持。5月18日,费正清之妻费慰梅伸出了援手。费正清夫妇在中国生活工作多年,费慰梅致信史蒂文斯,随函附上费正清和温德的书信往来副本。她开门见山地说,"温德非常期待能留在昆明,而他留下会对他身边的学术圈起到极大的激励作用——而这正是美国政府和很多亲中组织花费成千上万美元派出人员赴华的目的所在"。[①]

随函附上的温德致费正清信中,有一封写于1943年4月11日,复述了我们已经熟知的论点。温德猜想,洛克菲勒基金会"不忍心

---

① Wilma Fairbank to Stevens, May 18, 1943, Box 49, Series 601R, Folder 407, RAC.

让正字学会寿终正寝,留下我苦苦挣扎",但与此同时他们"也不愿意将钱洒在通货膨胀如此之烈的地方"。他觉得自己要是回美国,也许能说服洛克菲勒基金会再多给正字学会一年时间。若说服工作未奏效,基金会可能会"建议他留在美国,找点别的事做"。以上两种情况,不论发生哪一种,都会导致他"浪费宝贵的时间",耽误他在昆明的正事。"如果他们不拨款,我就有回不来之虞。现在的工作是我极胜任的,而且我也并不很想回美国。如果再有点津贴,加上我的联大薪水,我就能谋划留在昆明。"

最后这句话,是温德写信给费正清的主要目的。"有无可能"获得一点政府津贴,帮他"留在昆明"?温德又退一步说,津贴不用多,他现在过的是和中国教授一样的生活。否则,他只有"被迫变卖所有家当,孤身回美国,做一件也许一无所获的事情。"①

费正清的回信写于1943年9月21日,笔调不一样但同样给出了感人至深的一幅图景,以下是节选:

> 我们发现58岁的温德,一如既往地精神矍铄。他如今在由寺庙改建成的英专,有一个新家。吴富恒在英专任教,这所学校由省教育厅主办,温德的正字学会协办。空袭时,他的衣物前后被盗两次,如今他养了两只猴子,其中一只凶猛异常,乱咬人,很可能会被破门而入者一枪打死。庭院里种满了花,还有一书架的图书,他善于讲当地民间故事和八卦。鲍勃·德拉蒙德在每个周六,或一周多次,从位于昆明城的另一角的红十字会总部,拖着新近受伤的腿步行来温德家。二人会去看望清华同事,这

---

① Winter to John Fairbank, April 11, 1943.

些同事无疑十分敬仰温德。你还记不记得他在日军面前英勇护卫清华的往事？但是，除了这些人还有英国领事馆的裨德本外，生活实在太过孤单。温德曾请我俩在一家味道很好的中餐馆吃了顿饭，花了90元，非常便宜。我俩抢着付了账。他只剩下几个月的积蓄了，也曾发电报向瑞恰慈求助，他相信瑞恰慈能帮他向洛克菲勒基金会美言几句。温德的古道热肠与高风亮节，让我们叹服。他思维敏捷，言辞犀利，是上帝赐给清华的礼物。①

这是对一位老者穷且益坚、不坠凌云之志的最生动写照。史蒂文斯感谢费慰梅来信，并建议她与查尔斯·汤姆森讨论此事，国务院文化关系司的汤姆森此时是费慰梅的上级。至于洛克菲勒基金会这边，史蒂文斯说他实在开不了口，"提议资助英语师资培训，以促进在中国的英语教学"。但他也相信，温德"能向世人证明，在极端困苦环境下，美国人能与中国人共度时艰"。另外，"温德如果在这里，一定会慷慨给我们以建议，这不是一个为期一年的襄助，而是对整个项目的襄助"。②

史蒂文斯很想知道，温德是不是已经将他们的通信示与费正清了。也许，国务院能起用温德。"温德的信件引出这个问题：文化关系司的资金应该直接投入在中国的各学科师资培训，还是用来资助像温德这样的顾问？"

在回信给费慰梅的同一天，史蒂文斯也给汤姆森去信一封，汤姆森立即回信了。汤姆森表示，"由此事引发的书信往来表明，文化关

---

① John Fairbank to Winter, April 21, 1943.
② Stevens to Wilma Fairbank, April 1943, Box 49, Series 601R, Folder 407, RAC.

系司和洛克菲勒基金会各自在中国的项目,兹事体大,双方应该更密切地互通有无,共商大计。"文化关系司1944财年在中国的工作预算恰好会在未来两至三周内定下来。如果史蒂文斯能尽快过来商谈,汤姆森很愿意为温德做点事:"如果在我们处的新预算通过之前,您方便到华盛顿来一趟,也许我们可以找个时间与中国项目有关的本处官员聊一下,以促进对彼此工作的进一步了解。"①

几天后,史蒂文斯给洛克菲勒基金会主席雷蒙德·福斯迪克送去一份书面提案和几封信件,其中一封是温德1943年4月13日写给瑞恰慈的信。史蒂文斯觉得,这封信"交代了比我从温德处所了解的情况更多的事情"。② 史蒂文斯列出了包括温德在内的两三个候选人名,以备挑选可为洛克菲勒基金会制定出"我们自己在中国的计划"之人,也即能"为洛克菲勒基金会项目做出定义"的人才。候选人之一巴弗尔博士被否了,史蒂文斯赞誉他的工作"涵盖了洛克菲勒基金会在中国的一般领域和学术领域"。史蒂文斯直接请示福斯迪克,能否让马歇尔通知温德,再次向温德保证:如果他回来,洛克菲勒基金会能支持他在美国一年的生活。但福斯迪克在书面提案上提笔写道:"依我看来,温德应该留在中国,很明显他想留下。他是一位孤胆侠。"

6月末,虽然马歇尔深知,"温德回美国将有极大裨益",但他认为,"如果温德留在中国,洛克菲勒基金会还是应该用2500美元来善待温德。我觉得温德自己握有选择权"。③ 第二天,瑞恰慈刚好打电

---

① Charles Thompson to Stevens, April 1943.
② Stevens to Raymond B. Fosdick, May 1943.
③ Marshall to Stevens, June 28, 1943, Box 234, Series 200, Folder

话给马歇尔。瑞恰慈说出他自己的看法,"既然温德想回美国,那么最好尊重他的意愿,请他回来做顾问。温德对中国非沦陷区的教育有全面而非凡的认识"。①

洛克菲勒基金会驻上海负责人巴弗尔的前任冈恩(Selskar M. Gunn),如今任职于国务院。正在马歇尔与瑞恰慈通话的间隙,冈恩上门拜访马歇尔。冈恩非常愿意邀请温德去华盛顿,认为他能让国务院获益良多。马歇尔于是发电报给巴弗尔,说洛克菲勒基金会将努力确保送温德回中国。

去留孰更有利?如何达成洛克菲勒基金会的目标?温德看似已胸有成竹。马歇尔电报到来时,他刚离开德里,去往孟买。只要一涉及温德,巴弗尔一如既往腔调变得异样:"我要说的是,因为东游西逛,他在孟买错过了一班很好的航船,我们费尽力气给他订了票,也已经通过电报等方式多次提醒过他。"

下一班航船什么时候开,日期还没定,所以巴弗尔说不好温德何时能到纽约。他话带怨气:"这个人颇不可救药。他不回信,也不确认是否已收到1500美元汇款。我希望您和比尔先生能厘清上次拨款的情况。我们马尼拉这边在他账户上所花的时间,超过了为所有其他账户上花的时间。"

在我看来,为温德的将来盘算,竟耗时如此之长久,且诸多不易,这其实从侧面反映了温德身为中国通的特殊地位。与此同时,这也尖锐地向世人表明温德渡尽劫波终不悔,始终对他的中国同事和教学工作一片丹心。

---

① Richards's phone call to Marshall, June 28, 1941.

第十章　重回美利坚

1943年7月份,温德离开中国,但直到10月24日他才在美国加利福尼亚特米诺岛下船。他在孟买错过了用巴弗尔的话来说"一班很好的航船,只因为东游西逛"①。在昆明历尽九死一生之后,温德终于自由了。在孟买等船期间,他得到史蒂文斯的许可(巴弗尔看来忽略了此点),去参观附近的神象岛。在建于公元7世纪的一所花岗岩低矮石窟寺中,温德见到了庄严的三相神:湿婆、毗湿奴和梵天,(上文已提到)他深深震撼于"生命与唯精唯微之处,即现实主义和理想观念之间的均衡","这样一种均衡在后来的印度雕塑中并没有保存下来,这尊雕像的每根线条都恰如其分,似乎让整座岛屿回应以微微颤动"。②

三相神刹那间让温德想起了他在亚洲所见证的"创造、维持和转化"之间的平衡,那贫贱苦难不能移的内心的平衡。温德在C等中国人的身上,一次又一次领略到东方式的内心平衡,"他们的声调体态永远如同庄子笔下的庖丁,他们对当局的批评有如尖刀,让国民党总裁蒋介石心惊胆战"(《庄子·养生主》中庖丁解牛,刀刃十九年"若新发于硎","以无厚入有间",游刃有余)。参观完神象岛后,温

---

① Balfour to Marshall, August 21, 1943, RAC Special Collections: Herbert Stern Collection, (unsorted).
② D2, p.36.

德准备启程回美国,将从三相神那里看到的大光明留在了身后。

1943年11月11日,温德抵达纽约,生活节奏旋即加快。史蒂文斯所负责的洛克菲勒基金会人文部决定不再支持正字学会,与此同时,基本语(也包括瑞恰慈)却突然成了香饽饽。《星期六评论》报导,作战部正考虑把基本语用来培训英语不灵光的新兵,而《生活杂志》在当年10月也刊发了一篇有关基本语的文章,并配以瑞恰慈的近照。照片里,瑞恰慈站在一块大黑板旁边,黑板上是他从迪斯尼学来的作为视觉辅助的卡通画。不过最惊喜的支持来自英国。丘吉尔在9月份曾到哈佛大学接受了荣誉学位,被要求做致辞,瑞恰慈铭记了那决定性的一幕:丘吉尔"不知道要说些什么,所以他谈了谈基本语"。

丘吉尔的演讲如一石激起千层浪。当时的哈佛大学,用瑞恰慈的话来说,上下下下"对丘吉尔佩服得不得了"。英国首相丘吉尔对基本语的推崇,使瑞恰慈成为哈佛的校级教授。但也如燕卜荪多年以后在剑桥大学为瑞恰慈所办的葬礼上所言,丘吉尔对基本语的推崇,不幸成为了它的"死亡之吻"。[①]

1943年9月6日,丘吉尔在哈佛大学的演说中,将基本语看做在英美主导下重建战后世界的一大利器。他呼吁英美两国继续肩并肩,在"战火纷飞的当前"同仇敌忾,艰苦奋斗,"也要在人的权利与尊严领域多多致思"。两大同盟国在战后将保持在战时所达成的袍泽同心的高效率合作机制,以推进上述高标之理想,在战争结束后仍继续战斗,而战斗武器之一便是语言帝国主义。

丘吉尔自身便是英美联姻之杰出代表,他在演讲中追述了俾斯

[①] Russo, I. A. Richards: His Life and Work, op. cit., p.438.

麦"在临终前,曾论断19世纪末的人类社会最强大的一股力量就在于英美两国操同一种语言"。丘吉尔敦促英美两国携手运用"此无价之宝和与生俱来的优势",推动英语"在全世界的传播"。

丘吉尔说,英语成为世界语言后,"获益将远胜于攻城掠地或剥削他国"。未来的帝国,将是"心灵的帝国",而基本语则是心灵的帝国得以建立的重要手段。从哈佛大学得到荣誉学位令丘吉尔备感荣幸,"哈佛大学在推广基本语方面功勋卓著,远超其他美国大学"。"第一部基本语著作由两位英国学者"瑞恰慈和奥格登完成,这是英美合作之典范。丘吉尔的演讲听起来崇高,但也藏着有毒诱饵:丘吉尔将语言视为武器,整个演讲浸染着一种新的帝国主义观念。①

瑞恰慈就在演讲现场,他对丘吉尔的论调颇感不安。一年前,瑞恰慈在《财富》9月号上发表过一篇文章《心理政治学》,也曾语涉丘吉尔在哈佛提到的全球化问题。但该文章绝无种族中心主义的那种优越感。它展望了一个全新的未来("为精神涂满好奇与欢愉")。瑞恰慈强调,发达国家应学会"将自己国家视为人类共同事业的一部分,不应盲目自私地爱国"。

美国人、英国人、荷兰人、俄罗斯人最应该企望得到什么?是不择手段为自己人攫取权力、财富与土地,还是一个公平的大同世界,保证每个群体和个体都能得到平等机会?如果心理政治学不能回答这一基本问题,那么任何国际机制都不能避免人类在未来还将陷入

---

① 我曾与几位中国学者聊过基本语,他们不喜欢基本语并不是出于政治原因,而是因为受过教育的中国人非常珍惜汉语的微妙之处,对于将微妙之处完全清理掉的语言系统,他们实在瞧不上。基本语也好,世界语也罢,还有汉语的拼音化,都反映了在中国的大多数西方人无法读写汉字这一事实,他们极力推动将汉语从三千年书写传统中脱离出来。虽然基本语的基础更加牢固合理,但它与美国占领日本期间,将书面字(街道和店铺名,等等)一概音读化的做法如出一辙。(感谢爱默生大学的Ron Suleki教授给予的指点)

无尽缠斗。

瑞恰慈饱含真诚(事后看来,也饱含天真),认为基本语能促进世界互相理解,使全人类最终超越狭隘的民族之见。丘吉尔首相在基本语身上发现了新型的意识形态殖民主义之可能性。两年后,丘吉尔在杜鲁门总统的家乡密苏里州小城富尔敦说出"冷战"二字,将我方形容为"基督教文明"或"英语文明"。而哈佛演说最终令基本语和盎格鲁-撒克逊帝国主义脱不了干系。用瑞恰慈的原话,丘吉尔的哈佛演讲之后,一切"都泡汤了"。

* * *

但是在当时,丘吉尔的提议还颇蛊惑人心。洛克菲勒基金会马上响应他的号召,对基本语重燃信心。一周后,哈佛演讲让马歇尔找到了让温德回美国的新理由,此时美国对基本语的兴趣与日俱增。在史蒂文斯看来,温德的来访能改善基金会对中国的浮光掠影的了解,有助于基金会打造一个全盘计划,重新安排在中国的一般性工作和学术工作。主席福斯迪克感到温德是一位难得的"孤胆侠",基金会应继续支持他在中国的工作。

温德的到来在国务院也激起一股旋风。温德回美的一个月前,文化关系司的特别助理裴克(Willys R. Peck)致信史蒂文斯。裴克是费慰梅的直接上级,所以对温德一事已有耳闻。现在他希望通过史蒂文斯告知温德,文化关系司的官员期待"就我们在中国的项目的各问题与他进行讨论"。①

在国务院,当时正在热烈争论文化输出是否比物资和技术援助

---

① Willys R. Peck to David Stevens, September 30, 1943, RAC Special Collections: Herbert Stern Collection (unsorted).

更为重要(洛克菲勒基金会内部也曾争论过此事),温德的到来,将是文化阵营一边天平的一大砝码。1943年初,费正清为国务院远东局准备过一份报告,敦促在中国的文化关系项目"超越《生活》杂志的水平,结出更高水平的丰硕成果"。他补充说,更高水平的成果"事关价值观:我们为什么做,而非如何做。它经由艺术、文学、戏剧,通过文化媒介而传达。它吁请那些寻求新观念和新艺术形式的有创意者,而非银行家"。略举一例,"中国一位年轻有为的戏剧界领袖,在重庆导演话剧,毕业于耶鲁大学",告诉费正清,他"了解所有的苏联戏剧和当代苏联人生活",却"两年来对于美国话剧一无所知"。费正清很想知道"对于这样的情况,文化关系司能做些什么?"①

国务院远东局的贺伯克(Stanley Hornbeck)表示同意费正清的看法,"除了第一段第二句话——而这在当前是最重要的一句话"。在这句话中,费正清说与中国的文化关系项目之所以不成功,是"因为它背后的政策本身就对局势审视不足"。费正清表示,除非我们能利用技术输出价值观,否则中国只会像日本那样接受我们的技术,并"以此来反对我们"。

对于费正清之所言,即人文主义价值观是项目不可或缺的一部分,贺伯克难掩鄙夷之情。"派人到中国讲美国戏剧,并不是当务之急。"(此处针对的是费正清上述关于戏剧的一段话)当务之急应是"向中国送去物资、设备、人员等,以争取抗战胜利"。

费正清和贺伯克之间的交锋,生动展现了本书中跃然纸上的一

---

① Fairbank report to State Department Far Eastern Section, February 1943, RAC Special Collections: Herbert Stern Collection (unsorted).

大主题。费正清和瑞恰慈及温德一样,代表了这样一种观点:希望将身肩我们文化和伦理中高妙之处的人士派到东方,这样东西方能开诚布公地交流(英国人已经这么做了)。费正清等倡导者心心念念的是在最高水准上交流思想和文化。瑞恰慈甚至有这样的观点:西方向中国输出技术方面的思想和词汇,中国人吸收起来还是很困难,因为中国的语言和文化还没有做好吸收的准备,更深层次的原因是中国文化倾向于将一切新知都同化到既成思维传统中。但瑞恰慈也深知,西方思想模式越来越受实用主义宰制,因此必须嫁接道家、佛教和儒家思想才能使它重新焕发生机。但是,东西方日益军事化的环境并不利于这样一个心灵梦想。

与此同时,在制定各种大决策的国务院会议室里,围绕这一议题,莫衷一是。国务院的官员,如与费正清看法一致的裴克,会看到有一个叫温德的人为费正清口里的那个目标鞠躬尽瘁,死而后已。温德抵达纽约的两周前,史蒂文斯写信给文化关系司处长汤姆森,建议他与温德单独聊一聊。① 史蒂文斯说,汤姆森将会发现温德"是一位极为难得的情报人员,也可能是一位能肩负更大职责之人,以前教书有点大材小用"。现在看来,温德很有可能像李约瑟和陶德斯②一样,成为文化特使回到中国。

整个场景也略显讽刺,最明显的讽刺是温德这位如假包换的美国人,从外表到文学趣味无不更加英国化,现在竟然要成为美国文化特使的候选人。然而,一位满腹经纶的美国人追寻文化之根,这在当

---

① Stevens to Charles Thompson, November 24, 1943, RAC Special Collections: Herbert Stern Collection (unsorted).
② 陶德斯(E. R. Dodds,1893—1979),牛津大学首席希腊学教授,通晓汉语。——译者注

时堪称最美国之举。(庞德和T.S.艾略特这两位影响全美的作家是其先驱,在后来又有罗伯特·勃莱①,层出不穷。)

而且,如果美国价值观不改洛克式《独立宣言》的初衷,到哪里能找到比温德更坚定的信仰者?

＊　＊　＊

温德回美后,洛克菲勒基金会与之磋商的最大问题,当属国民党政权下的中国知识分子境遇。福斯迪克对这一问题殊为留意。他早在1943年7月就曾致信巴弗尔,征询他对此的看法。福斯迪克在信开头如是说,"我国大众日益关心在中国大地上的这场抗战旷日持久,生活成本日益上升,还有基本日用品缺乏,将导致自由中国的学术人才遭受健康恶化、士气不振和工作效率低下之苦"。②

福斯迪克接着往下写:更严重的是,"我们也许将失去中国过去几十年培养起来的整整一代最优秀的教育界领导者"。"有一位极敬业的中国教育家,最近来到美国",告诉福斯迪克,中国的教员群体"现在缺衣少食,严重营养不良"。洛克菲勒基金会希望能帮上忙,虽然建议得到不少,但委实不知从何处着手,或者说不知道能够或应该做些什么。福斯迪克列了一大堆问题向巴弗尔请教:从中国整体局势,到通货膨胀对健康和士气的影响,以及未来三年送(战后重建急需的)一些中国学者到美国学习生活的花费,其中,"医学、自然科学、社会科学和人文学者"应各占几成份额,等等。也许这些问题中,最有分量的当属"将中国学者送到美国是否会引起误解"。

此中未挑明之义,是费正清等人已经向国务院报告,从1942年

---

① 罗伯特·勃莱(Robert Bly,1926—　),美国深度意象派代表诗人。——译者注
② Raymond Fosdick to Balfour, July 8,1943.

开始,国民党开始"严密控制知识分子",而主要反抗来自西方留学出身的清华教员班子,他们誓要"保全美国传统下的教学自由"。费正清本人一直以来就支持将这些受威胁的学者送到美国,加以保护。他认为,西方培养出来的人文学者尤其需要得到这样的待遇。"中国的工业化将极有可能为全世界的伟大革命之一铺好道路。不管最终会不会发生暴力冲突,如果科技研究和社会研究能齐头并进,中国自身的调适将会更自如。"

在费正清看来,此事虽则有政治意含,但已不能再拖:

> 如果不站出来为之做点什么,全面化的思想生活是不可能自己出现的。单纯只输出科学,不可能真正让世界获益,正如将大机器给黄口小儿用……如果希望中国的下一代能分享美国人最好的观念和行为,我们就必须亲手给他们提供机会。对国民党政权极端不满的这些学者,将是战后中国民主的建筑师。

在给福斯迪克的回信中,巴弗尔"对于中国教员群体缺衣少食,营养不良之事,心存怀疑,除非我们有确切证据"。[①] 他坚称,"中国高校教员并未给抗战出多少力"。而且,也有不少人"反对将中国学者大批送到海外",因为这将极大损伤"留守师生的士气"。

巴弗尔则提议,"援助资深人士,将拨款限定在中学和高校范围;此举将间接改善各家各户的生活"。此处的"资深人士"指的是卓荦超伦的领导。实际上,"该提议本身就是来自于和这些领导者的多次交谈"。巴弗尔的言外之意,即我们应资助那些与当局关系良好者,摈弃批评政府者,而后者的境遇远恶劣于前者。巴弗尔之

---

① Balfour to Fosdick, July 17, 1943.

见,正如其他有权有势的美国人一样,与蒋介石的看法真是如出一辙。

温德抵达纽约后,洛克菲勒基金会马上就此问题征询他的意见。他提交的回复报告引起了基金会的重视。史蒂文斯将温德的初稿与终稿在包括福斯迪克在内的洛克菲勒基金会管理层散发,同时提请后者勿向外界泄露温德的观感。温德希望以"一位独立的教师和调查者"向基金会开诚布公,"他的观感若传回中国,将损害他在中国的地位,甚至会害他丢掉饭碗"。

也难怪史蒂文斯要事前打这个招呼。温德真是做到了知无不言,言无不尽。温德千言万语,汇成一个中心问题:中国的民主前途。国民党的统治"是公开的一党专制","谋求有朝一日实现真正的共和制度"。因为它的一党专制并不完全有效,所以存在着"公开的非官方反对声音……尤以高校为代表"。温德解释道,近五十年来,"高等院校成为自由思想和民主观念的孕育中心和集散地"。而国民党以民族团结之名义,从1929年4月国民党第三次全国代表大会开始,加紧了对大学的控制。诚然,"大家都赞成紧密团结在蒋委员长周围","但许多高校人士担心一党独大的国民党会滥用权力,他们十分钦慕英美大学里的自由氛围"。当令人喘不过气来的民族主义层层压来,他们转向西方,尤其是转向美利坚,以寻求指点。

1943年,美国在中国拥有前所未有的高涨声望,远超他国。温德指出,"但是我们对于维持此声望无所作为"。美国电影里的美国人"是一群匪徒或情绪激动的傻瓜",我们派出的美国大兵(也是寻常中国人在电影之外唯一能见到的美国人)"大多是行为不端的浅薄之辈,只有上级能略微加以管束"。温德说他不相信电影人物和海外大兵代表了真正的美国人,但中国百姓对此是没办法做出区分的。绝大多数中国人都比这帮人更有精神自制,更理智,也更有生命力。我们所呈现给中国人的民主,并不是机会均等,而是让无思想、无纪律和无知者等同于有思想、有纪律和有知者。"细眼仔"(美国大兵口中的"中国人")蒙恩于拥有成千上万"传教士"的新宗教——"一天二十四小时皆逍遥"的新宗教。

有钱时髦、时时准备动手,才是王道。"你是干哪行的"是他们的接头暗号。一瓶威士忌下肚后,就是所谓的交流。对于此"教义"的任何反对,他们都一概用"中国可以给我们什么,以提高我们的生活水平"来回应。在美国,兵士要是街上捏路过的女孩,或者将她的照片从证件上撕下来,并不算什么大事,但中国人则对此十分愤慨。

美国大兵们尚未做好准备,就被送往一个完全陌生的文化。他们酗酒、暴力,在中国人眼里荒唐而扰民,良好的愿望就这样成泡影。温德进一步指出,问题本身并不单纯在于美国形象在中国未得到很好的呈现,而在于我们付出的宣传心血,以美国概念上的普通民众为矢地,却忽略了知识群体。与中国知识群体的友谊,才是我们应着力培养的。批量制造的信息和宣传,被大规模投放在所有国家,然后期待别国人能理解。中国真正需要的宣传不应是这个样子,而应该是"与深谙中国国情并对中国前途抱有愿景的美国人有切近的个人联系"。我们应该"马上开始思考和行动起来","不仅在中国的劳工和健康领域,更要在中国教育尤其是高等教育领域上用心,这是当务之急"。这意味着要把最能代表美国的书本杂志送往中国。"给深陷苦难的中国知识分子送去精神食粮,就好比医生给垂死病人注射吗啡,绝大多数病人会选择此法镇痛"。

对中国的文化援助也意味着中美学者交换制度。——虽然巴弗尔并不赞同。古希腊学者陶德斯对西南联大的成功访学,表明中国人对学人水准的重视远甚于对专业的重视。陶德斯向英国文化协会建议,接下来邀请 E. M. Forster, Herbert Read, Lord David Cecil, H. B. Charlton 和 John Crofts 等大学者访华。李约瑟则在筹划访华科学家事宜。美国人也应该依此行动起来。

温德还建议将 60—100 名研究生送往美国留学。中国政府近年来不允许人文领域的学生离开中国。但温德据理力争(此番言论在后来的极权者看来,纯属"精神污染"),"如果说,中国当前有政权失思的趋势,人文领域的人才对此能起到最好的反制作用"。

温德建议,为了更好地推进双边交换项目,最好在中国派驻一位全职的中美关系官员,以协助遴选赴美访问学者和学生。对于费正清所拟定的人文社科领域杰出的中国学者名单,温德向史蒂文斯给出了审慎评价,由此看来,基金会认定温德能胜任该职位。

对于巴弗尔所言"中国知识分子的生活条件不算很差",温德予以坚决驳斥。美国驻昆明领事估计,至少 400 美元月薪才能让他的员工活下来,而这个金额两倍于"中国大学所估算的教员实际应需月薪,更是四倍于最高等级教授所领的月薪"。中国大学生,也和老师们一样,境况凄惨。温德说,"营养严重不良,这导致任何体育运动都会很危险"。至少十分之一的大学生罹患肺结核。昆明1900 米的海拔下,大多数学生整年都穿着单衣。中国的大学当然也损失惨重。教室里通常都没有桌椅。在西南联大上温德莎士比亚课的学生,一概站着听课,站在后面的学生将笔记摊在前面学生的后背上奋笔疾书。大学图书馆藏书"仅是战前规模的零星残存","根本不可能开展人文艺术研究"。因此说,"将西方新的思想和学问带给中国知识人,实在迫在眉睫"。

对于巴弗尔所谓"中国的大学师生不值得同情,因为他们不愿意为抗战出力"的论调,温德再熟悉不过了。在经由印度德里返美途中,巴弗尔曾给他看过一份报告副本。巴弗尔在报告中埋怨中国知识分子为抗战出力甚少,他对温德说,"美国学生赴国难者甚众。如果我们能将100万学生的一半送上战场,中国为什么就不能动员占全国总人力10—15%的学生武装起来呢?"

温德向巴弗尔指出,此问题牵涉到众多复杂因素。首先,抗战初期,国民党政府未能远谋,导致众多技术人员和其他专业人士死于战火。如今政府颇用心地制定此政策,免去专业人士的兵役,使他们发挥专业作用,并填补越来越多留学生出国后造成的人才空缺。

第二,让知识分子去当兵,是一种巨大的浪费。温德在街上曾见到"以前的学生在部队里做了几年宣传工作后,健康全毁,如今像游魂一样在街头流浪"。温德从办公室窗户能看到集结队伍。原则上,入伍后一天吃两顿,每顿一碗米饭,但往往是排队的士兵三分之一还没领到饭,饭桶里已经空空如也。

> 没领到饭的兵丁爬上树,生吃野鸟或鸟蛋,有时候运气好,能逮到一只浑身疥癣的狗。他们先用乱棍把狗打死,让肉变得软嫩,然后在我卧室外的露天烤来吃。房间里顿时香气扑鼻。因为长期挨饿,他们都长了疥疮,集合点名时,一边还用手在全身挠痒痒,就像在头重脚轻地跳舞。要是受了伤,药品是根本想都别想,他们把一种树叶嚼碎,混进一点点土,敷在伤口上。

更有甚者,政府与自由派知识分子如今势同水火。温德进一步确认了福斯迪克听到的传闻:"说中国政府有意要饿死知识分子,虽不中,亦不远。"温德深知,政府对知识分子的迫害,毋宁说是一种残酷的"重视"。传统社会,士人阶层享有极高地位,而承袭近代传统,

"近五十年来,中国大学成为自由思想和民主观念的中心"。如果百无一用是书生,那么也就根本没有迫害书生的必要了。如今,"决定高校管理细节及教学课程"的权力逐渐收归教育部,尚未站稳脚跟的政府仍旧风声鹤唳,尤其害怕共产党。目前在各大学,共产主义并不流行,但国民党很容易将民主心声误解为宣传共产主义。这便极具讽刺意味了,因为抱持英美价值观的知识分子在国民党政权下有性命之虞,而英美与中国竟然是盟国。

* * *

温德带回纽约和华盛顿的讯息非常充分。他细述了中国自由知识分子的困境。这些自由知识分子,很多人在美国接受过教育,对自由探索与表达的美式理想极为赞同。他敦促,我们应该克尽所能,让中国的自由人文教育①之实践与原则薪火不断,毕竟是我们将火种带到了中国。但只要美国继续支持国民党政权,我们就成为共谋,扼杀中国国内的反对之声。回过头来看,温德提出了一个非常清醒的建议,只可惜时间不对。当时的美国被各种幻想和谎言迷住了心窍,听不进这些苦口良言。

这便带来一个难以回避的自相矛盾:美国战时政策的最终目标,或者说自我宣扬的目标,是为了捍卫民主;但是,洛克菲勒基金会和国务院的自由派,虽然看到了它的自相矛盾及其可能后果,却不清楚应该为之做些什么。美中两国是盟国,美国怎么能支持反政府的中国自由知识分子呢?我们也很难将他们送到美国,因为这样一来,就

---

① Liberal education,即以强调扩展心智,而非单纯作为职业或技术的训练教育。Liberal 一词源于拉丁文的 Liber,最初的含义是指特定阶层的自由人(Free Man)。18 世纪末期开始,Liberal 的含义逐渐发展为"思想开放的、开通明达的"(open-minded)。——译者注

等于削弱了在中国的自由力量,而且公然施惠于反蒋人士,一旦处理不得当,将以惹恼蒋介石而收场。

这样的两难局面,实在难有解决方案,而且只要国民党还掌权,情况就只能越来越糟。在纽约,在华盛顿,每个人都想和温德这位亲历者聊一聊。所以温德有大量机会表达自己的看法。纽约和华盛顿过于光怪陆离,温德无比怀念在中国的简单粗粝生活,但他还是在美国待足了10个月,恪尽所能,完成顾问工作。

1943年12月初,完成给洛克菲勒基金会的报告后,温德前往华盛顿,去见战争情报署的戴德华(George Taylor)。亲自安排这次会面的戴德华,生于英国,本人就是一位中国通,曾写过一篇关于太平天国的重要文章。温德也会见了国务院文化关系司处长查尔斯·汤姆森和特别助理裴克,以及国会图书馆亚洲部主任恒慕义(Arthur W. Hummel)。他们不仅与温德聊到中国让人心驰神往的种种,而且也表达了对基本语的极大热情。不幸的是,这些会谈即便有文字纪要,我也无法将它们从联邦调查局的文件里"盗取"出来。

温德在华盛顿的行程不全是官方性质的。他去见了翟孟生,两人自1937年北平一别,已睽违六年。他还与费正清夫妇共度时光,虽然在昆明三人聚得更勤。费慰梅回到文化关系司工作。费正清刚从中国风尘仆仆回华盛顿,像温德一样,他给后方人士讲述了在中国目前的"风向"。费正清更直言不讳,他说在中国,风正朝革命方向吹,"国民党的高压政治都未必能奈它何"。——这一预言如此之准确,导致后来费正清等人在美国国会那里遇到了麻烦。

在生命的尽头,温德回忆起在华盛顿重逢的另一位故人,一位女性(也许是多萝西·翟孟生)。在听完温德的昆明故事后,她问温德如何打发日子。温德告诉她说,自己每天读一本书。回昆明一年多以后,温德收到了她的电报,上有"一日一书"四字。后来的一年多时间里,他竟每天都收到一本书。①

另一位女性,是查尔斯·金斯莱·韦伯斯特之妻(可能名叫诺拉)。韦伯斯特是一位英国汉学家和外交家。后来,在华盛顿的敦巴顿橡树园会议上,联合国宣告成立,韦伯斯特对此也有贡献。韦伯斯特给了温德一笔资金,可自由支配,用来帮助在昆明的好友。

回纽约后,温德发现老友瑞恰慈为他准备了一个新计划。瑞恰慈希望温德能去哈佛大学待上三个月,参与编写《口袋本基本语》和筹办航空人员的培训中心。已经为洛克菲勒基金会提供口头和书面报告的温德,此时还未分配到能使他返回中国的具体工作,因此很乐意在哈佛短期逗留,况且还有瑞恰慈等老友在那里。

不过,计划赶不上变化。陈福田和金岳霖②当时正在纽约,打算赶往哈佛将一批西南联大亟需的图书打包,以充实一再被炸毁的图书馆。在史蒂文斯、瑞恰慈和温德开会讨论温德接下来几个月里的工作时,他们也在现场。陈福田和金岳霖觉得,温德不宜进一步与基本语教育捆绑在一起。他们希望温德回到中国,"使西南联大的英文和人文研究面貌为之一新"。因此,温德应该从基本语教师身份,回归为文艺复兴式的人物,成为西方文化中经典文本、图像、观念和价值观的阐释者与发言人。我们可以看到,在不少中国学者眼里,基本语类似于娃娃学语。二人力劝温德,在哈佛访学并不是最好的选择。

温德已经好久没有享受过"谈笑有鸿儒"的轻松舒适环境了。

---

① Interview with RW, January 1985.
② 陈福田出生于美国,是一位哈佛出身的工程师,后来任教于包括清华在内的多所中国高校,曾经是西南联大外文系主任。金岳霖是中国当时杰出的逻辑学家。

温德是在芝加哥大学初识史蒂文斯的,后来与他和马歇尔书信往来甚勤,但这是第一次有机会与二人坐下来深谈,随着认识的深入,温德对二人及其人品的敬意与日俱增。这种好感明显是双方都有的。温德与马歇尔的关系尤契。温德回昆明后,马歇尔写信来,说"请相信我们对你的想念,远超给你写信的次数。玛丽经常谈起与你在家中共度的好时光,还有你在办公室里为我们多次讲述在中国的见闻"。① 多年以后,温德迫于压力要交待与洛克菲勒基金会的关系,他谈起与史蒂文斯、瑞恰慈的相处,有时加上金岳霖,并总结道:即便洛克菲勒基金会官员包藏在华的帝国主义野心,他们也没有向他坦明心迹。②

温德已经为他回中国的新职位开始做一些准备工作,比如帮忙挑选美国最应伸出援手的中国学者。早在11月份,当时还在重庆的费正清就草拟出一份赴美访学的十五人名单。这份名单是应美国学术团体协会(ACLS)之请而出台的,并得到洛克菲勒基金会的支持。③

费正清小心翼翼地将实际决定权交给一个主要由中国知名学者构成的遴选小组,他是小组里唯一的西方人。遴选小组给出的名单上,有八名杰出学者,十五名有潜力学者。八名杰出学者都拥有西方大学的硕博学历。

费正清以函件形式将此名单汇报给文化关系司的裴克。史蒂文

---

① Marshall to Winter, March 1944, RAC Special Collections: Herbert Stern Collection (unsorted).

② Winter's account to Red Guard of his relations with the Guomintang and with the Rockefeller Foundation, September 25, 1959, RAC Special Collections: Herbert Stern Collection (unsorted).

③ Fairbank to Stevens, November 10, 1943, RAC Special Collections: Herbert Stern Collection (unsorted).

斯将这份名单转给温德,请他给出意见。温德总体上表示赞同,就细节方面提出一些改进建议,并且运用此机会重申了自己的这一信条:我们现在为中国自由知识分子所做的,在战后一定会产生惊人回报,这些人享受过美国的学术培训,对自由之学术精神持有最深切的信仰。这些人将引导战后的中国,与美国维系友好关系。

名单上的名字,很多人不仅学术成就非凡,而且人格挺立,视野深邃。——他们对中西方文明皆有同情之理解,而且也具有充分表达此种理解的智性能力。我们并不知道,战后中国往何方去。如果中国能实现各方和平协商制度,这些人对中国的未来发展就有话语权。如果此机制未能建立起来,中国恐怕会在极短时间内建立一个强有力的国家政权,任由最有才华的一批人忍饥挨饿,这些人将随风凋零,变得无足轻重。不论对我们,还是对中国,这都将是一场大灾难。

此分析字字见血,就如同一个预言,却在当时淹没在众声喧哗里。

1944年初,马歇尔和温德在洛克菲勒基金会纽约办公室,就温德的提议(加强英语人文项目)进行了磋商。温德在美期间的第二个阶段,正是围绕这一提议展开的。与温德谈过后,马歇尔向史蒂文斯汇报,"每月给温德补贴1万法币,能保证他最基本的生活","给温德配一名月薪至少6000法币的全职助手,很有可能是以前正字学会的吴富恒",看起来这也是最基本的待遇。①

---

① Marshall to Stevens, January 6, 1944, RAC Special Collections: Herbert Stern Collection (unsorted).

2月份,虽然就是否支持清华开展这一项目,"仍旧在讨论中",温德已得到了每月250美元的生活资助,以及2500美元"往返中美的差旅费"。此外,他还得到500美元用以采购并运回中国的图书和其他用品。回昆明虽然看似箭在弦上,但在史蒂文斯的鼓励下,温德还是最后考虑了一下在美国工作生活的可能性。史蒂文斯为他联系了多所大学,他可以接洽北美洲最顶尖的东方学家,包括耶鲁的乔治·肯尼迪(George Kennedy),欧柏林学院的 Ernest Wilkins,康奈尔的 Knight Bickerstaff,皇家多伦多博物馆的怀履光(William Charles White)。

以温德自己的讲法,他"当时在找工作"。但这些拜访产生什么结果了吗?什么也没有。温德后来回忆起这段访美的日子,"美国生活相当舒适",但对他而言却面目可憎,"特别是因为这一切毫无目的性。洛克菲勒基金会想方设法要把我留在美国,但我坚持要走"。① 温德实在离不开他在中国所建立的深厚认同感。

史蒂文斯在马歇尔的建议下,写信给西南联大校长梅贻琦,就"贵校的人文研究,特别是英文研究提供资助是否合适,是否会得到欢迎"征询他的意见。② (这封信实际上是福斯迪斯应史蒂文斯之请求而写,草稿由后者拟就。史蒂文斯想知道基金会能够做出如何的承诺,福斯迪克这样答复他:"在我看来,对项目的介绍尽可能简略,拨款则是尽可能的多。")史蒂文斯是这样介绍这一项目的:它包含对温德及其助手的资助,以及图书采购经费,两年共投入12000美

---

① Winter's account of his relations with the Rockefller Foundation, November 18, 1959, RAC Special Collections:Herbert Stern Collection (unsorted).
② Stevens to Mei I-chi, February 16, 1944, RAC Special Collections:Herbert Stern Collection (unsorted).

元,从 1944 年 7 月 1 日开始。此项目旨在"支持人文科学的发展"。至于此项目的各项细节,史蒂文斯颇有心思地请梅贻琦来设计。此信结尾写道,"我们衷心希望在人文科学领域与中国密切合作","设计该项目正是为了表达这一美好心愿"。信中明确提出,该项目应该是互惠互利,而非仅仅施舍,因此不会伤害中国的民族自尊心。福斯迪克看来站在费正清和温德一边,认定西南联大的英语人文研究项目若成功,中国的自由知识分子若在战后能对中国政府的各项政策有一定发言权,美国必然会受益匪浅。

不到一个月后,就收到了梅贻琦校长的回信。回信中说,此项资助若能到位,"我们是极欢迎的。它将加强我们的人文院系实力。由于战时与外部世界的联系基本上等于零,再加上缺少近年来出版的书籍杂志,人文院系是损失最为巨大的"。西南联大翘首以盼温德教授的归来。等温德教授再度加入清华大家庭,"将得到教授级的月薪和津贴",但还需要其他补贴才够每月生活——这部分补贴将来自洛克菲勒基金会这次允诺的资助。

正如史蒂文斯原来所计划的,此项目于 1944 年 6 月尘埃落定。陈福田和金岳霖代表梅贻琦校长正式接受了它:洛克菲勒基金会给温德的每月补贴相当于西南联大月薪的两倍,并配一名助理,以及提供购买图书等必要物品的经费。结果就是温德从此与基本语脱离了干系。

根据这一计划,温德回西南联大后,学术声望将有巨大提升。之前,他是在清华任教多年的教授,还是正字学会会长(这一会长名号无足轻重),现在他得到了洛克菲勒基金会的直接支持,不再只是瑞恰慈项目的管理人,而是拥有了自己的项目。回到昆明后的温德,将成为中国学界中的洛克菲勒基金会人士。

史蒂文斯在给国务院裴克的信中,已经阐明了这一点变化。信中告诉裴克,好友温德即将回到西南联大,肩负更大的责任:"他将指导这三个机构的工作,通过人文研究以解释西方文化。"史蒂文斯心里很清楚,"领受这一教育使命的温德先生留在中国一天,中美双方就多受益一天",他希望在温德的归程上,裴克能尽可能提供帮助。①

有了这封致裴克的求助信,一切都变得顺风顺水。签证处,战时船只管理处,军队教育处,情报与教育局,都纷纷伸出援手,在很短时间内,温德回中国的各项事务逐一安排完毕。但能否优先出发,还是一大难题。当前局势并不允许马上赴华。往来船只和船务人员严重匮乏。裴克能做的都做了,他写信给预见到这一问题的史蒂文斯:"只能归结为一句话,即现在一切为打仗服务。"

其他渠道也在想办法。福斯迪克写信给有关部门人士,向他们反映温德是洛克菲勒基金会的朋友,"若能尽快考虑温德的中国之行,基金会将不尽感激"。但是关键问题在于怎样才能得到去亚洲的许可。除非给温德指派一点军事任务,否则想都别想。裴克和温德为此谋划了一个解决方案:温德用基本语给在印度受训的中国军队写一份坦克操作手册。然后让温德亲赴印度当地测试这份手册。9月份,裴克终于让国务院给温德提供了登机许可,"因为温德即将为中国军队提供服务"。

为了帮温德到底,国务院还破例允许"洛克菲勒基金会运送温德先生多余的行李和教育材料,并转交给加尔各答美国总领馆"。②

---

① Stevens to Peck, June 1, 1944, RAC Special Collections:Herbert Stern Collection (unsorted).

② John S. Dickey to Stevens, September 7, 1944.

所有一切看来都安排妥当。温德甚至得到了高级别的出发优先权。

1944年9月，万事俱备，只欠东风，却又有了突发事件：温德消失了。国务院公共信息官约翰·S. 迪凯（John S. Dickey）在9月7日火速写信给史蒂文斯，语带责备，"经过我方最近一次了解情况，温德先生并未登机，但军队教育处不知温德为何拖延"。孟买的一幕，再度重演。

不过温德并未消失太久，在迪凯这封信发出的一两天后，他就登上了一艘开往印度的军用运输机。温德在印度待到1945年2月5日，然后从加尔各答一路往北。

第十一章　昆明的胜利

温德在印度待的约四个月,从他自己的讲述看并不舒心。这段时间,他最强烈的印象莫过于"无休止地在医院进进出出"。最严重的两次病倒,让他在医院共躺了两个月,痢疾、瘴疟、战壕口炎,全无消停。加尔各答的医生最终同意他动身远赴昆明。从燥热的印度平原,到寒冷的昆明高原,骤然的气候变化几乎要去了温德的性命。回昆明的一个月后,他的心情还是极度恶劣,虽然注射了肝精和维生素后,红血球指标和能量都已经恢复得差不多了。

除了被困在医院的经历,第二次印度之旅留给他的深刻回忆还有加尔各答街道上的一群男孩。"他们七手八脚打一只巨大的加拉帕戈象龟,朝它掷石块。这只龟已经很苍老了,龟壳上刻着相当久远的年份日期。"这群男孩"汗流浃背,气喘吁吁",他们揍得特别狠的时候,象龟将头缩进去。"男孩稍一停歇,它再把头伸出来,缓慢而坚定地往前走——就像人类的命运一样。"这戏剧性的一幕让他想到了美国与中国的关系。

他找到一个临时住所。"美国领事馆隔壁有一间戏楼,戏楼的阁楼以前是存放影院物品的,现在坏窗户都已经糊起来了,颇为宜居。"[1]

---

[1] Jin Ti, "The Little Balcony (A Leaf from a Diary)." The piece was published in a Chinese newspaper and forwarded to Stevens by Winter in a letter dated August 25, 1945 (Special Collections: Herbert Stern Collection [unsorted]).

这间戏楼以前曾经是寺庙,有多名西南联大最顶尖的教授都住在这里(包括从美国回来的陈福田和金岳霖),不过楼上的储藏间在温德想搬进去之前,无人觉得它可以住人。①

访客若要去这里见温德,必须爬上三层楼梯。楼梯尽头的一扇门,不到1米2高。正要敲门之际,从里面传来"苍老但口齿清晰的一声:进来!"在屋里,一位瘦高之人从床上弹起。学生们陆续去拜访温德。他的脸庞虽然明显憔悴,但闪耀着(一位学生用屏气凝神的口吻写道)"不计其数的太阳之光,或凉或温的万缕雨丝,一百万张不同的面庞,与人类有关的所有观念"。

我认识温德的时候,他已是耄耋之年,但每次拜访都会让他容光焕发。当时的他58岁。午后,疲惫或绝望让他上床眠去。而在过来与他聊亨利·詹姆士的访客面前,他又侃侃而谈,令人心折。访客不会知道,温德背负着多么沉重的孤单与绝望,但此时此刻,美国人温德专心聆听问题,给出他的丰厚回馈。

学生金隄是访客之一,他后来将乔伊斯巨著《尤利西斯》译为中文。金隄不在温德的班上,他是在教室窗外听完温德的诗歌专题课的。温德不辞辛劳地对金隄耳提面命,此种热情堪称美国人的特质。金隄也曾从学于燕卜荪,他的印象是:燕卜荪是一位大思想家,但讲课思路不清晰。温德"是一位大演说家,他的解答一清如水……中国有个成语叫深入浅出,温德就是一位深入浅出的真正哲学家,解释起自己的观点来,如清泉石上流,毫无滞碍"。②

---

① 根据沈从文《不毁灭的背影》一文,此处花园旧为唐继尧私产,"主要建筑早已赁作美领事馆办公处……戏楼正厅及两厢竟成数十单身流亡教授暂时的栖身处"。——译者注

② Interview with Jin Ti in Tientjin, January 11, 1987.

两人如此忘我地交谈着,温德不时抚摸一只暹罗猫——在金隄看来,这只猫是温德的孤独的象征。慢慢有了自在感之后,金隄开始审视整个房间。南北两面墙几乎全部都是窗户,西墙的上半部也是窗户。东墙糊满了白纸,半面墙挂着汽油罐,温德用它来作书架。

看到年轻人环顾四周,温德说,"我喜欢这个房间。最喜欢那边的小阳台"。他指了指金隄头上方的西墙,但金隄只能看到一排窗户,窗上安了防蚊子的纱窗。

温德耐心地让金隄踩上一张桌子(该桌子叠放在一只木箱上),然后爬上窗沿,把纱窗打开,眼前是"由粗原木做成的小阳台"。放眼望去,好一片青葱翠绿的世界:

> 绿叶和长满绿苔的屋顶有如海洋——五华山是一座绿峰,水塔为之加冕,翠湖碧绿生青——以远处极宽广的黄色田野为界。……抬头看,上面是透明的蓝天,缓缓移动的云朵,闪着柔和的白色和柠檬黄。西边整个地平线都覆以群山,像一尊沉睡的巨佛,正因为这尊巨佛,昆明人说,云南从没有出过中国皇帝。

金隄该告辞了,温德以他惯常的方式又挑起了对话:"这间屋子还有一个优点","阳光充足,以前没有人住过。他们都说这里太热太晒。中国人真奇怪,总是很怕晒。我住在北平的时候,记得人们在汽车上为阴面的座位争来争去,留下向阳的座位正好任我挑"。因为门太低,容易碰到头,所以温德教金隄更方便的出门方法:向后退。金隄对老师的最后印象是,"满面笑容,笑容里面有友好,有慰藉,还有让无助者暖心的一丝幽默"。[①]

---

① Interview with Jin Ti in Tientjin, January 11, 1987.

费正清在1942年曾来电影院拜访过几位老朋友,他回忆起"这里堆满与戏院相关的物品,但不要租金"。他与老友坐着聊天时,"大老鼠在天花板上狂奔,几乎要从上面掉下来,所以我们谈到养一只猫(后来真养了一只暹罗猫),但一只猫实价为200元法币"。西南联大教授们的悲惨境遇对费正清触动极大,他写道:"他们努力奋斗,但坚持不了太久。你可以想象这一情景:绝望、肮脏、苦撑、互助,思想和行动逐渐凋敝。"①

到现在三年过去了,他们还在坚持着。对温德来说,挑中这间任谁都嫌弃的陋室自有一番好处。美国领事馆就在电影院隔壁,总领事郎固敦(William R. Langdon)对于温德住阁楼的处境深感震撼,于是邀请他每天共进午餐——这实在是莫大的荣幸,因为在以前,温德"总在街边小店里打发一日三餐,伙食标准每天只有1500元法币"。郎固敦就像以前的英国领事裨德本那样乐善好施,由于民用邮政基本瘫痪,他就将美国领事馆 APO 617 的邮箱服务提供给温德。

此时的通货膨胀率是温德两年前启程赴美时的十五到二十倍。浙江大学(此时在贵阳附近)的学生因为饥饿而发生了抗议活动。温德做了力所能及的事情,用拨款给饿肚子的同事送去钱物——这是他此次回来的任务之一。到今秋为止,他向"最山穷水尽的同事"共发放了超过两千五百万法币(包括韦伯斯特夫人给他的资助)。②

温德作为半官方的文化特使,也为中国的师生准备了精神食粮。他身在美国时,使用洛克菲勒基金会提供的500美元购得不少书籍、

---

① *Chinabound*, op. cit., p.193.
② Winter to Stevens, April 6, 1945, RAC Special Collections:Herbert Stern Collection (unsorted).

复制画、留声唱片,还有收音机和话筒各一。温德坐军用机飞往印度,这些代表西方文化精粹的采购品通过海路运来。但1945年4月,一年过去了,它们还没有送到昆明。这时,温德收到加尔各答美国总领馆的口信,说五个箱子已到,但他的旧克星巴弗尔又发话了,"现在没有条件将它们转送到昆明"。温德亟需这些书籍和物品,即便是一张信纸,在昆明的时价都"令人发指"。

与温德作对的,除了经济压力,还包括人事。素与温德不睦的巴弗尔,此时彻底翻脸。1945年5月2日巴弗尔在日记里写道:"与温德见面两次,讨论人文项目拨款之管理,以及加尔各答四箱货物的运输事宜。话不投机,恶语相加。在财务和管理上,温德是我在中国碰到的最不负责任也最不讲理的一个人。更有甚者,他一逮到机会就谴责美国和美国人。"[1]

从财务责任心来看,温德的确不合格。洛克菲勒基金会的一位纽约官员H. M. 吉列(H. M. Gillette),向马歇尔指出,温德用在采购运输书籍上的花费已经超额。巴弗尔报告,从加尔各答将货物空运到昆明要1800美元,几乎比当初拨款要多出1100美元。吉列甚至怀疑货物中的大部分实际上是衣物等个人用品。虽然吉列和巴弗尔没有明说,但二人明显都怀疑温德在诈钱。吉列给马歇尔呈上一份备忘录,"用1800美元空运这些货品并无必要,且花费巨大,徒糜帑项"。[2]

1945年夏,史蒂文斯着手平息这场风波。他给巴弗尔去信,附

---

[1] Excerpts from Balfour's Diary, Kunming, May 2, 1945 (RAC 601R, Tsinghua, Humanities, Box 49, Folder 414).

[2] Inter-Office Correspondence, H. M. Gillette to John Marshall, May 1, 1945, RA Special Collections: Herbert Stern Collection (unsorted).

和说1800美元确实太多,但希望巴弗尔也要考虑到,对温德而言,生活在昆明是非常艰难的。史蒂文斯一次次不顾巴弗尔的反对,为温德提供温暖羽翼,他又一次建议巴弗尔耐心处理此事。洛克菲勒基金会在中国,尤其在人文领域,再无第二人,能像"温德那样坚韧不拔"。史蒂文斯希望巴弗尔记牢,温德的工作很重要,"我相信……他在战时所作的贡献,以及他为英语和英语文学的教学起到的奠基作用,将一如既往"。①

史蒂文斯对于文化的未来始终饱含期待与乐观,对战争情报署所做的开拓工作,他热心不已。他希望看到在世界各地建起完全独立于政府的图书馆和信息中心。如果在中国能成立这样的中心,温德以他的书籍、绘画、留声唱片和深厚的才学,一定会成为它的创建之父。

这就是史蒂文斯的和平梦想。不过在当下,像保持洛克菲勒基金会大家庭内部的和平这样的实际问题,也变得困难重重。虽然史蒂文斯极力安抚,温德还是不能见容于巴弗尔。8月中旬,他的箱子终于抵达昆明,只花了181.97美元,他自己掏钱了事。但这一小小胜利,是在"与印度的层层阻碍斗争"之后才艰难取得的。②

"有人在印度蓄意阻挠"这样的说法,谙熟人情世故如史蒂文斯,也无法理解。史蒂文斯不觉得"必定是洛克菲勒基金会驻德里办公室的人员所为",但也不排除这一可能性,所以他开始检阅相关书信,却找不到任何蛛丝马迹。所以他提醒温德,决定洛克菲勒基金会"不值得费1800美元之巨,只为将货品从印度迅速运到昆明"的

---

① Stevens to Balfour, August 24, 1945.
② Winter to Stevens, August 18, 1945.

拍板人,并不是巴弗尔,而正是史蒂文斯自己。实际上,巴弗尔"是乐意看到货物尽早运走的"。史蒂文斯指出,不论如何,能以如此低价拿到货物,证明了温德极强的协调能力。因为,整件事情中最重要的,并不是"钱的问题,而是提供帮助的意愿问题"。①

温德对此互不信任的气氛也负有一定责任,但他实在憎恶它。加尔各答的美国领事一定要温德汇来运费和存放费,否则不予放行,完全无视当时去往昆明的飞机上难得有仓位。多亏昆明的郎固敦领事从中斡旋,温德才得以搞定此事。但拖延到此时,飞机因运输军需品又满仓了,这意味着还将拖延几个月。等这几个箱子最终运到昆明,已经是 1945 年秋。

在整个令人冒火的协商过程中,温德不得不一遍遍地听美国人咆哮"我们正在打仗",虽然"每个人心里都清楚得很,其中有多少吨物资是与作战丝毫不搭界的,而且比起温德的货物(除掉那部分私人物品),重要性尚不及一半"。基于以上这一切,温德的合理要求频频碰壁,就更让人气愤,但他颇能理解此中原因:"可能是因为太多不合理的事都顺理成章了,我的合理要求反倒看上去成了非法勾当。"②

至于错在谁这一问题,等到温德 10 月中旬冷静下来,他开始自责,悔不该"认定巴弗尔博士或其他任何美国人在事先知道运费多少之前,就能果断伸出援手"。温德"在这整件事上,完全像个中国人"。但凡认识温德的中国人,根据温德的为人处事,都会认定(1)他不是那种开出不合理账单的人,(2)对于自己无能力支付的花费,若无授权,他是不会主动索求的。

---

① Stevens to Winter, September 26, 1945.
② Winter to Stevens, October 13, 1945.

温德在道歉方面极有天赋,且有大量运用此天赋的场合。他解释说,自己的怒气是冲着支配"国务院和军方"的整个制度而去的。所有一切都被绞在了官僚规则里,没有任何空间留给个人判断,结果就是对紧急情况熟视无睹,白白浪费了大把时间。而英国的做法则迥异于美国。——在温德看来,英国在许多方面都优于美国。英国人认识到,"制定各项从来不能真正实行的严苛规定,既不现实,也太死板,只会导致执行者压力重重,整天咆哮"。

如果说这只是一场茶杯里的风暴,它其实也表明,在战时,文化物资的优先权叨陪末座。不管洛克菲勒基金会有多想将温德打造成一名文化战士,在战火纷飞、战事压顶的时代里,这样的角色是很难有所作为的。正如费正清所言,一切都向着没有回头路的方向狂奔。"美国的杀人技术来到中国,其速度远快于提高人民生活水平的信息。不久,1945年原子弹这种超级技术,将我这样的语言传播者远远抛在后面。我担心,我们将永远赶不上它的脚步了。"①

发生所有这一切的时候,温德正在西南联大担任全职教授,讲授但丁和当代诗歌,并准备再开设一节E. M. 福斯特小说的专题研讨课,只等史蒂文斯寄来授课材料即可。另外,由于美领事馆和军方都不同意"对战事毫无贡献的"平民留在系统内,所以温德给军方提供的全职培训只领到了每月25美元的象征性薪金。温德的贡献主要在于翻译和编辑,不过他也为美国和中国的军人提供适应培训。军方已经"开始认识到,如此不同文化间的合作并非易事"。②

---

① *Chinabound*, op. cit., p. 222.
② Winter to Marshall, May 16, 1945, RAC Special Collections: Herbert Stern Collection (unsorted).

1945年8月,温德参与了国务院主办的一个项目的教学工作,费慰梅也过来为该项目讲课,在昆明逗留了约十天。开始时,温德对这个项目积极性很高。项目包括美方教师给中国学生,以及中方教师给美国兵开设的一系列课程。中方课程(温德算作中方人士)有中国人的心理、家庭与乡村生活、中国的工业化、社会福利、当代史、中国节日等。美方课程有美国政府和党派制度、美国劳工联合会与产业工会联合会、科学研究、社会与志愿组织、美国妇女生活等。① 此系列课程的设计者一定抱有信念,认为东西方之间的互相理解是一项双方对等的任务——就如同瑞恰慈在多年前设想的那样。

　　可惜此项目只举办了一届。一个月后,温德仍旧在美军口译学校一周教十个学时的课,作为英语教师帮中方人员用六周时间准备好用英语与美国人交流。温德本来是很喜欢教英语的,但在口译学校的工作却不那么愉快。他原先已说服主事者使用基本语(或接近基本语的)教材,一班传教士却提供了其他教材,温德只好按下心中的不喜,照着那些材料讲。② 有些不得不教的"词汇",史蒂文斯也许会"觉得有意思"。他给史蒂文斯列出了 hit the hay, sack, pin-up girl, Was my face red! Okey-doke, hunky-dory, bitch, cheese it, dirty crack, kick the bucket … pimp … shoot the works … I socked him one … toots, chicken, Jane … left hook, shoot craps … the show stinks … hill-billy … fairy, homo,等等。这些词汇估计不是传教士所提供的材料里的,但温德没有说清楚这一点。

---

① Winter to Stevens, August 18, 1945.
② Winter to Stevens, September 5, 1945, RAC Special Collections: Herbert Stern Collection (unsorted).

口译学校里的中方学生还接受了美国礼仪速成培训。他们学到"别用手抓食物","如果要从口里抠东西,比如抠骨头,用餐巾或手帕掩口"。温德尖刻地评论道,"在这么短时间内,他们是不太可能优雅起来的"。这一课程强调的是美国人的霸道,否认中国的文明,只能使温德对自己乡党的印象越来越糟。

让温德堵心的还有另外一件事。翟孟生、吴可读和温德白手起家建立起来的英专(这也是中国正字学会留下来的唯一遗产),在水天同的管理下,变成了"一场英国式的作秀"。虽然学校的注册学生缩水到不足一百人,水天同"却成功做到了公器私用"。费慰梅到昆明后访问了英专,她与温德一致认为,不值得也不必为这所学校"花多少心思了"。事到如今,曾让多少英美和中华英才为之前赴后继,让洛克菲勒基金会投诸多少心血的正字学会,竟沦为一场骗局。

在昆明,几乎每样事物都在堕落成骗局,能独善其身的只有西南联大一家,虽然在国民党政府的要人看来,西南联大也不过于此。幸亏政府的声音在当时并不能独大,但当局的教育政策,就如同国民党法西斯右翼蓝衣社的口号"国有化、军事化、力行化"。①

教育的国有化,意味着"将学生培养为偏狭的爱国者,时刻准备为国家牺牲自己"。这需要与传统一刀两断,"我们教育出来的孩子是国家的孩子,而非家庭或家族的孩子。教育政策的最终目标应该是国家"。

教育的"军事化"也就是,教师将"把学生训练为斗士"。从幼儿园就开始军事介绍,给幼儿发放枪支玩具,教室里悬挂战场图片。在

---

① 蓝衣社起始于黄埔系人士,受蒋介石的领导,致力于将国民党推向法西斯道路,同时也演变为国民党秘密警察组织——军统。

学校岁月里,"学生们在军事环境中成长起来,着力训练体力,以前手无缚鸡之力的书呆子要更新为一代战士"。①

蓝衣社鄙视中国教育的"长衫"传统,指出中国学校教出的是一帮自以为是的精英废物。经过"力行"改革,学生不再只是为了入仕而"读死书","所有的学生都要在农田或工厂体力劳动。瞧不起劳力者和劳工阶级的传统观点由此被废除,知识分子也将成为这个国家的生产者"。②

国民党对西南联大的不满与日俱增。西南联大致力于民主教育和开启民智,以不灭的思想火花对抗着战争的黑暗,联大各院系教员所保存下的智性遗产在未来和平年代,将是全中国的珍宝。联大人将自己视为东西方人文观念与价值观的守护者。

与此同时,中国顶尖知识分子日益大胆地批评国民党政策,西南联大成为其大本营。许多联大教授在美国留过学,学到了言论自由的态度,他们如今正在自己创造历史。用历史学家易社强的话来说,在西南联大这里,令人目眩的知识分子共同体"在民族危机中浴火而生"。③

正如易社强所说,流亡中的中国顶尖知识分子,其物质生活比赤贫农民好不了多少,面对的是一个尖锐问题:"当死亡、挨饿、身心折磨如影相随,你钻研学问有何意义?"对此的回答是,其意义在于形成一个学者共同体。学者共同体之存续,在乎自由学问的两个前提

---

① Lloyd E. Eastman, "The Kuomintang in the 1930s," in *The Limits of Change: Essays on Conservative Alternatives in Republican China*, ed. Charlotte Furth (Harvard University Press, 1976), p. 195.

② Ibid., p. 311.

③ John Israel, "The Idea of Liberal Education in China," in *The Limits of Reform in China*, ed. Ronald A. Morse (Boulder, CO: Westview Press, 1983), p. 91.

条件(自由和共同体)之间必须平衡:自由让个体放手思考、感受和探索,共同体从智性、社会和心理层面上加以支持。

在西南联大,许多留过学的教授此时将各种观念用中文和盘托出,不可避免会带来中西文化间的跨文化张力,学术共同体却在此张力中获得身份认同。用易社强教授的话来说,"学生沉浸在英国文学、凯恩斯经济学或现代物理学里,他们的文化认同,西方传统中的伟大学者为其提供了一种心理上的确认感"。① 这种思想上的兴奋,作为原因之一,解释了为何当时从学生到教授均对极度匮乏的生活不置一词,当然他们身为特别能吃苦的中国人则是此中原因之二。他们纵情谈论自由,一种以巨大代价换来的激进的自由,自西南联大后,只留空谷余响。

思想之火焰越炽烈,想浇熄此火之人就越不甘心。西南联大为国立大学,教员的薪水来自政府拨款。当时的政策规定,全国各地的政府机关薪资标准统一,各地区无差别。美军的驻扎给昆明带来了火箭般往上蹿的通货膨胀,西南联大的教员却收不到任何生活补贴。费正清等人认为,国民党"有意要逼(西南联大)教员弹尽粮绝"。②

有一位联大教授,身上闪耀着联大的理想,也是温德认识的第一位中国人,并让温德见识到中国式的古貌古心,同时还是温德到中国任教的介绍人——他就是闻一多。当时在联大任教的白英,如此评价闻一多:他"是联大共同体如同精神导师一样的存在"。实际上,

---

① John Israel, "The Idea of Liberal Education in China," in *The Limits of Reform in China*, ed. Ronald A. Morse (Boulder, CO: Westview Press, 1983), p. 92.

② John King Fairbank, *Chinabound*, op. cit., p. 259.

1946年联大教授准备北归时,他们推选闻一多为西南联大纪念碑撰写并篆刻碑文。① 碑文以豪迈之词称颂联大之思想精神之相得益彰,并树立了宽容和自由之典范:"五色交辉,相得益彰,八音合奏,终和且平……内树学术自由之规模,外来民主堡垒之称号,违千夫之诺诺,作一士之谔谔。"②

在清华任教的头十年,温德并未见到闻一多。1932年闻一多回母校清华任教后,"整日关起门来钻研学问,从不旁骛于社会事务"。③ 实际上,闻一多从来就不是一位关心社会事务之人。如果条件允许,他只会关心自己的小家庭,关心学术,以现代学术重新考订中国古典文献。他希望能远离政治,但他的道德力量和人格光辉决定了,无论他做什么,都会带有政治意味。

1938年,正是身形瘦削的闻一多带领两百名学生从长沙跋山涉水来到昆明。师生南迁路上搜集到的西南地区歌谣,结集成《西南采风录》,闻一多在序言中提笔写道:"你说这是原始,是野蛮。对了,如今我们需要的正是它。我们文明得太久了,如今人家逼得我们没有路走,我们该拿出人性中最后,最神圣的一张牌来,让我们那在人性的幽暗角落里蛰伏了数千年的兽性跳出来反噬他一口。"④

闻一多大声疾呼,抗日战争是中国人最后一次机会,为国家争人格,"如今是千载一时的机会,给我们试验自己血中是否还有着那只狰狞的动物,如果没有,只好自认是个精神上天阉的民族,休想在这

---

① 实际上,西南联大纪念碑由文学院院长冯友兰教授撰文、中国文学系闻一多教授篆刻、中国文学系主任罗庸教授书丹。——译者注
② Ibid.
③ Diary, 2, p.40.
④ Jonathan Spence, *The Gate of Heavenly Peace* (New York: Penguin, 1982), p.317.

地面上混下去了"①。

不过到昆明后,闻一多以坚韧之姿面对窘迫生计,继续苦心钻研唐诗,以及诗经和周易等经典的社会历史背景。随着抗战的深入,国共冲突愈发激烈,闻一多尽可能两耳不闻窗外事。但是1943年,他再次被裹挟进公共事务中。两个儿子到了随时被征召进国民党军队的年龄,闻一多一想到此便痛苦万分。中国的年轻一代被迫自相残杀,几乎每天,闻一多都能看到新征召的壮丁被用链条栓成一串,有的被弃于路边干巴巴等死,没有药,没有吃的,也没有任何报酬。②

1944年4月的一个下午,闻一多带八岁的女儿和一群学生去昆明市郊踏青谈诗。在回来的大路上,他们遇到了一群这样的壮丁。闻一多对学生说:"我们不能熟视无睹了。每次看到马路边那些饿死的壮丁,我几乎感同身受。看看那些捆着的,拉着的,被抢口押着的,一个个都瘦成什么样了,腿杆儿只有这么细"——闻一多用食指和拇指弯成圈儿,比划着壮丁们腿的粗细。"走着走着就倒下一个,走着走着再倒下一个。"③

闻一多就这样无奈地被现实拖拽进政治世界,他参加了新成立的民主同盟,并为之创办了《民主周刊》。民主同盟由致力创建民主中国的国民党人士所建,想在"共产党和国民党道路"之外走出第三条道路,在西南联大呼声极高,响应者甚众。

闻一多是一位公开的反共产主义者。但他支持第三种势力,引

---

① Jonathan Spence, *The Gate of Heavenly Peace* (New York: Penguin, 1982), p.317.
② Ibid.
③ Ibid.

起了国民党特务的注意。朋友们劝他赴美躲一阵子,但闻一多拒绝了,而且日益成为民主同盟的核心分子。他早在二十年前写的一首诗《静夜》中(温德曾将它译为英语)就已预见了此时的这位闻一多:

> 这灯光,这灯光漂白了的四壁;
> 这贤良的桌椅,朋友似的亲密;
> 这古书的纸香一阵阵的袭来;
> 要好的茶杯贞女一般的洁白;
> 受哺的小儿唼呷在母亲怀里,
> 鼾声报道我大儿康健的消息……
> 这神秘的静夜,这浑圆的和平,
> 我喉咙里颤动着感谢的歌声。
> 但是歌声马上又变成了诅咒,
> 静夜!我不能,不能受你的贿赂。
> 谁希罕你这墙内尺方的和平!
> 我的世界还有更辽阔的边境。
> 这四墙既隔不断战争的喧嚣,
> 你有什么方法禁止我的心跳?
> 最好是让这口里塞满了沙泥,
> 如其他只会唱着个人的休戚!
> 最好是让这头颅给田鼠掘洞,
> 让这一团血肉也去喂着尸虫;
> 如果只是为了一杯酒,一本诗,
> 静夜里钟摆摇来的一片闲适,
> 就听不见了你们四邻的呻吟,

> 看不见寡妇孤儿抖颤的身影,
> 战壕里的痉挛,疯人咬着病榻,
> 和各种惨剧在生活的磨子下。
> 幸福!我如今不能受你的私贿,
> 我的世界不在这尺方的墙内。
> 听!又是一阵炮声,死神在咆哮。
> 静夜!你如何能禁止我的心跳?①

温德1945年回到昆明,他被闻一多的生活条件震惊了:"全家挤在两间斗室,而路对面的住户根本在学术上无法望其项背,却因为善于逢迎长官,住上了敞亮的大宅。"为了全家生计,闻一多整夜篆刻印章,为此双眼快废了。温德每次买袋面粉或糖,他都会分一些给闻一多。"他住在6里开外的湖对面,每次背东西去,他总是不许我亲自送,要以后让他十七岁的长子去取,我只好答应。"②如此,温德便与闻立鹤熟识了,立鹤后来成为了他的学生。

8月13日,日本宣布无条件投降,所有人都没预想到这一天,除了那些事先知道美国会使用原子弹的人。但是在昆明,几乎没有任何庆祝。温德在日本投降后几天曾作如此评论:"战争应该是终于结束了,但是在这个国家,有思想的人都不会过于喜悦。"③清华何时能北归?取决于政治形势、交通还有即将到来的冬天所需的煤,目前所有一切尚不明朗。在八年艰苦抗战之后,全面内战的爆发似乎近在咫尺。

---

① Diary, 2, p.42.
② Winter to Stevens, August 18, 1945, RAC Special Collections: Herbert Stern Collection (unsorted).
③ Ibid.

温德这封信写于日本投降后第四天,主要讲的是西南联大教员的生活绝境,不过校园里也必定弥漫着精神上的茫然无力。所有人都知道一场战争的结束,意味着另一场战争的开始——也就是国共内战。兼蓄并包各种政治、哲学和美学传统,是西南联大引以为傲的安身立命之所在。联大学生如八仙过海,有学生在茶坊里点最便宜的茶,"以逃避昏暗宿舍和拥挤图书馆",也有学生"在滇缅公路上走私,赚了大钱,租到大房子和女友同居的"。①

西南联大师生的政治倾向各异,"有左翼的群社,也有右翼的三民主义青年团",此外文学、戏剧和壁报社团也如雨后春笋(燕卜荪甚至建起了一个"新批评"社团,很多成员都是诗人,共同孕育出中国的现代派诗歌)。联大的民主墙上,贴满海报以及学生的政治观点,"西南联大有中国的民主堡垒之美誉"。②

这所兼蓄并包的学校,"有两条原则是共识":"第一,中国必须打退日本侵略者。事关民族存亡,容不得半分妥协退让。第二,西南联大奉学术自由为圭臬。"日本人被打败了,西南联大师生迎来的并不是和平,而是严峻的现实:向来将抗日视为第二要务的蒋介石,如今能腾出手脚来对付真正的敌人——共产党。只有国民党的死忠支持者,才会对内战前景心存期待。西南联大将面临全新的政治压力,甚至很可能是军事压力。另外,北大、清华和南开三校,以及中央研究院和北平图书馆之部分,当初为躲避战火而联合在一起,如今将各

---

① Winter to Stevens, August 18, 1945, RAC Special Collections: Herbert Stern Collection (unsorted).

② John Israel, "Southwest Associated University: Preservation as an Ultimate Value," in *Nationalist China During the Sino-Japanese War, 1937-1945*, ed. with an introduction by Paul K. T. Shih (Hicksville, New York: Exposition Press, 1977), 150. See also Israel's *Lianda: A Chinese University in War and Revolution*, op. cit., pp. 337 ff.

自返回故土北平,西南联大行将不存。①

联大师生们当然渴望改善生活条件,美国国务院曾经通过各种文化项目伸出援手。不过没人奢望在短短一年内能有实质改变。温德有过如此形容:杂志上"获释战俘"的照片,"基本上就是联大的大多数师生现在样貌的写真"。最近有多位学生自杀,"因不堪忍受活活饿死的痛苦"。② 能填饱肚子,是当务之急。"中国人能在我们承受不了的困厄中生存下去,并保持精神昂扬,但他们日渐凋敝,实在不忍视之。"③

温德以中国人的口吻,接着写道:

> 对此全无办法。就在昨天,联大的一位知名教授得知妻子得了肺结核。他告诉我,医生说以目前之条件,再加上昆明海拔太高,她是好不了的,除非将她转移到其他地方,忍受骨肉分离之痛。在学生中,肺结核的得病率约在25%。

得了肺结核,等于慢性死亡。日本投降的好消息,在此也变得毫无分量。

老朋友费正清夫妇和李约瑟的拜访,让温德的生活有了些许亮色。他也不时与英国领事馆文化专员 R. F. Roxby,还有当时任教于联大的白英和燕卜荪同游。思想交游一如既往能给温德以慰藉,但

---

① Eastman, "The Guomintang in the 1930s," in The Limits of Change: Essays on Conservative Alternatives in Republican China, ed. Charlotte Furth (Cambridge, MA: Harvard University Press, 1976), p.195.

② John Israel, "The Idea of Liberal Education in China," in *The Limits of Reform in China*, ed. Ronald A. Morse (Boulder, CO: Westview Press, 1983), p.92.

③ Winter to Mrs. Webster, August 20, 1945, RAC Special Collections: Herbert Stern Collection (unsorted).

生活条件未有改善。西南联大所能想到的最坏前景,已经开始降临。1945年10月3日,凌晨5时左右,昆明市东门、北门和北校场等地枪声大作,火光冲天。昆明防守司令杜聿明与云南省主席龙云的队伍发生冲突。国民党为了巩固自身地位,正紧锣密鼓地在全国加紧中央集权化的脚步。枪林弹雨中,温德整整四天龟缩在阁楼上("我的阁楼正在交火线上")。到了第五天,温德偷偷下楼找吃的。街上三步一岗,五步一哨,所有的店都关了。最后在一道门缝外,花400块买到了两个鸡蛋。

此次军事冲突留给西南联大师生无穷的政治后患。龙云对异议知识分子尚能宽容,但昆明易主之后,情势急转直下。学生们为此纷纷游行,以捍卫言论自由——这份自由,是师长教他们要珍视,而且很多人视为生命的。有联大教授反对游行,学生们打出横幅:"吾爱吾师,但吾更爱真理。"

至于国共两党冲突,1945年10月10日,蒋介石和毛泽东签订了和平协议。两党之间的真正问题暂时悬置,蒋毛二公在重庆宴会上碰杯的那一刻,很多人憧憬着内战也许能避免。

10月中旬,陈福田正赶往北平,查看清华校园现状。梅贻琦校长召集教员大会,"宣布清华回北平复校计划"。不过看来在明年春天之前,此事并无可能。温德在军方的教学也完结了,他现在每周只需准备在联大的八节课。与此同时,他也运用刚抵达的那批采购物品,聚拢了不少学生。

每逢周日下午,学生们都来到他家,听他播放西方古典乐唱片。日本投降刚过去两个月的1945年11月24日,他们聆听了一场莫扎特专场(三重奏、四重奏和G小调交响曲各一部)。① 欣赏完音乐后,大家开始听新闻。温德有一台很好的收音机,能收听VOA和BBC。就在那个下午,他们听到了最不想听到的新闻:全面内战爆发,美国主动站在国民党一边。

莫扎特带来的短暂欢乐刹那间烟消云散,学生们现在都低垂着头。他们在哀悼什么?他们在为自己的国家哀悼,身处美国教授家中,他们也在为中美友谊的未来而哀悼,也有可能他们是为自己而哀悼,因为不断有同学已被(或将被)国民党逮捕、殴打或枪杀。一场战争的结束,原来只是为另一场战争让路。

这时,温德将这一沮丧瞬间转化为春风化雨的谆谆教导。学生们告辞,温德把他们叫回来,冲到书架旁,找出一本丽贝卡·韦斯特(Rebecca West)所写的《黑羊与灰鹰》(*Black Lamb and Gray Falcon*)。他翻到这一页:韦斯特夫人正身处一间可俯瞰多瑙河的饭店,有人打开收音机,传来莫扎特的交响曲。一时间,韦斯特和共进晚餐之人忘记了双方刚才的争吵。

音乐有抚慰心灵之功,韦斯特夫人总结说,它"呈现出一个太虚幻境,人们在其中不再是无情时光里担惊受怕的过客,而是接受了大化流行,并与时光和解共生"。但此种观想一定程度上有赖于忘记逝者如斯的匆匆生命,而且它连生命的一角都遮盖不住。对于成千上万不喜欢音乐的人来说,音乐的慰藉等于零。韦斯特夫人问道,"音乐怎可能将秩序与美带给整个世界,那一望无际却伤痕累累的世界,迎着全宇宙的逆风摇曳"。

温德读完这一段,坐在他身边的一名女学生感叹道:"这段话很

---

① D, p.14.

像孔子。"孔子曰:"兴于诗,立于礼,成于乐。"音乐中所体现的和谐,在我们的时代太匮乏,太让人渴求。温德与学生侃侃而谈,黑暗的一天由此变成了生命中的一道光,令中西方哲学与艺术的慰藉水乳交融在一起。

温德思考着音乐的宣慰与启发力量,又想到有一位老者每晚路过他家门口,吟唱着尧舜之歌("孟子道性善,言必称尧舜",尧舜被高举为人文之典范),聊着聊着,大家突然陷入了沉默。

温德想到了以另一种方式思考音乐的力量。那位老者"活像一具骷髅,破烂的衣裤里伸出竹竿一样的手脚",随身带着一个用皮蒙在竹圈上的小鼓。等到身边聚满人后,他才在鼓上敲出三个音,开始吟唱。温德说,"我观察观众的脸庞,老者所歌颂的尧舜二帝已经逝去四千多年,观众以肃穆的心情专心聆听",实在是相当震撼的一幕。不过,好久不见这位老者,这位老者某种程度幻化为孔子意象了。老者与孔子,都在各自的时代发出"天丧斯文"之叹,二人又都给我们留下希望,用音乐将希望带出。

在我看来,这是温德愿意自己被记住的样子:与他人分享对艺术的热情,因为艺术能推进我们的视野,给心灵以安慰。温德向中国人学会了忍受身心苦难,毕竟孟子曰动心忍性方能增益其所不能。歌颂三代之治的老者,生得屈辱,死得不知所踪,就像温德意识到莫扎特音乐某种程度上有赖于迷思,都无逃于"天丧斯文"的世界。

熟识温德的中国人,将他牢记为与他们同呼吸共命运的西方人:这个举世无双的浮士德式人物从西方启程,寻找东方的智慧与美,最后却落得身无长物。他最后了解到,要学习中国,也就是要承受中国人所承受之痛。温德的一位老友曾对我说,"是的,他最终成为了我们",她的言外之意也许就是指的这层意思。

第十二章 奋　斗

　　我经常摘引温德日记,这里该提几句温德1945年11月至1949年9月写的日记。第一次听说这份日记,是1984—1985年间采访温德的门生故旧时。我听说这份日记在"文革"期间被毁,最后发现虽然多页被撕掉,但日记还有部分残留,副本之一在洛克菲勒基金会的档案里沉睡了近四十年,被标记为温德的个人物品。另一个副本留在中国,直到温德离世之际突然神秘出现,上面手改多处,还有三页记录了国民党对昆明示威学生的屠杀。温德花力气给洛克菲勒基金会秘密递送了这份报告,但不知为何它不见于档案。①

　　仅从日记残本来看,它的历史重要性也是不言而喻的。温德在日记里记下的当时许多人事与变局,若非此日记,早已烟消云散在历史中。日本1945年正式投降后,国共内战就进入如火如荼的最后阶段,这一部分日记正是对那几年的记录。这份日记开始于日本投降的两个月前,最后一条则写于1949年9月15日的北平——此时距傅作义交出北平城已有九个月,而离10月1日毛泽东站在天安门城楼上宣布中国解放则仅有两周。

　　这份日记不仅关涉中国内部事务,而且也烛照在此期间走向终点的中美关系。在中国共产党看来,这是中国人民为"解放"而奋斗

---

　　① 不知为何,这两个日记副本都缺以下部分:第79—79、120—242、290—310页。洛克菲勒基金会的日记副本上注明所佚部分未能收到。

的历史时期。在美国人看来,这是我们"失去"中国的时刻。因此,温德记录下的那段历史,可以说在中美冷战的宣传战中实际上已经面目模糊。

参议院司法委员会国内安全委员会(又称麦卡伦委员会)对"谁该为失去中国而负责"这一问题的调查,使麦卡锡主义甚嚣尘上。有观点认为,中国是被猛烈抨击国民党政府的美国人丢掉的。此观点集中体现在1951年参议院举办的麦克阿瑟听证会上共和党少数派报告中。报告中提到,美国失去中国,

> 此恶劣结果,是由反对中国国民党政府的宣传战带来的,美国在此该宣传战中难逃干系。对总统蒋介石、对贪污腐败的四大家族的抨击,起到了瓦解国民党阵营的作用,尤其许多抨击直接来自于支持中华民国的美国内部。现在很明显的是,盟友的溃败,其毁灭性打击要超过敌人的胜利。①

不论是在日记中(以作为向洛克菲勒基金会的报告),还是在1946年1月给刚抵达中国的马歇尔将军的长信里,温德都不遗余力参与这一"宣传战"。温德立场所蕴含的观点,在战局一步步走向明朗时也得到澄清:如果说"失去"中国,那也是(麦卡伦和麦肯锡参议员的好友)独夫蒋介石的死忠支持者"失去了"中国。

不过虽然温德日记具有历史意义,但温德自己算不上一位史家。在一份叫做"与国民党的关系"的自我检查里,"各种事情像图像一

---

① U. S. Congress, Senate, Committee on Armed Services and Committee of Foreign Relations, Hearings on Military Situation in the Far East, 82nd Congress, 1st Sess., 1951, p.1770.

样栩栩如生",但他唯不善于记"数字和日期"。① 更关键的是,温德是一位民主派知识人,一位人文主义者。他的自我定位,可用日记中摘引而未加评论的诗人里尔克的一段话来总结:知识人耐心地"为人类的内心准备细腻深邃之物,它会在无形之中升华为某种未来的共识,并达成人与人的联合"②。对温德来说,日记是这些崇高感情的现实落脚点。他写日记,不是为了记录历史,而是为了希望促成洛克菲勒基金会与国务院对中国的了解,以此改变历史。温德在日记里还抄录了他在瑞恰慈《修辞的哲学》中读到的霍布斯之语:"所有的思考都是某种行动,或者是将发生的行动。"在这个意义上,每条日记都是一种行动。

温德是在极其困难的环境中写日记的,经常是对周边苦难的奋笔疾书,未加修订与更正,因此对于他日记的价值,温德向来十分谦虚。他告诉史蒂文斯,1947年3月在打字机上思如泉涌的当时,感受是十分真切的,但并不持久,因此属仓促的急就章。有时候会忘了加关系代词,因为在汉语中是没有的。我只希望它们能偶尔作为新闻之外的补充。③

温德态度谦虚,史蒂文斯可不这么看,他将所收到的日记给包括福斯迪克主席在内的基金会其他人士传看,有时还呈送国务院官员参考。对于美国在华政策有巨大影响的不少事件,温德的日记有时候提供了唯一的陈述版本。

---

① FRelations with the Kuomingtang," dated September 25, 1959, document in my possession that we originally wrote to placate Winter's Red Guard accusers.
② D2, p.47.
③ Winter to Stevens, March 4, 1947, RAC Special Collections: Herbert Stern Collection (unsorted).

1959年9月,在政府的压力下,温德做自我检查,交代了这些日记的来龙去脉以及意图。他说,在成为正字学会负责人后,洛克菲勒基金会仅仅要求他"记录下教学工作"。但他逐渐开始利用此工具"批评美国政府,提醒他们出台昏头政策的危险所在"。换句话说,他通过日记传达中国知识界的想法。比如1947年1月12日,他告诉史蒂文斯,中国正在惊天巨变中,"美国支持一个过时政权,而非颠覆它",此政策遭到普遍唾弃。①

　　温德后来也向中方审查者强调,一如在这封1月份的信中向史蒂文斯重申的,他充分认识到"中国的政治动向"并不在他的报告职责里,而且也不是史蒂文斯所主要关注的。但除非认识到将有哪些干扰,否则很难为"人文领域的未来发展大计作规划"。谁是最佳的政治动向提供者?"我身处一个独特位置,因此比那些只参加鸡尾招待酒会的美国军方人士(像双眼被蒙上的驴子)更能抓住当下动向。""我深感有义务将这些动向呈报给马歇尔将军等人。马歇尔将军在一年前,很客气地表示了谢意:感谢您给我们提供对此形势的清晰论点。……您在中国有多年生活工作经验,很高兴能得到您的建议。"很显然,温德言下之意是,洛克菲勒基金会没理由回馈得比马歇尔将军少。

　　温德后来告诉审查员,他仅仅是洛克菲勒基金会的橱窗点缀,才会得到如此宽容。史蒂文斯一次次告知温德,他非常看重这些日记。早在1946年1月,史蒂文斯就向温德请示,是否允许择取数页印出,并建议温德"做好准备将它结集成书"。② 2月份,史蒂文斯又说道:

---

① Winter to Stevens, January 12, 1947.
② Stevens to Winter, January 9, 1946.

"战时日记的成书计划,可能性越来越大。"①但最终日记并未问世。日记中弥漫的反美立场,会让一般读者难以卒读,它对国民党当局和挺蒋的美国政府的批评之语,也会让美国官方无法忍受。

虽然写出了美国政府政策引发的残酷后果,温德能奈其何？但温德希望以此影响当局政策,使政府行为更明智也更人性化。他的想法也许幼稚,但其心可鉴,也为后世留下孤胆示范。从这方面看,温德所作所为已经超出批评政府乃个人正当权利的西方知识人角色,而化身为以天下兴亡为己任的中国传统士大夫。②

* * *

历史上的乱世中,中国的文人士大夫若苦谏不进,则往往避世于山林。但如今,无处可躲。隐士的时代一去不复返。包括温德在内的许多联大师生,都身不由己成为战斗者,为迎来一个不再有牺牲者和暴力的未来中国而奋斗。

日本投降后,这样一个未来中国非但没有到来,反而更加遥远。蒋介石一心一意要剿清共产党势力,在他看来,抗日战争只是为全面内战拉开序幕。温德自己很满意在中国教书育人,但所教内容与现实形成巨大反差,比如在战火中讲授 E. M. 福斯特的小说,这让温德感觉自己的力量在一点一滴流失。"我本来应该在这里通过人文学科介绍西方文化,但现在我已不确信,人文学科究竟是什么。即便我知道它是什么,我也不确信,是否能在这里讲授它。"③

中国知识人能在极其艰苦之环境下不屈不挠,令世人动容。抗

---

① Stevens to Winter, February 10, 1947.

② Merle Goldman, China's Intellectuals: Advise and Consent (Cambridge, MA: Harvard University Press, 1981), p.3.

③ D, p.24.

日战争爆发后,中国最顶尖的大学选择流亡,而非苟且偷生或停办。从书本到校舍、设备,几乎所有东西都紧缺,唯一不缺的是他们保存民族文化的奉献精神,和为战后重建奠定基础的决心。西南联大不仅生存下来了,而且用易社强教授的话来说,成为"中国现代教育史上最杰出的一所大学,也可能是世界教育史上声誉最隆的学术中心之一"。

但与此同时,西南联大也付出了沉重代价。早在1942年,费正清就曾汇报过:身处昆明的中国学者,特别是很多清华教授是美国培养出来的,用费正清的话说,"想法言论以及教学都和美国人一致",他们经受着来自教育部的极大压力,被要求一言一行都不能逾越国民党教条。[1]

国民党的驭人术几近厚颜无耻:年轻学者若参加国民党,就能得到来自陪都重庆的特别津贴,以及青眼有加;而不合作者,只能耗到山穷水尽(变卖书本衣物),用费正清的话来说,"继续在饥饿、疾病和无望中苦撑"。费正清和温德这些西方人心里很清楚,国民党用这种卑劣手段来逼迫学者为五斗米折腰,曲意逢迎政府。美国人若不伸出援手,在费正清看来,长此以往,"这些为美国式自由理想而宁死不屈者",注定会被"死亡、流离失所或腐败"从大地上无情抹去。

抗战虽已胜利,中国知识分子的遭遇并未好转。9月份是日

---

[1] John Fairbank, *Chinabound*, op. cit., p.229. 费正清提到,这里除了理想主义之外,还有其他原因。美国人若身处此境况,"也许会放下书本,改善自家的生活"。中国学者忍受物质之匮乏,继续学术工作,"因为学者角色是深嵌于社会结构之中,以及所有人的期待中"。如果学者"迫于生计去做木匠、泥水匠或水暖工,就等于颠覆了社会秩序,会招致旁人的耻笑"。

投降后第一个月,全职教授的月薪从 8 万元降为 5 万 7 千元,而温德估计维持一个大人两个小孩的生计最低要每月 30 万元才够。

威胁西南联大知识人共同体的不只饥饿一项。温德从昆明偷偷夹带出来的日记第一部分中,写到 12 月 1 日,发生军统特务和云南警备总司令关麟征军警枪杀昆明学生的"一二·一惨案"。幕后指使者很可能是代理省主席李宗黄,或蒋介石的军统头子。①

这场流血惨案后的第二天,昆明 3 万学生为反对内战和抗议军警暴行宣布总罢课,提出保障宪法规定的人民民主权利、立即停止内战、撤退驻华美军、建立民主的联合政府等口号。

"一二·一惨案"发生前的 11 月 25 日,昆明几所大学的学生自治会在西南联合大学举行时事晚会,演说正进行时,包围会场的国民党军队突然用机关枪对会场上空射击,进行恐吓。温德家的屋瓦被击落,当时正好有访客,造成不小的惊吓。幸好当晚无人受伤。12 月 1 日拉开了第二幕,三名学生和一名教师殒命,还有十几名学生受伤躺在昆明医院里(根据温德的记录,五天后,还有十名伤者也伤重不治)。②

"当场被击毙的四名殒命者,入殓以后,遗体放在作为灵堂的联大礼堂③,履行着烈士才能发挥的作用。三名男死者都是手榴弹炸

---

① Robert Payne's *Chinese Diaries*, *1941-1945* (New York: Weybright and Talley, 1970; 1ed. 1945), p. 289. 我对此事件的叙述主要采用温德那几日的日记,但也参考白英日记,第 284—291 页, op. cit. John Israel's account of "The December First Movement" in *Lianda: A Chinese University in War and Peace*, op. cit., 也很有史料价值。

② 洛克菲勒基金会版本的第 31 页后,温德在未标记页码的一页上写道:"截止今天(12 月 7 日),共死了十四名学生。"可能温德听到的是谣言,查无实据。1988 年 3 月 15 日的信中,易社强教授告诉我,"死难者还是最开始的四名"。

③ 日记第 32 页提到的"礼堂"应是图书馆之误,联大并无礼堂。

死的,女学生潘琰则因刺刀捣腹而亡。"①一个月后,一只学生残腿还放在图书馆桌子上,散发着恶臭。温德对此毛骨悚然场景的评论是,它体现了"学生方面的恶趣味,实在可悲亦可叹",但同时也说明"他们的怒火,其炽烈远超趣味问题之范围"。②

这一事件标志着学生反内战运动的开始,也或许可称作温德政治生涯的开始。之前在北平的反日行为,在温德看来并不属于政治活动。正如温德后来回想的,"当时的他几近狂热地反日"。③ 很多受人尊敬的美国传教士,在沦陷区也都像温德那样,有私运物品之举。但没人会将之视为"亲共行为",除了后来丧心病狂的联邦调查局。不过现在则不同了,因为温德的言行,直指反对国民党政府,而且日益连带也反对他自己的政府。但温德觉得自己别无选择。

"一二·一惨案"后的第二天,他写道:

> 本周发生的事件对我刺激极大,我厌倦昆明城里的鲜血气味,这里惨不忍睹的中国人尸首如同美国人尸首一样让我心悸,面对着被剥夺了所有表达权力的学生们,给他们上课已无意义。这些学生如此信任美国,他们请求美国反思对华政策(此政策明显是干涉中国内政),却因此而付出生命代价。④

五周以后,温德给马歇尔将军去信一封。写这封信,并不仅仅因为"他被激怒",更是因为"够自负",认定自己"在此千钧一发之时,

---

① D2. 这一页出现在温德标记为 Vol. 2 的几页日记中,Rockefeller Special Collections: Herbert Stern Collection (unsorted).
② D2, p.68.
③ Ibid.
④ D, p.35. This page is only found in the one-volume copy of the diary, RAC Special Collections: Herbert Stern Collection (unsorted).

比那些谋事者更知道如何妥协的界限在哪里"。也就是说,写这封信,是因为他仍然希望国共能达成和解。——这也是中国学生最梦寐以求的未来。①

和绝大多数师生一样,温德也认定美国是"一二·一"惨案之从犯。若非美国无条件的支持,国民党绝不敢如此开枪。温德担心,西方在中国的文化影响将会风光不再。他在1946年1月9日提笔写道,"二十多年来我在中国辛苦经营的一切被如此冷血地推倒,我对此极为愤慨","如果再度发生这样的事情,我不能保证自己不会跑出来扔几块砖头以泄愤"。这些日记里对当时情况的记述,让我们理解为何温德坚定不移甚至更加严厉地批评美国支持蒋介石的顽固立场,同时也让我们理解,为什么从那时开始,他利用自己的美国公民身份来保护学生,这些学生的大无畏和理想主义对他而言也是一种鼓舞。

12月7日,惨案过去后的第六天,在从学校图书馆出来的路上,他看到一张海报:"你们师长,教我们为正义拍案而起,如今却独善其身。"②温德特别受不了这样的指责。他是一个勇猛之人,自始至终都听从内心的道理而行事。"苟活在一个思想冻结的世界,任凭这些事情在眼前耀武扬威,实在太荒诞。"一想到他所景仰的叶芝和E.M.福斯特的为人处世,他更坚定自己的信念。叶芝《基督重临》中的著名诗句"至善者信心全无"(the best lacking all conviction)是多么真切,却让人泄气。他问自己,"在友人遭屠戮之时,我是否还能在茶杯旁闲聊?""茶杯"之意象借用自E. M. 福斯特,温德专门在

---

① D, p.47.
② Ibid., p.25.

当时的日记里摘抄了这样一段:

> 哦,那杯茶!从祈祷者,从友谊,从爱情中拿取,直到我们足够明智,足够有阅历,对上帝或对人足够无用。我们必须饮用它,否则活不下去。但我们不需要总是饮用它。这里有我们的问题,以及救赎。某一瞬间会降临——上帝知道何时——在那时,可以说,"我不需再体验。我将要创造,我将成为一个体验。"但要做到这一点,必须勇猛精进。因为这一切并非易事,在饮下六杯茶之后,将第七杯茶泼到女主人脸上。①

细细咀嚼这段话,以及叶芝的"至善者信心全无",温德感到一阵解脱。他知道自己必须要挺身而出。在白英夫妇的陪伴下(温德是在半路上遇到他俩的),温德要去"拷问关麟征"。"一二·一"惨案中直接放枪的是云南警备总司令关麟征的部队。②

这场有名的拷问时长近四个小时,基本上是温德一个人在讲。他用英语滔滔不绝,假装不懂中文。白英夫人熊鼎曾在1938年夏的北平与温德共事过,此时担当翻译。不过让熊鼎当中间人还有其他原因。熊鼎之父熊希龄曾任民国总理,她自己又是翩翩佳人,有她在场,关麟征不至于过分激动。在三人严厉逼问下,关麟征拍胸脯说自己虽然有一定责任,但他绝非事先谋划过,并且以后会竭尽所能保证惨剧不再发生。

学潮在全国蔓延,学生不断遭枪击、殴打和逮捕——从武汉,到重庆,到复校后的北平。学潮中的反美主题越来越鲜明。日本投降

---

① D.
② Ibid.

第十二章 奋斗

后,驻华美军的继续存在,是美国遭憎恨的一大原因。强奸、射杀行人、军用车横冲直撞伤人,再加上美国顽固支持越来越不得人心的国民党政府,所有这一切都如烈焰烹油。

但更常见的中美军民冲突并不如上述那般剧烈,衣食丰足的美国大兵招摇而过,完全无视他们身处的文化,从而导致的军民紧张,才真正是日积月累一发不可收拾。温德敏锐地观察且记录下了不少这样的场景。1947年冬,他写信给史蒂文斯,说想写一本书以促进中美双方更懂得彼此,"我构想的这本书,只泛泛讲故事,只露血肉,不过读者能从故事背后抓住心理学、社会学和人类学方面的骨骼(或曰意蕴)"。像他在日记中写的,"只需一点点抛砖引玉,就能令人举一隅,而以三隅反"。[1]

想想上面的这番话,我们能感受到温德在讲以下这个故事时的思想深度。在昆明的一天早上,温德去看牙医,路上看到一个乞丐"以一种耐心的绝望",衣衫褴褛,跪在路边。乞丐面前,写有四五百个大字,简直美不胜收,介绍了他的教育背景、通过的考试以及曾经所任何职。一小群路人聚拢在他身边,有人给乞丐碗里投了100元钱,这时候走来两名美国大兵,一路推开人群,"完全无视众人,拖着脚把那些大字都踩没了。乞丐连头也没抬一下"[2]。

---

[1] D.
[2] D, p.51.

第十三章 回 家

1946年2月19日,美国第十四航空队奉詹姆士·L. 杰克逊上校之令,全部撤离昆明,只留下阵亡善后登记组的三人,照看美国军事墓地。此处安息着八百多位美军将士。来自西方的其他影响也渐次在昆明烟消云散,比如云南省英语专科学校。瑞恰慈曾梦想基本语教学遍中国,英专是此梦想最后的一点火星,如今彻底化为灰烬。(不过,我曾探访过多位中国的英文系教授,他们认为基本语的词汇不敷真正表达之使用①,换句话说,基本语从来未得到知识界的认可。)

温德与英专现任教务长吴富恒的关系一直不错,1945年春,在吴富恒的恳请下,他还在英专代过几周的课,但自从1943年赴美,他与英专的正式关系便已告终。英专(和基本语事业一样)更多是靠希望而非成绩在存活,在吴富恒和校长水天同治下,又苦苦支撑了三年。温德建议洛克菲勒基金会退出后,瑞恰慈又说服英国文化协会接过烂摊子。但到1946年初,英国文化协会也想打退堂鼓了。该协会在昆明的负责人罗士培(Percy Roxby)听李约瑟说,温德因为水天同的赌习,而与英专脱离了关系,于是向温德求证此事。温德肯定了李约瑟的说法,这等于给了英专以致命一击。②

---

① Interview with Wang Shi-ren, January 7, 1987.
② Winter to Roxby, February 25, 1946, RAC Special Collections: Herbert Stern Collection (unsorted).

瑞恰慈二十五年后几乎到生命最后一刻都在为基本语遍及全中国而上下奔走,但由于种种实际原因,事如春梦了无痕。1945 年夏,罗士培访问英专,他吃惊地发现,书面报告里虽然写得天花乱坠,但实际情况是"英专毕业生几乎就没有在中学里任教的","以如此面貌,何谈推动英语教学改革"。①

事已至此,温德向罗士培说了实话,即便在英专最景气的时期,通过考试录取的学生也往往是"贪官污吏以及军官的子弟",教员们"不止一次碰到学生掀翻桌子,恐吓教员如果不给他们打高分,马上就派兵包围学校"。② 不管水天同有何劣习,英专的堕落实与他无关,罪魁祸首是"当地风纪"。温德这番迟来的实话,使我们对他以前的英专报告产生了怀疑,虽然这些报告中的乐观着眼于未来而非现状。不堪之现状同样也适用于正字学会的整体工作。

* * *

抗日战争的胜利,敲响了回家的钟声。日本人撤退后,北平被国民党政府接收,西南联大的使命似已完成。回家的日子越来越近,北大、清华和南开各自回原址复校的计划也开始制订。但是,回家的路又何其漫长。

西南联大有首校歌,歌词淋漓尽致地写出了日本人步步紧逼,希望被点燃旋又被践踏的那种五味杂陈感:

> 万里长征,辞却了五朝宫阙,暂驻足衡山湘水,又成离别。③

但是1945年冬天的现在,哪怕日本人已经缴械告降,回到那"自

---

① Roxby to Winter, February 20, 1946.
② Winter to Roxby, February 25, 1946.
③ John Israel, *Lianda*, op. cit., p.18.

豪、自由、似净土般的"校园,却依旧遥不可及。即便在北平的知识人也依然有顽敌要面对,那就是虎视眈眈的国民党军队。

所有人都深知,内战不可避免,更惨淡的日子还在后头,因为这次大战是接着近十年的抗日战争旋踵而来的。在此乌云压境下,即便温德想过回家,他也一定会想起1943年的那次返美。他当时所见所闻的美国,加上在昆明他和学生经由美国大兵而领教过的美国,用他在日记里所引里尔克的话来总结:"乱哄哄涌来各种美国舶来品:空洞冷漠之物,各种伪物,傀儡人生……我们生命中分享的活泼泼事物将走向终结,它们是无可替代的。"①

正如上文提到的,温德与美国军方打过的几次交道,尤其加深了他对祖国的心寒。他和学生看到,昆明的美国人"最喜结交发战争财的中国人"。美军在撤离时,为防止装备和衣物落入共产党之手,将它们大量焚毁。此举让中国人看得触目惊心,中国人"如清教徒般敬惜字纸","最不喜浪费"。温德说,中国人"家徒四壁也能过活,但一旦置备了某物件,弄坏或烧掉它就简直是造孽"②(有一次在牙医那里,他亲眼见到一位老妇拔完牙,竟不肯把漱口水吐掉。传教士牙医——Kunegond 嬷嬷费了好大劲不许她咽下去,最后她只把漱口水吐在水盆里,一边还叹气:"哎呀,多浪费。为啥不让我咽下去呀?这水肯定不便宜呀。")③

醉酒美军在全国各地性骚扰甚至强奸女性也让中国人忍无可忍,却又无可奈何。12月7日,据上海《时代日报》,一女子为反抗美

---

① D, p. 34.
② Ibid., p. 2.
③ D2, p. 4.

国大兵而受伤,报纸写道"夜间经过美军聚集地之女子总提心吊胆,担心受侵犯",评论员希望美军当局"密切关注此事,切勿引致严重后果"。①

权且把这些故意的恶行放在一边,美军无心造成的扰民,在昆明已引起天怨人怒。温德经常提到,美军机动车在前工业化的昆明街道引起骚乱一片。有一次,他看到一个提着两桶水的痴呆女仆,在马路当中把水桶放下来暂歇。突然间,"一个庞然大物般的美国兵开着一辆庞然大物般的卡车"冲到跟前。女仆"只看到一团咆哮的黑影扑将过来",她双手乱挥,尖叫不止。美国兵及时踩了刹车,让她逃命也似地奔到行人道上,"他从车里探出头来,脸上挂满了惊讶,拖腔拖调地说了一句:女士,你怎么了?"②根据温德在日记中的摘录,有报纸报道,每个月在上海与美军机动车有关的车祸事件平均有一百起之多。③

温德所期待以及一直以来为之奋斗的,并不是这种样子的东西方交汇。美军在大街上惊扰百姓,与之相比更恶劣的是,温德见到受过良好教育的美国人心肠也一样硬。在与费慰梅的一次长谈后,温德有如下感叹:"强者无需了解弱邻。"费慰梅当时在重庆任美国驻华大使馆文化参赞,二人聊到中国的顽固,对于美国人一厢情愿认为对中国好的事情,中国总是排斥。温德对费慰梅说,美国应该"了解中国真正需要什么",然后再伸出援手。④

一位经济学家朋友(可能是陈岱孙)告诉温德,中国知识界最希

---

① D1, p.42.
② Ibid., p.4.
③ Ibid., p.42.
④ Ibid., p.11.

望的,是美国"宣布不会军事干预",同时警告国共两党,"两党若不和解,将撤出所有对华重建援助"。① 这一观点也出现在上海《文汇报》等报纸上。11月尾,《文汇报》社论称,别国不应介入中国内战,"中国的对外关系史,是一部中国人民的血泪史。抗战胜利后,国人的第一个要求便是不论以何等代价,都应保持中国的主权独立"。②

但是,这样的愿望不论表达为恳求还是要求,美国政府均无动于衷。与此同时,不敢提任何要求的普通老百姓依然生活在水深火热中。温德觉得,中国人不受西方式信念所累,即不认为个体的人是万物之中心,他的小小生活是万物的尺度。中国人也不像西方人那样,认定生活会越来越富足美好,不奢求苦难终有一天会完结。对于中国人而言,假如生活里有好有坏,他一定会努力忘记坏事,专注于享受好事。所以现在,大家耐心坐在市场拥挤的人潮中,叫卖着自己的碗筷、图书、鞋履、印章,甚至冬衣——虽然时值11月——就为了攒钱回到阔别八年的家中。

温德也在一堆坏事中找到了好事。一天午饭时,他与一位朋友看到两名国民党军官带着妓女招摇而过,温德对此发表了一番高论:"你必须得承认这是一个令人兴奋的年代……汪达尔人入侵,罗马遭洗劫,哥特人被驱逐,但丁时代白话文的尝试,东西教会大分裂,从莫斯科撤退,浪漫主义时期和工业革命,所有的历史同时在这里上演。"③

温德有时觉得自己像个上帝,"观看着人类的丑行,事先知道他

---

① D, p.6.
② Ibid., p.42.
③ Ibid., p.8.

第十三章 回家 259

们要做什么"。随着西方历史模式开始在中国留下烙印,温德以一种英国诗人布莱克式的视域,"有时能够把握十足地预言将来,并给出警告"。但温德很清楚,这场运动如历史之车轮滚滚碾来,自己只能是螳臂挡车。①

历史的车轮滚滚碾来,但身处时代洪流中,大家都迷失了方向。1945年11月,温德在美国红十字会驻地看望好友德拉蒙德,好多架飞机在头顶飞过,两名中国助理开玩笑说两年前躲日本人空袭的时候,起码知道战局如何,现在则是谣言四起:一会儿是美国人在山海关与共产党打起来了,一会儿又是日本军队穿上中国军服,加入国军第一军,"从副排长到以上的长官都成了日本人"。路透社又报导,国民党将领正在准备与美国军队联合作战,攻击共产党八路军从日本人手里抢下来的地盘。②

也许让人奇怪的是,对于将他带到中国又困于此地的项目,温德未表现出丝毫绝望。通过人文学科来阐释西方文化的这一新任务,眼看是很难开展下去了。但温德有一种模模糊糊但坚定的信念:如果将他所喜悦、所信仰的那些传达给身边结识的每个人,"那么有些人就有可能以此为契机变得更好"。但他也承认,"如此努力的成效是隐而不显的,无法拿来作为成绩"。③

"一二·一"惨案后,12月份,西南联大的学生自治会给五十所美国大学发去了勇气可嘉的求助信:"生活在黑暗中的我们,向阳光下的你们求助。此请求急切又紧要,我们的黑暗马上将铺天盖地,我

---

① D, p.8.
② Ibid., p.24.
③ Ibid.

们所珍视的将不存。如果你们能现在伸出援手,我们将献出永远的爱。否则,一个握有数以亿计刺刀的法西斯政府将从这场战争的废墟中出现,我们只能坐以待毙。"①

1946年1月6日,温德给马歇尔将军写了一封言辞恳切的长信,提到国共两党"甚谬于中国传统人文精神","我们当代的政治哲学奠基者——西方18世纪的思想家从中国汲取了不少政治智慧"。② 但如今"共产党信奉暴力革命,国民党也并不视暴力为洪水猛兽,而是铲除异己的必要手段"。"两党都把公共批评看做大逆不道,哪一方都不想使用投票箱。攫取政治权力后,似乎就停滞了,再也无法更进一步走向运用权力建设社会之阶段。"

温德向马歇尔将军提议组成联合政府,并设想了一些实施细节。首先,联合政府之双方立即停止敌对状态;其次,与美国和苏联缔结友好条约;再次,推动进步的农业政策。如果美国对国民党态度不够强硬,联合政府是不可能实现的。国民党"承担不起丧失我们的支持",因此会被迫听从的。而处于劣势的共产党也会乐于照办。③ 马歇尔感谢温德信中的覃思,但是就像我们看到的那样,他并未照办。

温德努力让自己满怀希望,但由于生活的艰辛、战争旋踵而来的那份失望,再加上前途未卜,他的精神状态非常不稳定。1月9日,因为发现一位通信好友并未因他以前失礼的话而动气,温德感极而泣。在同一天,他还提到"一二·一"事件过去一个月后,学生缪祥烈的残肢还陈列在图书馆条桌上。学生们将它留在图书馆里,以表

---

① D, p.36.
② Ibid., p.47.
③ Ibid., p.48.

达他们的愤怒痛苦。①

1946年12月10日,《时代》杂志刊出了面临十九项叛国指控的埃兹拉·庞德因精神病被赦回家的故事,温德感到这篇报导"自作聪明",但这也让他想起1906年,庞德称他为"印第安纳克劳福兹维尔最文明的人",搁到现在"或许是溢美之词"②(他似乎没考虑到这句赞美在当时就是一句溢美之词)。正是庞德,使他萌发了前往中国的决心。对于庞德的此时遭遇,温德并未在日记中流露出其他感想。但看到庞德下场如此凄凉,温德心上恐怕也受到沉重一击。

*　*　*

不知出自何原因,温德日记里并未提到1946年3月17日的"一二·一"死难师生出殡,此时他身在昆明。也许他像很多中国教员一样,有意未参加出殡。但这样做显然不符合他一向的敢做敢为个性。惨案发生后,温德曾与白英夫妇当面斥责负有直接责任的云南警备总司令关麟征。后来,昆明报纸上登出了关麟征致蒋介石的一封信,称自己"误判学生情况以及当地局势",极不称职,请求领袖对他"根据法律,予以严办"。但赤裸裸的现实是,联大学生以前享有的自由与自治,迅速被打压。只是对自由的渴望不可能轻易被浇熄,"一二·一"惨案也加速了反对内战的学潮在全国蔓延。

三个月过去了,一万两千名师生系白花、带黑箍参加送葬,队伍从联大图书馆出发,步行六里地来到墓地,并于五小时后回到联大。在公葬仪式上的三位发言人③,有两位是温德好友。其中之一是明

---

① Winter to Stevens, January 9, 1946, RAC Special Collections: Herbert Stern Collection.
② D, p.2.
③ 还有一位发言者是西南联大训导长查良钊教授。

史专家吴晗。吴晗说:"四烈士的墓地已经成了民主的圣地","现在,四烈士墓上有民主种子四个字,我觉得这个种子应该迅速发芽成长,这个地方应该改为民主圣地。在历史上中国有圣地,而今天中国的圣地是民主的圣地。许多朋友不久将离开这里。将来,和乐民主的新中国建立后,我们永远不会忘记在中国的西南有一个民主圣地"①(二十年后,吴晗死在新中国的红卫兵手里。如果说这还不够讽刺的话,那么再补充一个史实:正是毛泽东对吴晗历史剧《海瑞罢官》的不满,引发了史无前例的"文化大革命")。

闻一多是另一位发言人,他没有活到新中国成立那一天,此时面对鸦雀无声的听众,他致哀词:

> 今天这四位青年朋友就在这里安息了,但是我们的路还遥远得很。一个民主的新中国离我们还远得很。看看下面,我不知道为什么参加公葬活动的教师那么少。他们是害怕吗?还是关起门来假装一无所知?我不相信面对师生、友人之痛,他们会无动于衷。他们去哪里了?我今天参加这个会,他们能对我怎么样?……今天我们在死者的面前许下诺言,我们今后的方向是民主,我们要惩凶,关麟征、李宗黄,他们跑到天涯,我们追到天涯,这一代追不了,下一代继续追,血的债是要血来偿还的。

但正是闻一多自己,在四个月后的7月15日,躺在血泊中,成为国民党恐怖主义的又一个牺牲者。闻一多之死,是对他"人性与民主终将得胜"的信仰的一次无情反讽。

---

① John Israel, "The Idea of Liberal Education in China," in *The Limits of Reform*, ed. Ronald A. Morse (Boulder, CO: Westview Press. 1983).

* * *

春季学期临近尾声时,温德开始无所适从。上交学生成绩单之后,他一整天都在为选拔赴美留学生忙面试,这次全国一共有25个留美名额。忙完这个之后,接下来将是无事可做的几个月,"除了筹备离开昆明事宜"——这确实是个大问题,需要几个月才能解决。①

大撤退原本计划先坐火车到越南的海防,这意味着一百多公里的铁轨断裂带要靠步行,晚上要露宿疟疾流行之地。昆明的医生估计,在四千人步行团中,有一千人将染上疟疾。所以这一方案搁置了,改为让五千师生坐卡车撤离昆明(卡车不缺,但缺汽油,所以有些卡车烧的是酒精)。师生一路往东,先抵达广东以西两百公里的梧州,然后坐船顺西江而下,到达澳门附近海域,搭船抵广州,再从广州转至香港,然后辗转到上海,希望时局改善,在上海到天津的船运能恢复(从天津到北平有火车可坐)。②

是选择两个凶险难测的北还方案,还是与老弱病残一起暂留昆明,温德选择了后者。他打算去亚热带丛林逛逛,在这之前,他告诉史蒂文斯的助手——好友约翰·马歇尔:"我可能会消失一阵子。"

温德是需要好好享受一个假期了。去年暑假,他去给美军讲中国文化,一直到秋季学期开学都马不停蹄。11月份以来,他没休息过一天,即便是星期天,因为要给学生开户外音乐会,播放和讲解古

---

① Winter to John Marshall, May 5, 1945, RAC Special Collections; Herbert Stern Collection.

② Ibid.

典音乐,现场风雨无阻会来两百位听众(1986年7月29日的信中,易社强教授告诉我,日本投降后,"他会将留声机声音开到最大,并打开门窗。这在当时是除了有限的几所影院之外,昆明唯一的娱乐。到3月,音乐会搬到了隔壁的美国领事馆空地上,从下午2:30开始,持续一个下午。5月4日最后一次音乐会的节目安排很典型:首先是Sylvia Marlowe和Sidney Edwards演奏的马尔切洛D大调大提琴奏鸣曲,结束于费城交响乐队演奏、Eugene Ormandy指挥的米亚斯科夫斯基第21交响曲")。

温德努力营造出审美上的小小孤岛,约翰·马歇尔也赞许温德在上一封信里头脑十分清晰,但温德很怀疑自己。1月份开始,他变得情绪恶劣,甚至出现数次幻觉。当时是早上6点,温德看到一个女学生进屋问他一些事情。她坐在床沿,正说得起劲,突然俯下身子,"用说暗号的口气说了一句:还得流血!"①然后,女学生的脸就消退在眼前,这让温德记起自己三岁时,养过的一只宠物白兔,"被一只雪貂将利牙扎进脖子时,白兔蹲在地上,双耳向后,头高高扬起,粉红色的眼里开始出现一种出神狂喜"。

几个月后,温德正在教室里朗读布莱克《天真的预言》:"兔儿被猎叫声声,声声如刀绞心门",同样的幻觉再次出现。他抬头看到那位女孩的脸在几百张人脸中,死死盯着自己,接着又浮现那只小白兔的身影,他不得不转过身去在黑板上写字,以恢复神智。②

* * *

---

① Winter to John Marshall, May 5, 1945, RAC Special Collections: Herbert Stern Collection.
② Ibid.

温德的"休假"开始于 1946 年 5 月 13 日早上 4 点,他将背包和睡垫从楼梯上拖下来,在前门等有人路过,然后给对方值两个橘子的钱,请他帮忙将东西一起扛到卡车发车的地方。① 也许只有在昆明的恐惧、失望和压抑才能让人想去休一个这样的假。在这段艰辛的旅程中,他路过了很多人迹罕至之处,但从中也收获快乐,并做了很多观察。我禁不住要猜想,作为一名文化人类学家的温德,究竟登上了多高的海拔。

他要乘坐的那辆卡车,货物已经堆到离地两米多高了,车主把长条木板往行李间的空隙里塞,以容纳更多箱子。等到货物离地四米五左右时,温德和其他乘客像猴子一样攀着绳子爬上货物顶部,然后将手脚绑起来,就像包粽子那样。车子行进了 160 公里左右停下来吃早饭时,才能给他们松绑。车子驶离昆明高原时,被检查站的士兵叫停。每样东西都要打开检查,然后再打包,身体再度被包成粽子绑在车上。接下来的六百多公里行程,一路上到处都能见到国军士兵。国军士兵极为粗暴地对待乡民,以树立对云南的铁血统治,还在古建筑上涂满了代表国民党的青天白日。

5 月 24 日,温德抵达大理喜洲镇。这里聚居的少数民族民家(白族),属 1940 年温德游历吴哥时曾见过的孟-高棉语族之一支。民家没有本族文字,他们的口音听起来异于柬埔寨人,但魅力相似。温德一头撞进了他正在寻求的能疗伤的山林。当天是民家的"春之祭"。勤劳保守了一年的民家人,在这一天能纵情声色。他们唱起整年都在练习的情歌,以极高音的假声断唱,让温德想起他的暹罗猫,虽然猫的叫声比较连贯。

---

① D2, p. 2 et seq.

温德对民家音乐的欣赏力不怎么样,不过那里的情爱伊甸园,让温德兴致盎然。民家人的婚礼尤其让温德感兴趣。在鲜花、唢呐和舞蹈仪式之后,晚上小两口圆房。如果圆房成功,则正式结为夫妇。对照之下,温德认为"资本主义基督教把婚礼视为一种圣礼的做法,就显得虚弱无力"。

在民家的圣像那里,温德找到了生机勃勃之性的更进一步证据。男根巨石保护着民家村落,它们"矗立于山丘之上,养育出强壮的女子和母驴,能扛着不可思议的重物在岩石嶙峋的山道上来去,也养育着强有力的男子,七十五岁时仍然能与骡车并行,沿着云边的山路一天跑上六十公里不觉得累"。

虽然回到昆明后,温德跟史蒂文斯说,如果自己不是因为昆明最近发生的事件而"一头栽进最灰暗的悲观情绪",这部分的日记"还会更全面,写得更好"。其实,我们在他的文字里读不到灰暗,温德就像在一场噩梦后,走入了灿烂千阳中。

在喜洲民家人中间生活了十天之后,温德动身前往一户染匠家,这户人家的儿子有骡车赶往藏区边界的丽江。染匠家边,种染料蓼蓝的田里盖着近一米高的草席,"因为蓼蓝既怕雾也怕光"。① 5月27日,温德夜宿于此,与两个儿子同睡。儿子们能说一点汉语,温德很喜欢这家人的好客,除了有一点:妈妈和女儿们挑着竹灯进屋,想看外国人脱了衣服长啥样。

第二天一早,温德摸黑起床,帮着装骡子,一起准备五六天的行程。等到太阳出来时,他们早已上路。温德留意到,从货物日期标记看,来自印度的那批棉纱已经在路上走了六个月。为了躲"中央

---

① D2, p. 4.

军",温德他们被迫走东边那条最难走的路,听民家朋友说,"中央军会夺了骡子,然后给他们一顿好打"。民家人热切等着共产党来,因为听说共产党马上会来解放他们。温德身为美国人,一开始不得他们的信任,直到他说明自己不支持国民党。

对于精神紧张的温德而言,这段放松的旅程充满了各种奇妙。前往丽江的第一天,他们看到妇人们沿路而坐,"大篮子里是她们从山上背下来的雪",旁边还放着梅干和糖浆罐。她们把雪倒满一只碗,然后用筷子把梅干捣碎,再倒入一点糖浆,三者混合,售价50元,差不多等于两支烟的价格。温德尝过后,满口生津。

当晚,温德一伙人住在山里的小旅舍。有个赶骡人是染匠的十六岁的儿子,身高近一米八,体重却几乎只有温德的一半(根据联邦调查局档案,温德当时体重78公斤)。就像前一晚染匠家的女人一样,这个好奇的小伙子,爬到温德睡的草堆边,吃惊地偷看他的身体毛发。温德假装不知道。小伙子此举就像小狗轻咬他的手臂找跳蚤一样,都让温德倍感温馨。这也是小伙子(或小狗)能给他的最高致意。

两人在睡前聊了约一小时,温德教给小伙子几句汉语,小伙子则唱起了几段民家情歌(一年之中只有一天,民家人才会把情歌唱全)。温德再一次被民家热烈的情歌征服,虽然它的旋律并无出奇之处,他将之比喻为"锦鸡翎子一整年都以黑金相杂示人,但一年间有一两次翘起,展开而为层层涡旋的几何图案。锦鸡之目位于漩涡中心,母鸡为此而意乱情迷便也毫不意外了"。温德没提到自己是不是也为之意乱情迷。接下来发生了什么,日记里没写,但考虑到民家情歌的能量加上他自己的性冲动,我们可以加以推想。①

温德一路上吃到的食物,虽然没有情歌那样动人,但一样充满异域风情。生萝卜、核桃仁、红辣椒,拌在一起很可口。汉族人吃饭时围坐在一起,民家人则排成两行蹲在地上吃,并且忌讳"从这边跨到那边"。

温德逐渐熟悉民家人的习俗,与此同时也观察到生活于更边陲地区的边民。某晚在小旅舍投宿,温德身边躺了五个衣衫褴褛者,他们问他有没有药,因为身上疼得厉害。他们说的话"听起来像风里的骡叫声",没人"知道他们来自何方"。

到丽江前的最后一程风光旖旎。骡队行进在云端里,有时"只能看到松柏的树干,足下的草坪,牛舌草星星点点,蓝如勿忘我,黄如报春花,紫如薰衣草,一直铺满了山谷,野玫瑰在那里迎风摇曳"。② 这样旖旎之风光,一洗记忆中昆明那备受战争蹂躏的污秽街道场景。

1946年6月3日,骡队经过一周跋涉后,丽江平原跃然出现在眼前,在它身后守护着冰雪覆盖的玉龙山。瑞士登山家曾经尝试攀登它陡峭的山坡,但以失败告终。温德来到了另一群浪漫的少数民

---

① 根据知情人介绍,温德是一位公开的同性恋。不过我自己未找出关于他的性关系之蛛丝马迹,但他的多位前同事在访谈中提到温德有时会故意激怒或挑逗他们。我听说,在温德暮年时,因为"骚扰"来请益的男学生,北京大学英语系对学生下了禁足令。我提及此话题的时候,一位访谈者非常生气,"这是对一个人最大的伤害",在"文化大革命"中尤为如此。然而即便在解放初期,温德解决自己的性饥渴也是毫无障碍的,我还听说70年代,八十岁的温德去续居住许可,有位北京公安局的干部会不时来拜访,并给他提供男生。翟孟生的遗孀告诉过我,温德对自己的同性恋身份毫不忌讳。若想了解20世纪上半叶,中国对同性恋的态度,可参见 Wenqing Kang, *Obsession*: *Male Same-sex Relations in China*, 1900-1950(Hong Kong: Hong Kong University Press, 2009)。D. E. Mungelo(*Western Queers in China*: *Flight to the Land of Oz*)has also written on the subject。

② D2, p.5.

族纳西人中间。纳西人是古代羌人的一支,其传说围绕着玉龙雪山展开(埃兹拉·庞德后来也阴错阳差在约瑟夫·洛克的专著《中国西南部的古纳西王国》里发现了纳西人。在史诗般《诗章》的第113篇中,古纳西王国被描绘为人间天堂:"雄踞丽江的是青翠映衬皓白的雪山,洛克的世界为我们挽住多少记忆,云烟中依然飘摇丝丝记忆")。

更巧合的是,约瑟夫·洛克是一位脾气暴躁、极有主张的自学成才型学者,在很多方面酷似温德。他在十年前的北平见过瑞恰慈夫妇,并对二人的六周登山远足计划给出详细建议。瑞恰慈夫妇与温德的路线相同,但他们的心思都在群山之巅,没有像温德那样关注当地风土人情。瑞恰慈的传记作家约翰·罗素,引用了瑞恰慈致兄长的一封信,信中提到丽江是"一座极美的中国小城,藏人蜂拥下山来这里买茶叶。还居住着倮倮族、纳西族和苗族等边民"。[①]

温德对纳西族的书面文字实在着迷,因为这是世界上仅存的象形文。他结识了一位纳西学校的教师,借到一本纳西课本。纳西文字写起来七公分长,两点五公分宽,像英文一样从左到右、从上到下读。他在日记里抄录下五个纳西字,并做了翻译。

从丽江往东行一天,就来到藏区。而在丽江纳西人这里,能见识到印度、中原和西藏文化之融合。温德发现丽江充满生机的传统里,有些是在中华故土急速衰亡的,所谓礼失而求诸野,比如每位学校教师都能写中国毛笔字,颇有几位写得一手好字。[②]

即便在丽江,也发生着潜移默化的变化。纳西族的女人像上一

---

① Russo, op. cit., p.426.
② D2, p.6.

代那样在市场里做买卖,男人在家缝纫或照看孩子,但穿着上,之前以来自拉萨的彩色氆氇为主,现在则改穿从内地进口的靛蓝棉布衣服。

撇开这些变革不谈,温德觉得纳西人实在是高雅的原始民族。18世纪的乌托邦之梦,早已遭人嘲笑,但温德从未在一个地方看到如此多美好可爱的人。纳西女人体格强壮爱干净,虽然对汉族而言显得过于孔武有力。纳西人瞧不起汉族,特别是四川人,提起他们的时候,总是要说"四川贼人"。纳西人夜不闭户,路不拾遗,温德放心地把贵重物品留在屋里,也从不锁门。

即便纳西人动武的时候,温德也觉得充满了可敬之处。如果你欺负或欺骗纳西人,他们"完全有能力射杀你,并把尸体弃于半路"。见惯了西方笑脸虎式的虚伪,温德越发欣赏纳西人敢作敢为。但有一次,纳西人的敢作敢为差点让他丢了性命。到丽江的第三天,他在街上闲逛,这时看到一群人团团围着一个小孩,这个五岁小女孩掉进河里刚被救上来。① 父母跪在他面前,求他救命,温德开始给小孩子做人工呼吸。

正在这时,当地团练长官耀武扬威地过来,查问姓名。温德请他先别扰民,因为这时小孩尚有一线生机,长官恼羞成怒,冲温德后脑勺上狠狠打了一下,几分钟后,他带来"四个当地衙役,还有一个兵带着一把四五式手枪",下令士兵朝温德开枪。那个兵瞄准了三回,温德报之以一笑,最后士兵把手枪塞回了皮套,五个人一起逃之夭夭。至于孩子救没救活,温德日记里没有提。

纳西人能动武,却又常常是武力的牺牲品。温德在丽江住了两

---

① D2, p.8.

周,有两次,"听到众人嚎啕大哭,原来是在山里行旅的纳西人,被藏人商队所杀,此时尸体运回来"。① 在与西藏商队一起离开丽江时,温德行事极小心,以免拂逆其习俗,还经常将项上的念珠取下(挂这串念珠是出于温德某种奇怪的思乡之情),用数念珠来让藏人感到"亲如一家"。藏人虽然有着不可思议的礼貌,但却是亚细亚的牛仔,一等一的骑手,能迅捷熟练地使用来复枪。

温德抵达丽江时正值暮春,此时的丽江满是藏人,有数百之众,等到盛夏时节,他们将长途跋涉三个月回拉萨。与温德同行的藏人商队,载着"成麻袋的大麦、盐巴和砖茶"。西藏当地有耗牛黄油。除了偶尔有些肉食之外,藏人吃得非常简单,基本上是糌粑,加上以耗牛黄油为原料的酥油茶。②

温德极为心灵手巧,他详细描述了酥油茶的制作办法。头天晚上,茶叶就要浸泡在水里(茶叶的用量是我们平时泡茶的十倍),再煮上两至四个小时,然后滤出浓汁,此时茶水色泽像"未稀释的红葡萄酒",佐以盐和耗牛黄油后,倒入用棕榈木特制的酥油茶桶(董莫)中,用力将茶桶上下来回抽几十下,搅得油茶交融,然后倒进锅里加热,看起来像牛奶咖啡,便成了喷香可口的酥油茶了。糌粑是先将酥油溶化在热奶茶中,然后加上适量的青稞粉而成。揉成团状后,用手捏成形状后直接送进口。揉这一动作有双重作用,当手头无水火时(长途跋涉时通常缺水少火,粪便是唯一的燃料),揉糌粑就变成了清洁双手的唯一办法。

温德无法进入拉萨,但他想去一趟距丽江数百公里外群山环抱

---

① D2, p.6
② Ibid.

的中甸(即现在的香格里拉)。当地的喇嘛庙,有五千名僧人。半路上,他在一座红教喇嘛庙里盘桓了几日①,并结识一位老喇嘛。这位长者用来自汉地的珍贵纸张,棕榈叶制成的笔,为温德写了两幅字。

这两幅字都是对温德的称许。他将藏文也细心抄录在日记中。第一幅字赞他厚德载物,如一轮白日升于青天;第二幅字中,世界"像一池盛开的莲花上的星空一样在眼前展开",他"行者无疆,有如四处撷珍的勤劳蜜蜂"。长者非常惊叹温德居然去过那么多地方。

温德最终并未抵达中甸,虽然到此地仅需在雪山上再多跑两日,而且他在丽江认识一位中甸土司之女,答应会请父亲尽地主之谊。有传闻说,北部有三地土匪图谋洗劫中甸,虽中甸已筹集大量钱财送去息事宁人,温德还是觉得不要去冒险为好。当地土匪往往结成两千到五千之众,男人在前方,女人和小孩在后方。"土匪烧杀抢掠,然后回寨。"温德不得已只好跟着商队回丽江,一想到今生可能再也到不了中甸或再数十公里以北的德钦("商队到此地会吊在竹缆上过河"②),他难掩心头愠怒。

6月末的一天,距离回昆明的日子还有一个月,温德坐在酒铺里,与店主人——一位纳西妇女闲聊,有个藏族朋友代为翻译。他们聊着聊着,话锋一转提到官府如何欺凌百姓。纳西妇女告诉温德,听说闻一多在昆明抨击国民党,从者甚众,她还提到了闻一多最近演讲中的几句话。③ 温德很高兴在如此偏僻之地还能听到好友闻一多的

---

① D2, p.7.
② Ibid., p.8.
③ Ibid., p.41.

消息。在芝加哥遇到这位年轻人的情景,恍如隔世,他是温德决定来中国的关键人物,现在的闻一多已经成为拍案而起的勇者象征,闻名全国。

在苍山洱水间的此次游历,还剩下最后一个难关要闯。上文提到温德招惹过当地民兵头子,而丽江县长是其叔父,因此勒令温德离开丽江。温德带着一个学生一匹马黯然出城。沿途民兵都告诉他这条路没错,南行数小时后,他们却被五个荷枪实弹带刀的土匪拦下。① 土匪将二人脱了个精光,命学生跪下来,方便砍头。一向快人快语的温德,用所能想到的最肮脏的字眼劈里啪啦骂开了。土匪很吃惊,这个洋人居然那么熟悉当地脏话,于是放了这两个人,不过让他们穿上了藏民衣服(学生害怕得发了狂,想跳进河里自尽)。

温德正是穿着这一身藏族行头,坐着骡车回到了昆明。在喜洲稍歇时,温德来到一家卖油饼的街边小店,想吃顿午饭。店主问他打哪儿来,温德说从丽江过来,店主问:"那么说,你没听说吧,三天前,闻一多在家门口被政府暗杀了。他的儿子也一道被杀。我猜你一定认识他。闻一多的死,真是国家的不幸。"②

7月27日晚上9点,一如十周前离开昆明,温德缚在超载的卡车上,摇摇晃晃回到昆明。十二天前,闻一多在家门口被暗杀,腹部中十九弹,长子闻立鹤为保护父亲身中五枪而留下残疾。温德还听说,另一位民盟成员李公朴也遭暗杀,有几位民盟成员恐怕性命不保,跑到了美国领事馆请求庇护。

此次暗杀,死难者身上的子弹来自汤米冲锋枪,据说美国海军大

---

① D2, p. 9.
② Ibid., p. 41.

量供应这种冲锋枪给蒋介石的特务组织——戴笠领导下的军统。①温德认为,要是说美国对此负有责任,是有失公允的,但"很明显我们本可以阻止这一切——如果听取1月6日我给马歇尔将军的信中所提建议的话"。温德将该信件抄送给史蒂文斯一份。②

温德仍然相信美国公众的声音能起到一定作用,"因为我们是一个民主国家"。至于他自己,他希望以一种配得起艰难时世的高度戏剧化姿态,使自己被铭记在历史中:"在我看来,被国民党追剿的这几位人士堪称最卓越的中国人,他们也是我的近交,我对此深感愤慨。他们是教育家、伟大的民主人士。我会竭尽所能保护他们,抛开一切政治考量。"

1946年8月15日,从丽江回来不到三周,温德便取道上海回北平——"回家"。他可能已经料想到(虽然当时并不知道),冷战大幕已经徐徐拉开。

---

① 北京军事博物馆里如今展览着许多这种"汤米冲锋枪"。内战时,解放军从国民党军队那里缴了不少这种冲锋枪,再倒转枪口对付国民党军队。
② D2, p.9. 易社强教授提醒我注意沈醉《内幕中的内幕》一书, Hong Kong: Zhongyubashe, 1985.

第十四章　谁丢失了中国

1946 年夏,温德终于乘坐一架美国军用运输机离开昆明,前往北平①,因为行李超重,五分之四的文件只好暂留。他随身携带三大本日记(1940—1946 年),但第一册后来不见了。1925 年在南京开始记的十五年日记留在了昆明。

温德回北平后的第一篇日记,写于 1947 年元旦,笔下思绪万端。前一天是他的六十岁生日,而这个新年是自 1940 年离开后在北平的首个新年,也是在中国过的第二十三个新年。他以一种"佛教式的冥想",回望在南京的遥远往昔。他以一种隐微指涉荷马《奥德赛》的方式,追问"在赶走了二十三年来的这些鬼影之后,还剩下什么?"希望它"不只是一堆胸口掏出的无心之物,而是像佛教所说的慈悲心,能为所有这些苦难找到根源与解药:勘破贪嗔痴,则无欲无求,无所求则得真自由。"②苦难之路带他走向大彻大悟。

1947 年 1 月,中国通向和平的大门即将关闭。就在温德写下这条勘破贪嗔痴的日记后一周,中美关系进入了前景暗淡的新阶段,作为盟军最高指挥官在西线接连取得胜利的马歇尔将军,宣布在中国的调停失败,在郁闷中回到美国,就任国务卿。和平的渴望彻底浇

---

① 日伪政府于 1937 年 10 月 12 日,将北平改为北京。1945 年日本投降后,又改为北平。

② D2, p. 14.

熄,内战如脱缰野马,一发不可收拾。马歇尔仍然幻想国民党能实行自我改革,将自由主义反对派人士吸纳进政府。其实温德早在一年前就向马歇尔建言,国民党政府应招募"熟悉我们美国政治体制的新人……设计出一套宪政制度,迫使中国的领导人以人民公仆的姿态,真正为人民服务,走出普天之下莫非王土的传统政治架构"。①但是正如温德在日记中嗟叹的,现在流了太多的鲜血,就算国民党真能虚怀若谷,恳请"六个月前暗杀的那些人士加入政府",一切也都晚矣。"现在的政府,正派人唯恐避之不及。"②

这次失败的调停,其实早有预兆。马歇尔将军来华后不到一个月,国民党、共产党、民主联盟、青年党和无党派人士齐聚重庆,召开政治协商会议。会议开幕当日,"三人委员会"的马歇尔、张治中和周恩来一致同意立即中止国共敌对。当时看来,这是向和平迈出了坚实的一步。1946年1月10日,双方签订停火协议,由中共方面代表叶剑英、国民党方面代表郑介民、美国方面代表罗伯逊组成的军事调处执行部负责执行。

但是到三月中旬,停战协议成为一纸空文,战火四起。国共两党都认为遵守停战协议无异于让己方吃闷亏。国民党因为美国人源源不断送来军备而心浮气躁。蒋介石也许并未得授天命,但有美国的慷慨之举,天命如何似乎并不重要。如费正清所说,美国有多重目的,它希望"逼迫国民党改革,以削弱独裁,促进和平"。壮大国民党,是为了在东亚实现政治稳定。"我们从物质上日益加剧国民党

---

① Winter to John Marshall, RAC Special Collelctions: Herbert Stern Collection (unsorted).
② D2, p.56.

独裁,与此同时却又希望它能在政治上削弱自身。"①于是很可惜,美国只实现了前一个目的。

虽然马歇尔将军觉得共产党比国民党更合作一些,但其实他们也并不安分。共产党也有自信的理由。由于国民党鱼肉百姓,共产党在农村地区极得民心。"一二·一"事件则使知识界投入了共产党张开的怀抱。并且共产党还深知,国民党军队虽然在武器和人数上优势明显,但作为执政党的国民党现在仅剩一副空架子,成了孤家寡人。

对大多数美国人而言,太平洋战争结束了,中国内战远在天边,难以吸引他们的注意力。对温德来说,自由民主的命运却是十分切己之事。为了一个中国梦,一个与多位知识界好友共同做的中国梦,他押上了生命中的二十三年。如今这个梦,比以往更虚无缥缈。国民党对他好友和同事的倒行逆施,使温德开始同情共产党,但正如1945年12月,他在给刚刚抵华的马歇尔将军的信中所写,国共两党正在撕扯中国。国共两党的革命实践,"并非来自传统中国,而是来自苏联布尔什维克"。在温德看来,暴力革命以及对批评声的不容忍,"与中国传统人文精神相违",简而言之,走向了东西方传统皆有的自由人文主义精神的反面。

而且在当时,迫害自由知识分子的罪魁祸首,并不是共产党,而是国民党。这批自由知识分子理解宪政,也渴望宪政,使基本公民权利和言论自由得到尊重。他们中的许多人是在美国接受高等教育的,从美国这里学到了对民主的热爱。但是到1947年冬天,他们对美国的感情却到达了破裂边缘。马歇尔认为美国应该让蒋介石自生

---

① John Fairbank, *Chinabound*, op. cit., p.343.

自灭,但是美国军方却置公开的政策于不顾,用运输机将国民党军队送往东三省,助其赶在共产党之前接收东北。温德的友人们(包括温德自己)想不明白,"美国政府为什么要继续支持这群反动派?"据温德说,中国友人"忧心忡忡,担心著名的美国民主并无意出口自身",还担心杜鲁门总统不久将以中国是民主国家为由而批准对华新贷款。

1947年1月7日的离华声明中,马歇尔公开表示"共产党方面,确有自由分子集团在内","彼等因痛恨当地政府之腐败而倾向共产党,但彼等重视中国人民之利益,更甚于立即建立共产观念之鲁莽措施"。① 五年后,参议员约瑟夫·麦肯锡认为马歇尔此语大谬,只有"当做宣传共产主义世界观来解读",才能说得通。② 但温德的友人们知道,马歇尔说得对。他们还知道,倾向共产党的,有一些是中国最卓荦之士,这些人"在一年前为争取美国式的民主自由而将生死置之度外",如今目睹他们的事业"因美国的插手竟濒临破产",所以才愤然转向共产党。③

温德转述了那些独立的自由主义朋友们的观点,并准确预言自由主义者将在1948—1949年身不由己地与共产党结成统一战线。朋友们都说,"美国如今走的是一条死胡同"。

> 因为路标本身错了。你们所希望的那种"安全"如马其诺防线那般脆弱。你们的所作所为,招致左翼分子的仇恨,自由主义者的失望与鄙夷,以及——如果这能遂你们意的话,甚至是反

---

① D2, p. 81.
② Joseph McCarthy, *The Story of General George C. Marshall* (Copyright 1952 by Joseph R. McCarthy), p. 128.
③ D2.

动派的戏谑轻视,因为这帮人一直在耍你们。杜鲁门总统声称中国是个主权国家,但如果我们中国是主权国家,美国就不应该染指中国,兴风作浪。在我们看来,你们还没有吸取教训。在最近学潮中,美国军方派遣许多监听员收听延安电台,以查看学生是否为共产党指使。此种荒唐行为堪比国民党。但美国军方思路一向如此。①

学生示威游行已然出现了反美倾向。在许多中国人眼中,美国正在给国民党撑腰打内战,而1946年平安夜的一起突发事件更如火上浇油,让反美情绪到达顶峰。北京大学先修班女生沈崇,当晚准备去看电影,半路上被两名美国海军陆战队队员强奸。这样的事件在当时稀松平常,但沈崇来自中国最顶尖的大学,北平几家大报冲破国民党当局的封锁,对此作了公开报道。事件传出后,全国数十个大中城市学生和各界人士约50万人,举行了声势浩大的反美游行。

对沈崇强奸案的剧烈反响,温德将之与"美国放弃中立、干涉中国内部事务"的立场联系起来。强奸案只是"压在骆驼身上的最后一根稻草"。② 如今有一种趋势,"即将中国所有污浊之事归罪于山姆大叔的怂恿"③。他告诉史蒂文斯,这一年来,美国用数以百万计的美元支持一个腐朽透顶的政权,最优秀的中华儿女岂能不反对美国。公开反对者,被投入大牢或被暗杀。——虽然很多人选择凛然赴死,相信后来人会前仆后继,但大多数认为,自己之偷生,能为国家做更多的事情,于是沉潜下来,伺时而动。这些人是不可能通过邮件

---

① D2,p. 82.
② Ibid.,p. 24.
③ Ibid.,p. 25.

交流的,邮局里的探子,其第一要务便是将写给马歇尔将军的信神不知鬼不觉地抽掉。最后,这一事件发生了。①

"这一事件"便是沈崇强奸案。

温德曾告诉马歇尔将军,每逢隆冬时节,总会有许多大学生离校加入共产党。温德猜想,那时河床冰面很厚,便于步行去延安。此种现象,良有以也。温德引用了自己一位学生的话。这位学生也是清华大学三民主义青年团干部,正在写关于莎士比亚的毕业论文,比世界上任何人都更崇拜温德("请注意,我的朋友不是全都如此激进!"),也经常来拜访温德。一天晚上,温德正要给洛克菲勒基金会的波顿·法斯写信,这位右翼青年过来,说"两年前,共产党在大多数学生观念里,比国民党的名声要差。但清华复校一年后,国共两党在学生间开始势均力敌",而现在,"绝大多数学生和年轻教师都盼共产党夺过政权"。②

温德在政治上的思想波动与学生很相似,但和其他清华教员一样,他也心存疑虑。温德认为,学生终有一天也会对共产党失望,但他想象事态的发展也许会像克伦威尔时期的英国。当时,态度温和的长老派(民主同盟)支持独立派,因为独立派拥有军队,能将固执蛮横的国王拉下马。法王路易十四(美国)从中搅事,"独立派最后还是排除万难登上了权力顶峰,后来他们弄得天怒人怨,国王便又被请了回来,但人民的诉求基本上得到了满足。英国人经历了太多流血,逐渐走向了宗教宽容、洛克思想等等。——以一种残酷的方式,

---

① Winter to Stevens, January 12, 1947, Box 50, Folder 415.
② Winter to Fahs, January 9, 1947. RAC, Box 50, Folder 415.

学到了深刻的教训"。① 如果冷战不是如此迅速地发生,如果麦卡锡不是如此谴责马歇尔将军是"失去"中国的罪魁祸首,如果中美双方并未在朝鲜战场上兵戎相见,谁能说温德的预言不会成真呢?

与此同时,历史无情地走向了惨绝人寰的一幕。温德向史蒂文斯报告,1946年5月,国民党政府在上海一地就逮捕了286名学生。"向共产党公开宣战后,射杀异议人士就比以前容易得多。"国民党政府逼迫北平军调处执行部中共代表及工作人员全部撤离北平。随后,2月15—18日,国民党军统特务(被外国观察家称为蒋介石的盖世太保)严查北平全城,在有的区域甚至挨家挨户搜查。温德听说共逮捕2400人,民间的估计还要更高。军统特务的手段野蛮至极:他们破门而入,把人踢倒后拽走。被抓者包括,在北京协和医院(洛克菲勒基金会资助)社会服务部的浦爱达女士②手下工作的一位余姓老妇,还有协和医院的一位牙医,被捕原因竟然是他为北平军调处执行部中方代表叶剑英补过牙。③

温德不是没见识过恐怖主义,但一个政权公然对公民住宅有组织有计划地拉网式搜查,简直匪夷所思。一位书店主人之妻的遭遇尤其让温德怒火中烧。店主苦苦哀求特务,因为家有两个月大的小儿没了娘会饿死,得到的回答竟是那么多中国人"死在了国共内战里,再多死一两个有什么关系"。④ 这让温德联想到叶芝《一九一九

---

① Winter to Fahs, January 9, 1947. RAC, Box 50, Folder 415.
② 浦爱达(Ida Pruitt)是美国传教士之女,出生于山东黄县,毕业于哥伦比亚大学。北平沦陷期间,跟随路易·艾黎(共产主义活动家、作家)组织工业合作社。浦爱达终其一生都是一位政治活动家,写过不少与中国有关的著作,包括自传,并且编辑、翻译了不少中文作品,如《四世同堂》。——译者注
③ D2, p.28.
④ Ibid., p.37.

年》中所描写的爱尔兰恐怖时期：

> 如今的日子是恶龙横行，梦魇
> 骑在睡眠之上：一伙喝醉的士兵
> 能够撇下那母亲——被杀在她门前，
> 在她自己的鲜血中爬——扬长而去；
> 黑夜可能因惊恐而出汗，就像从前
> 我们把我们的思想扎入哲学，
> 设想要把世界置于一条规则之下，
> 我们不过是黄鼠狼在洞穴里打架。
>
> 那能识读那些符号又不会沉溺于来自
> 浅薄才子们的某种麻醉品的半欺诈
> 而成为废人者；明知无论是耗费健康、财富还是
> 心灵的安宁于才智或双手的杰作，
> 都没有什么作品能够永久矗立，
> 没有什么荣誉能够留下丰碑者，
> 只剩有一份慰藉：一切胜利得意
> 都只会突然出现在他鬼魂般的孤寂里。
>
> 但是可有什么慰藉可以找到？
> 人深陷爱欲，且喜爱消逝的东西，
> 还有什么可说的？（傅浩 译）

温德不厌其烦逐一记下这些事件，他一定感到了叶芝诗中的那股彻骨绝望，但在自己以及半个多世纪中国改革者的满腔希望被粉

碎在地的此时此刻,他也为之留下史笔,以俟后人评判。他能理解美国国内风起云涌的反共思潮,以及美国对蒋介石国民党鬼迷心窍的援助。也许,他怀着一丝希望,推动与美国国务院有来往的史蒂文斯对美国政策施以影响,改变历史。但这一希望终究成空。

政治选择上的非此即彼撕裂着整个中国,逃脱了军统魔掌的人们,转而投共产党,虽然并不一定是发自肺腑的热爱。但是生活在白色恐怖中的人们,很容易理解为什么有人"对于以和平促改革,已经丧失了等下去的耐心"。① 父辈们推翻清朝皇帝,现在却等来了另一个皇帝,把东西方思想之大杂烩一锅乱炖,以炮制出自己得授天命的理论。更而甚之,蒋介石发明了一种胡萝卜加大棒的手法,逼迫国民就范:

> 听话或假装听话的国民,可以领到美国罐头和维生素片。若有人胆敢动用上帝赋予的思考能力,就等着挨饿吧。如果挨饿也不能让硬骨头服软,那就等着挨揍,如果挨揍还不行,就大刑伺候,到最后乱枪打死。忍辱活在这样一个社会里,还不如当时别推翻旧政权。他们现在的感受,就像当年我幼时,兄长和阿姐都得了麻疹,母亲让我和他们睡在一起,这样我们会一起得麻疹,也会好得快些。②

如果温德的话是可信的,那么以上则说明了共产党为何夺到了中国政权。温德对这一问题的回答,与苏珊·佩珀(Susan Pepper)《中国的内战》等权威著作并无二致。

---

① D2, p.28.
② Ibid., pp.28-29.

当时的中国人已经开始将美国人视同三座大山之一座。温德抨击道,国民党军统在逆天行事时,美国军方袖手旁观。他的中国朋友也许会说,"如果能看到美国士兵冒着上军事法庭的危险,制止国民党手下的暴行,也是极为振奋人心之事。美国人在捍卫自己权利时非常勇猛,我们过去一直误认为美国人会为普天下之人捍卫这样的权利"。但中国人所见却是相反的一幕,"冷心肠的军官和夫人们在司令部里成箱兜售从运输机上带下来的派克笔、永锋笔甚至电风扇",公然收受官员的地毯、古董等贿赂,一边还大赞中国人慷慨……从未留心窗外一场大革命正风起云涌"。①

对于当时的历史一幕,温德具有得天独厚的观察优势。中国大学里的西方教员已经走得差不多了,只有美国人开的教会大学——燕京大学,还留有十五位美籍教员和一名法籍教员,正在等燕卜荪归来的北京大学此时只有两名德籍教员。清华大学里除了已入中国籍的俄国教授葛邦福之外,温德是唯一的西方人。②

清华大学的课程设置上,自由主义理念逐渐有系统地被边缘化,无怪乎温德会对此深感痛心。温德留在中国的使命,本是为了将西方人文学术之花移栽到中国知识界。他亲眼目睹自己的努力,一点一点被战争阴影所蚕食。在当时盛行的军事思维下,万般皆下品,唯有权力高。旧的自由主义信念,认为人类生来具有理性,能够通过说理而非武力解决彼此分歧,而言论自由、观点的百花齐放则是人类理性不可或缺的条件。——这一切在中国已荡然不存,而且极具讽刺

---

① D2, p.29.
② Ibid., p.30. 西南联大时,葛邦福一家住在闻一多隔壁,葛邦福之妻亲眼目睹了闻一多被害。

性的是,当时正值践踏此理念的轴心国战败之际。

他的祖国的自由主义政策自陷于矛盾之中,这进一步加剧了上述讽刺。费正清也是历史目击者之一,他后来这样写道:"中国人民具有民族自决和个人自由之权利,对于此等理想,我们是不会放弃的","但实际上,我们并未将它付诸实践……结果便是人文主义理想与现实主义策略之间出现巨大裂痕。"①

* * *

早在1947年2月,史蒂文斯曾问温德,在北平是否可采购一些中国书籍。② 温德答复,书籍可能是现在唯一的便宜货,从重庆的英国大使馆文化专员任上回北平的汉学家蒲乐道,"最近只用了60美元,就买到全套的大藏经"。③ 几天以后,温德在逛附近小市场内一家书肆时,一本蒙田落入眼帘,打开后,题签页上赫然有自己的印章。就为这个充满各种回忆的印章,他也会把书买回家,但书再便宜,他也无力负担。把自己藏书抄走并转卖给旧书商的那帮日本人到底有没读过这些书中的哪怕一本?温德只好胡思乱想了一通,聊以自娱,并以一种人文主义者的纯然信心作此想,如果他们读过的话,"麻烦就来了,因为蒙田的信笔游走其实可总结出一个意思",那就是"不论理性有多少局限,也不应捐弃理性,它是我们在人间仅有的指南"④。当理性遭弃,该如何是好?温德想效仿中国人,在思与情之间取得平衡。——"野马也,尘埃也,生物之以息相吹也",正如庄子

---

① John Fairbank, *Chinabound*, op. cit., p.315.
② Stevens to Winter, February 10, 1947. RAC, Box 50, Folder 415.
③ Winter to Stevens, March 4, 1947.
④ D2, p.30.

笔下所述。①

温德在好友 C 身上看到了这种"泰山压顶而面不改色"。去年 7 月,国民党特务在暗杀李公朴和闻一多的同时,也想取他的性命。闻一多遭不测后,C 拒绝了在美国驻昆明领事馆内避难(其余有生命危险之人都被副领事用一辆吉普车接走了)。国民党意识到铸成大错,后来想把 C 等知识分子拉拢到政府里,以增强自己的合法性。外交部长来见,C 睡好午觉,刮完胡子(因剃刀甚钝,颇为费时),穿衣换衫(妻子帮他缝补了衬衫上的一粒纽扣),才最后出来会客,对方"已在如冰窖的客厅中等待多时"。②

回到北平后,C 继续像在昆明那样抨击蒋介石。最近,C 作为北大清华十三位教授之一,在《观察》第 2 卷第 2 期,联名以"保障人权"为题发表宣言,抗议国民党政府"肆行搜捕",并要求"将无辜被捕之人民从速释放。至其确有犯罪嫌疑者,亦应从速移送法院,保证不再有此侵犯人权之举"。③

温德很想知道"C 的风骨来自何方"④,并将之联系到印度神象岛上的三相神雕像流溢出毗湿奴与湿婆成、住、坏、空之间的平衡。⑤ C 坐在温德家的"摇椅中,眼帘低垂,十分镇定地讲了他的故事","传统与变革、冷静与哀戚在他身上形成了完美平衡"——护持之神毗湿奴与转化之神湿婆,二者之间的相辅相成。C 无党无派,"但在

---

① D2, p.37.
② 由此段情节看,C 可能并非终身未婚的陈岱孙。——译者注
③ 这十三名教授为朱自清、向达、吴之椿、金岳霖、俞平伯、徐炳昶、陈达、陈寅恪、许德珩、张奚若、汤用彤、杨人楩、钱端升。——译者注
④ D2, p.107.
⑤ 梵天、毗湿奴、湿婆三种形象贯穿着宇宙成、住、坏、空全程。宇宙历经生成、成熟、茂盛、老成、衰竭、毁灭,再到再生,反复无穷。

中国,有太多人愿意为他献出自己生命"。温德极严肃地对待东方思想,因此也极为严肃地认为东方思想在许多领域能补科学之不足,比如心理学和政治学领域(在此意义上,温德可谓后来西方此方向思潮的先行者)。

温德从未称自己修成此境界,但他热爱生活在这样一个天地里,在这里他能同 C 这样的高逸之士安坐于客厅,谈天说地。正是与 C 这样的卓荦者的友谊,冲淡了他在中国所经受的苦难岁月与所目睹的人间惨剧。"当我回首往事,除了很短暂的时日外,真可谓时乖命蹇,但一想到那些令人肃然起敬的脸庞,与他们的友情让我即使沉睡了也在笑。上天待我不薄,我应得的,都已得到。"①

那么问题很自然就来了,C 这样的东方之典范人物,是否在西方有其对应者呢?在如此冷彻心扉的历史时刻,在一个寒风凌厉的季节里,温德思索着东方式与西方式的苦难与忍受苦难。在发现蒙田一书的书肆里,他发现了答案。有一本日文版的贝多芬《第29 钢琴奏鸣曲》,以廉价的战时纸张印成。一页一页翻过他早熟记于心的乐谱,往昔似乎一幕幕在眼前重现,在绝望之地,精神仍然昂扬前行。

回到家后,温德马上查阅苏利文(J. W. N. Sullivan)所写的贝多芬传记,看看这位音乐评论家有没有提到《第 29 钢琴奏鸣曲》。他在书中找到的是这样一段:

> 写此曲时的贝多芬已身处巨大孤寂。他勇气不减,但越发阴郁。苦难让他更坚硬,令人不禁会想,他也许再也不会柔软起

---

① D2, p.36.

来。谐谑曲部分毫无趣致。一种简练的粗暴,如此突兀地表达出一种可怖的热情,完全将这一乐章与原先谐谑曲中的那股明朗气质切割得一干二净。乐章缓慢推进,这是一种精心为之,表达的是冰冷与不可计量的痛苦,深不见底,绝非生命所能承受。①

然而在随后的广板部分,觉醒一点一点在积累,这一觉醒"发自贝多芬身上仅剩的盲目而绝望之力——当生无可恋之时"。苏利文说,这股力量并无内在冲突,"它需要一种形式,在其中自己的迅捷与暴虐能够无所阻挡地发泄出来"。所以贝多芬找到赋格,因为此种形式能最大程度地允许"洪流单方向而全无阻挡地倾泻而出"。

苏利文进一步指出赋格中的高潮时刻,即一段柔美如歌的旋律插入,对于围绕着盲目而狂怒之力的那份静谧无人的永恒,我们能得以一窥。但这仅是一窥而已,是一次无意义的注视,我们旋又卷入滚滚洪流中,原初而不可遏止的洪流在有生命的造物身上一一展现。这段赋格的精神内涵与上一段广板形成了完美无瑕的呼应,即并无它物可存留世间。贝多芬的伟大之处在于,塞运如他,留给他能表达的已微乎其微,然而他竟能以力拔山兮之气概将它充分表达。②

C在讲述自己的经历以及所思所感时,哀戚沉痛与内心平静达成了均衡。在C身上,温德看到了苏利文所解说的《第29钢琴奏鸣曲》之精神的对应。可以这样说,在聆听《第29钢琴奏鸣曲》时,我们庶几能理解为何温德选择留在中国。在这个国家,个体毫无选择,

---

① D2, p. 33.
② Ibid.

只有面对自己的悲惨命运,学会适者生存。他选择了中国,而非美国。——在美国,平静只能以压抑心中的黑暗为代价来换取,由此听不到黑暗自身的大雅之音。

第十五章　冷战到来

1946年夏,从昆明飞往北平时,温德深知往者不可追,与蒲乐道等人在北平城里曾有的锦瑟年华早已只剩下泛黄记忆。他现在面对的是前程未卜的国共内战———一场从抗日战争的灰烬中燃起的内战。物价飞涨仍旧是生计所面对的最大问题。① 1946年夏,温德挣扎在生存线上。他将1947年1月作为苦捱的"最后时间节点",他跟史蒂文斯说,到明年1月,他就变卖所有家当,离开北平。② 但问题在于,"去哪里?"以史蒂文斯的理解,温德口口声声"离开北平",只是一种时日多艰的表达方式。史蒂文斯回信说,"我们都想知道,如果要走,你的打算是什么? 何处是你最想去的? 你能以目前的薪水过活,让我觉得,你的心系之地还是北平"③。

在目前局势下,洛克菲勒基金会无能为力,难以化解温德长久以来的焦虑。中国大学的存亡命悬一线,此种状况已近十年,洛克菲勒基金会无法对清华大学应允长期之援助。2月14日,清华校长梅贻琦给洛克菲勒基金会发去电报一封,说基金会上次的8400美元拨款

---

① 国民党统治下,通货膨胀和货币贬值之生动介绍,可参见 Lilliane Willens, *Stateless in China* (Hong Kong: Earnshaw Books, 2011)。
② Winter to Stevens, January 12, 1947, RAC Special Collections: Herbert Stern Collection (unsorted)。
③ Stevens to Winter, February 10, 1947。

已用罄①，约翰·马歇尔答应为温德提供每月200美元薪金。② 但这只属于临时补助。至于进一步的合同，则要等史蒂文斯的下属波顿·法斯在春季访问北平时，才能定下来。另外，梅贻琦的电报过于简略，马歇尔要求清华大学出具一份关于上次拨款使用情况的详细报告。但是北平时局不稳，清华大学的财务簿记不健全，无法提供详细报告。

温德身为洛克菲勒基金会文化专员的地位再一次遇到麻烦。虽然签不了长期合同，温德还是很高兴能拿到临时补贴。③ 拿到这笔钱时，他只能给每个月留出10美元作为饭钱。④ 这期间，他也做了不少分内事，如给洛克菲勒基金会重开协和医院提供建议，并对中美关系现状给出自己的见解。马歇尔将军在离华声明中，提议以蒋介石为核心，"政府中与小党派中之自由分子居于领导者的地位"。——"此提议有如一个大杂烩，却不讨任何一方的欢心"，"明显惹恼了国民党政府，在自由主义者看来则十分不现实，左翼愤愤不平，因为马歇尔漏掉了他们最为不满的一点：美国对国民党大力扶持"。⑤ 史蒂文斯一如既往将温德的来信给包括福斯迪克主席在内的洛克菲勒基金会官员传阅，所论及问题引起了他们的关注。温德将中国知识分子不为外人道的心声表达了出来，这是从其他渠道获取不到的。

上述原因也许解释了波顿·法斯为何1947年春访问清华后，极

---

① Cable from Mei to RF, February 14, 1947.
② Marshall to Mei, February 27, 1947.
③ Winter to Stevens, March 4, 1947.
④ WInter-office Correspondence," Stevens to officers, March 21, 1947, RAC Slpeical Collections: Herbert Stern (unsorted).
⑤ Jack Belden, *China Shakes the World*, op. cit., pp. 401-402.

力说服洛克菲勒基金会拨款15000美元,资助温德继续留在中国五年。15000美元中的一半用于温德薪水和项目开支,另一半则为他购买保险,保证温德"退休后能有一份不错的年金"。然而,除了拿出一小笔钱来支持清华人文学科的学生,即为外文系最出色的学生周珏良①赴美国深造提供奖学金,以及为清华购进一套视听设备之外,洛克菲勒基金会并无长期资助清华的计划。

从西方人的角度来看,中国目前局势下,谈什么项目计划都很荒唐。由于国民党白色恐怖横行,和平运动只能偷偷在地下进行。闻一多被暗杀,同僚们噤如寒蝉,这正中国民党的下怀。1946年底,北大学生沈崇遭美国海军陆战队队员强奸,再加上人民日益认识到蒋介石终止内战的承诺无异于痴人说梦,原先渐熄的和平运动又开始如火如荼——如今更出现了公开的反美标语,如"滚出中国"。1947年春天,法斯在北平期间,国民党在北平一举逮捕了两千余名平民,在青岛和广州共逮捕三千人。②

这一次,大规模逮捕这一伎俩只管用了几个礼拜。不久,学潮再度爆发,矛头直指学校中的个人自由。当时的教育部长陈立夫,同时还执掌着国民党臭名昭著的情报特务机关——中统。在他的干预下,国民党意识形态充斥教科书。一位匿名的自由主义批评家如是说:③

---

① 周珏良(1916—1992),实业家周叔弢第二子,历史学家周一良之弟,1940年毕业于清华大学外文系,1948年又毕业于美国芝加哥大学英语系。历任清华大学外文系讲师,外交部翻译室副主任,北京外语学院英语系教授。——译者注
② Jack Belden, *China Shakes the World*, op. cit., p.400.
③ Quoted by Susan Pepper, *Civil War in China: The Political Struggle, 1945-1949* (New York: Rowman & Littlefield, 1999), p.401.

> 近来各党派都认识到学校之重要,因此力求控制思想及学校。各党派出于自身目的而利用学生,学校则沦为干部训练营……我们要大声疾呼:党派勿染指校园;予学校以教学自由;予教授以讲课自由;予学生以学习自由;予中国追求新生活的自由!

中国历来尊师重道,士子享有其他阶层不曾有的一定政治自由。大学生很多都来自钟鸣鼎食之家,所以上层有时对他们的异议态度有一种护犊之情,认为孩子终究只是孩子。不过最关键之处在于,自1919年五四运动以来,学生在政治生活中扮演了重要角色。①

1947年5月4日,学生们行动起来了。先是在南京,然后波及全国六十多个城市,爱国学生以"反饥饿、反内战、反迫害"为中心口号,纷纷上街游行。陈立夫在学生中安插了配备手枪的三青团团员作为耳目内应,看到有阅读自由主义书籍的学生一概痛殴。

蒋介石决心强硬到底,用刺刀、铁棍镇压游行队伍。学潮、罢课、罢工蜂拥而起,政府病急乱投医,紧急颁布《勘乱时期维持社会秩序临时办法》,禁止10人以上的请愿和一切罢工、罢课、游行示威,并派军警进入校园搜捕。5月初,军警"扫荡"了全国各高校,他们全副武装,寅夜冲进校园,有时甚至携带火箭筒与机关枪。1947年5月20日—6月2日两周内,大批师生遭逮捕,伤亡人数上千。②

很自然,有一些人士秉持教育应远离政治的立场。哲学家杜威

---

① 学生作为一国之良心,"家事国事天下事,事事关心",此儒家观念已历千百年,并远渡到朝鲜与日本,并不后起于五四时期。萨福克大学 Ron Suleski 教授提醒我,这一深厚传统解释了为什么"学生那么快得到全国上下的支持,为什么公共舆论开始主动支持学潮后,政府对学生毫无办法"。

② Belden, op. cit., p.402.

的弟子、时任北大校长的胡适便是其中之一。面对北大学生被逮捕,胡适 2 月 27 日却在英文报纸 *Peiping Chronicle* 上撰文,称自己无党无派,并反对批评中国政府。曾经是一位进步的现代主义弄潮儿,如今却成为保守势力的代言人。

温德的反应迥异于胡适。在北大医院的所见所闻对他的震撼尤其剧烈。当时他在北大医院就诊,担架送来一名北大二年级学生。医生护士之前已经得到警告,如果泄露情况,一概开除,但他们还是跑来告知温德。"他们有一种热忱的想法,以为我将情况汇报给美国,美国将有所行动。"温德"向他们道出实情,操纵美国政府的华尔街和军方,哪一方都不会对这种事情眨一下眼的"。

这位学生叫邓特,被秘密逮捕后,先灌冷水,还坐老虎凳——这两种手段都是从日本人那里学来的,温德称之为"时下最盛行的两种刑讯逼供办法"。所谓灌冷水,是将一根水管塞进口中,使劲灌水。"胃里灌满了水,快要爆裂。再把一块木板放在腹部,由一人在木板上跳上跳下,水从受刑者口里肛门里喷出。如此一番后,再上水管伺候"。而所谓老虎凳,受刑者坐在一个凳子上,脚绑缚于另一个凳子,再把砖头垒在膝处,"通过对膝盖关节施加人体无法承受的压力以达到折磨、拷问受刑者的目的"。邓特经受了十天的秘密刑讯逼供,始终未吐一字,因为他确实没什么可交待的。①

温德明白,这些刑讯逼供绝非只想秘密处理完事。他很熟悉 1936 年德国党卫军头子希姆莱的《作为反布尔什维克战斗组织的党卫军》一书,他摘录了第 29 页的一段话:

---

① D,p.263.

> 我知道有些德国人看到党卫军的黑色制服便感厌恶。对此我们能理解,也并不认为很多德国人喜爱党卫军。每一位把德国装在心里的国人必将尊敬党卫军,但是畏惧党卫军者必定或多或少对元首和德国有心存不忠之时。

现如今,白色恐怖也开始讲究战术策略,这让温德都感到不寒而栗:

> 即便像我这样在白色恐怖风浪里翻滚多年的老家伙,最近也夜不能寐。让我辗转反侧多时的,并不是想到那些酷刑流血,……而是尊严被凌辱,尊严是中国人最为珍视之物,在一无所有之时它益显宝贵。我实在难以想象这一幕:那些半饥的孩子,怀着极庄严的牺牲准备与决心,突然在受刑时,听到一个声音,一个与他们无关、听起来却像自己人的声音,失声尖叫求饶,如一只狗突然发现有人恶作剧在它尾巴上所拴锡罐头在地上发出咯吱咯吱响动时那般惊恐。①

这些事情绝对不会出现在梅贻琦与洛克菲勒基金会的通信中。而除了温德(当时仍享受治外法权)之外,还能有哪个人会报告此事?梅贻琦仅仅表达了对洛克菲勒基金会续聘温德五年的感谢。"只要温德先生能够或愿意留在清华,我们永远张开双臂欢迎。"清华无力出具关于上次拨款使用情况的详细报告,但梅贻琦还是希望洛克菲勒基金会能每年拨款以资助人文各系购买图书。清华之所以无法提供详细的财务报表,是因为一年前学校所订购的图书现在大

---

① D, p. 264.

多数都还未得到出版商回音,也因为去年秋天,清华从昆明回迁之故。①

1947年秋,温德生计无着。他和清华其他教员牺牲暑假,批阅了一万五千份入学考试卷子,录取名额只有六百。雪上加霜的是,纽约谷物交易信托公司通知温德,他的账户里没钱了。洛克菲勒基金会虽然口头同意法斯的建议,拨款总额提高到20000美元,即支付温德3000美元年薪,并附加每年1000美元津贴以购置书籍等物品,但直到10月17日洛克菲勒基金会执行委员会才正式批准拨款。

温德发现自己"成了一个开假支票之人,而且面临冬天无煤可用的境况"。他等不下去了,需要马上知道薪水是否能到位,"在昆明,冬天没有煤,他还可以苦撑,但在北平,唯有冻馁而死"。②

洛克菲勒基金会有关中国的其他工作也开展得不顺利。比如承蒙法斯推荐,周珏良身在芝加哥大学求学,但他到手的资助只够再支撑半年。温德希望"有人能为周珏良做点事"。温德说,周珏良是个诗人,资助一个诗人也许显得有些不合时宜(也许是在对满腹经纶的史蒂文斯用激将法),但这周珏良的情况不同,"中国最优秀的作家都出自大学外文系,而非中文系。现在的中国亟需作家"。

冬天快到了,周珏良的资助问题尚未解决,但史蒂文斯处理好了温德的银行存款。不了解自己的银行户头情况,乃是由于春夏之际,温德长达三个半月没收到来自美国的半封信,他认为这是由于当时

---

① Mei to Fahs, August 25, 1947, RAC Special Collections: Herbert Stern Collection (unsorted).

② Winter to Stevens, October 2, 1947, op. cit.

的政治管制。这期间,魏德迈将军(Albert C. Wedemeyer)访华,以评估中国"当前以及计划中的政治、经济、心理和军事局势"。此期间,虽然国民党政府并未明言切断民间与美国的邮件往来,但禁止异议师生与魏德迈接触,令各学校凛遵无违。①

但此弹压之举并不成功:魏德迈离开中国时,对于国民党政府的危险处境已心如明镜。在呈交给杜鲁门总统的报告中,所涉及的很多方面,也是之前温德向洛克菲勒基金会汇报过的。比如,魏德迈发现"在满目疮痍的中国……和平的呼声震耳欲聋"。中国人民"对于南京政府的最终幻想几近破灭,并做好了政权鼎革的心理准备,因为'再坏也坏不过国民党'"。正如 Forest C. Pogue 在《政治家马歇尔》一书中所写,"魏德迈将军对中国极有感情,也本是支持蒋介石的,此次,他的蓦然转身对国务卿马歇尔产生了巨大影响"。② 但另一方面,马歇尔不得不答应海军参谋长 Forrestal、陆军参谋长 Patterson 以及参谋长联席会议主席等人倾全力支持国民党的要求,甚至如有必要军事干预。

魏德迈将军等要人的报告,海外学者的警告,都不能让蒋介石放软身段,反而更加强硬。1947 年 10 月,"仅存的反对党"民主同盟(闻一多曾是其发言人)被国民党悍然宣布为"非法团体",遭解散。国民党担心,美国的下一批援助将以组建联合政府为条件,因此在组建联合政府前,先要清理掉持异议立场的民主党派。而且,既然国民党已向共产党公开宣战,"射杀异议人士就比以前容易得多"。温德

---

① O. Edmund Clubb, *Twentieth Century China* (New York: Columbia University Press, 1972; 1s ed. 1964), p. 283.

② Pogue, George C. Marshall: Statesman, 1945-1959, vol. IV (New York: Viking, 1987), p. 270.

的一位朋友就在这样的风声鹤唳中遭枪杀。这人是北平警备司令的政治顾问,温德知其并非共产党,只因为他在给魏德迈将军的一份报告中呼吁成立联合政府,就被贴上了共产党的标签。①

温德还为美国国内的政治压力而操心。威廉·C. 布利特(William C. Bullitt)、周以德(Walter Judd)和托马斯·杜威(Thomas Dewey,此公后来成为共和党总统候选人)持反共立场,并公然支持蒋介石,马歇尔将军对此予以驳斥。——温德的中国朋友由此极为激赏马歇尔将军。但温德及其朋友们也担心,身为国务卿的马歇尔会上国民党的当。中国的实情是,"改革无从谈起,所谓大选只是闹剧一场(投票率不到百分之十)。共产党绝无可能立即得胜"(这里的共产党不用说是国民党的口误。国军将领向来以夸口拿下共产党指日可待而臭名昭著)。

温德提到的"大选"系四天前的国民大会代表选举,也是中华民国建国以来首次举行的国会议员直接选举,候选人名单中既无共产党也无民主同盟成员(民主同盟因"勾结共匪参加叛乱"已在10月份遭取缔)。虽然大选被标榜为民主改革迈出的一大步,但温德的观点也是中国人的普遍看法。

可以想见,洛克菲勒基金会成员不可能一致同意继续资助温德这样一位尖锐的现场观察家。在归档的1947年11月27日温德致史蒂文斯的信上,一位洛克菲勒基金会官员在传阅后,签下自己的名字,并在签名旁附有如下一句:"温德是不是共产分子?"在基金会内部,冷战矛盾也已经呈白热化。

---

① Winter to Stevens, November 25, 1947, RAC Special Collections: Herbert Stern Collection (unsorted).

温德致史蒂文斯的这封信里,从冷战中的反共立场看,确实很可疑。信中提到布利特、杜威和周以德时充满不屑之情,说起民主同盟被取缔时则痛心疾首,并坚称要蒋介石改革无异于做白日梦——这三条中的每一条,在布利特、杜威和周以德的同路人看来,都是确凿证据。这些人甚至支持美国直接出兵,促蒋介石平定中国。

温德还批评说,美国的新教传教士身染目前的反共产党歇斯底里症不可自拔,对于蒋介石夫妇言听计从。温德辛辣地写道,令这帮传教士大失所望乃至伤心的是,他们换来的只是蒋氏夫妇的一再训话,在后者看来,他们的作用远逊于枢机主教于斌领导下的天主教(根据温德的说法,有人透露,枢机主教于斌访美时,被迫登记为"外国政府工作人员")。在传教士看来,温德是一位"反基督教分子",这是仅次于共产分子的严重罪名。

不过,温德信中最得罪人的地方,当属他参加完欢迎罗伯特·R. 麦考密克(Robert R. McCormick)上校的茶话会之后的一番言论。麦考密克是位右翼人士,也是《芝加哥论坛报》的老板。温德在茶话会上显然很沉默,但回家的路上,一想到几位传教士竟向麦考密克大谈国民党的精神力量,他就气不打一处来。温德因此有论:"这么多年来,也没见蒋介石的新生活运动对中国起到什么涤尘荡垢之功,基督教神学也一样,倒是中国共产党的学说颇能拯人心于陷溺。"他又补了一句(这可算是温德不多的审慎之举),这个观点来自几位中国朋友,这些人中"有军统成员,有CC派国民党,还有国民党将领"。

处事圆融向来非温德所能,他一向快言快语。洛克菲勒基金会中,约翰·马歇尔与温德相处最为契洽,史蒂文斯认识温德很久了,对他的评价甚高,但在素不相识者看来,从这封信里的每行字,几乎都能断定温德是共产分子,不值得基金会再为他投钱。新的历史篇章即将在温德面前打开。温德是自由主义的忠实拥趸,但随着美国公开向共产主义宣战,他像许多中国好友那样,成为自由主义原则的牺牲者,而许多美国学者和外交家也将步他后尘。

温德从来不是共产党员,也与共产党素无交集,他反对的是国民党的倒行逆施,和二战后美国的对华军事政策——这在无形之中也许等同于支持共产党事业。从"文革"期间,共产党对温德的处理来看,很显然也未将他当做同路人看待。埃德加·斯诺和史沫特莱的座上宾待遇,和温德形成了鲜明对比。在美国这边,连波顿·法斯都不相信温德是共产分子(法斯在给温德的最后一封信中说,温德有那样的政治立场,是因为在他的"生活环境里,舆论皆已被控制和毒害")。①

并不一定要成为共产党,才能得出与魏德迈将军类似的观点("中国人民对于南京政府的最终幻想几近破灭,并做好了政权鼎革的心理准备,因为'再坏也坏不过国民党'")。温德虽非共产党,但也已经成为共产党的同路人。像身边的中国知识分子那样,他一再听说言论自由是共产主义(或八路军)的同义词,他也开始相信这一套说辞。

洛克菲勒基金会中,有个别人虽然很不满于温德的政治倾向,但一直到1949年"失去"中国前夕,马歇尔和魏德迈的报告使得反国民党的观点不至于成为众矢之的。在当时,洛克菲勒基金会并未遇到压力,也不愿意失去这位中国通提供的情报与观点,因此始终站在温德一边。他们由此知悉国军在东北战场已左支右绌,还知晓自去

---

① Fahs to Winter, March 2, 1948, RAC Special Collections:Herbert Stern Collection (unsorted).

年开始,共产党"晚间来清华附近的村子里买东西,而周边多得像苍蝇一样的国民党军队躲在掩体里不敢出来"。温德甚至提到,共产党"有天晚上在距清华几公里外的村子里举行了一场婚礼",还有共产党非常欢迎美国给国民党运来军火,"因为这些军火最终还会到他们手里"。——虽然温德承认,这话近乎虚张声势了。

为了让人不至漏读他的主旨,在1947年11月的这封长信结尾,温德概要列举了想对传教士说的心里话:

> 对中国共产党最恨之入骨者,也不能红口白牙污蔑共产党不廉洁。(传教士)支持腐败透顶的国民党政权,被众人讥为是不舍自己的财产和特权。中国的根本问题是经济问题,财产的巨大不公自然会引发革命;国民党政府的不负责任之举,完全就是不合基督教教义的;他们谈上帝,好像在兜售一帖包治百病的良方,虽无害却也无济于事;基督教能被任何政治立场人士所接纳的部分是"四海皆兄弟"以及社会正义的理想,及人人平等的无阶级社会。

这段话如连珠炮般,其中让洛克菲勒基金会的保守人士最为光火的是最后一句。虽然温德是在陈述一个有源头可溯的美国梦,但他一再把共产主义混同于基督教的核心教义。此种做法让不少人读来倍觉肆意妄为,虽然他无意如此。

至少,此信没有给史蒂文斯的助理法斯留下肆意妄为的印象。法斯现在是洛克菲勒基金会与温德的主要通信人。史蒂文斯在人文部为期七年的部长工作即将结束,由汉学家法斯继任。二战期间,法斯曾任美国战略情报局分析员,后来还将成为国务院远东研究司代理司长。

1948年3月初,法斯对温德最近"非常出色的信件"表示谢意①,并保证会对芝加哥大学的周珏良加以照拂。但有一个问题"不可避免"要处理,即"待周先生学成回国,应安排何职才能使其学以致用,方不辜负洛克菲勒基金会的一番培养"? 在回信最后,对于在宋庆龄夫人和中国福利基金会下开展中译西方文学计划的人选资质问题,法斯征求温德的建议。

回头来看,这竟是中美文化交流最后几次气若游丝的尝试,此中有难言的悲怆,而瑞恰慈曾经对此托付了多么闪耀光芒的寄望。法斯还提到,此外还有其他方面的问题,"讨论中国问题时,挥之不去的问题之一在于美国应该怎么行事,方能避开插手中国内部事务之嫌,同时又施以诚意,与中国进行良性接触"。

1948年冬,法斯的这一说法可不够坦率。中美之间的真正问题,其实在于美国已经深陷中国内政,又不知道如何脱身。早在1947年,国务卿马歇尔就一再从魏德迈将军和驻中国大使司徒雷登处得到中国局势恶化的报告。魏德迈的报告尤其棘手,国务院官员说服马歇尔在制定出最终对策之前暂扣此报告。

魏德迈深陷于华盛顿无人能破的迷局,他建议更多的对华军援,甚至必要时派出军事顾问,只因军事干预有违美国对外政策,故而被排除。魏德迈罔顾自己的报告中所提之事实:国民党军队已如烂泥扶不上墙,腐败横行。越来越明显的是,美国手捧一个烫手山芋。

主张放手不管者也成为自身言论的牺牲品。他们长久以来一直在说,并有时候也深信,蒋介石是一位伟大英武的领袖,坚定的盟友,

---

① Fahs to Winter, March 2, 1948, RAC Special Collections: Herbert Stern Collection (unsorted).

热情的民主之友,蒋夫人美龄则是高贵与美的象征。史迪威将军把蒋介石叫做蒋光头①,把宋美龄称为"白雪公主",并不是当时的共识。

二战结束没多久,史迪威便离世了。因为他对蒋介石和国民党的本质看透得太早,罗斯福总统将他从中国召回。1952年,他的宿敌陈纳德将军及陈的大力支持者——专栏作家约瑟夫·艾尔索普(Joseph Allsop,蒋介石的死忠信徒),对史迪威进行了大肆抨击。陈纳德在一次国会听证会上更是语出惊人:1945年7月,史迪威打算调转原计划进军日本的美国第十军团,让他们在上海以北登陆,"将20—30万共产党武装起来,南下攻占上海"。② 在那个时代,为了取悦反共产党的人士,可以无所不用其极。当时已故的史迪威不过是因说出中国真相而遭殃者中的一位而已。

如果魏德迈的报告能公之于众,也许事情将会有所不同。给魏德迈涂抹上共产党色彩,无疑是很难的。但是我们看到,在1947年秋,来自国会内外的压力日渐增加,要将中国列入重建援助名单,甚至要求直接出兵。马歇尔此时用心于欧洲事务,心不能旁骛,在这难以抵御之压力下,于是决定美国继续提供军需与军火,但压制住了直接军事干预的呼声。

法斯征求建议,如何避免干预中国内部事务,不管哪个中国政党上台,美国都能向中国表明诚意——这番话既显虚伪,又不啻于某种挑衅。不过,温德一如既往地表明立场:他胸中自有美国应如何做的

---

① Peanut,笨蛋、没用的小人物。直译是"花生米"——译者注
② Barbara Tuchman, *Stillwell and the American Experience in China, 1911-1945* (New York: Macmillan, 1971), p.528.

明确想法,但他已经对此不抱丁点奢望。温德说,1947年夏,美国最大的工会组织劳联—产联,和兄弟铁路公司在塔夫脱—哈特利法案(劳资关系法案)下,将有可能合并,并对"孤立主义者和杜鲁门主义"施加压力,这让他感受到一点希望。美国有可能再一次不将对外政策建立在反共基础上。但这一希望最终落空。

温德回信给法斯,"说什么避免干涉中国内政,完全是空谈。美国已经深陷泥沼久矣,最近几份军事援助秘密合同公之于众,只是告诉我们,更糟的还在后头"。至于说什么"施以诚意,还有良好接触",其实美国从中插手所能换到的,"除了全中国人的滔天仇恨之外,别无他物——要知道中国人除了一小撮国民党败类,还有四万万五千万之多"。①

所幸的是,它此时尚为新仇,未铸成顽固不克之旧恨,因此美国需要做的,便是立即调转方向——停止一切军事援助,马上撤出美国军队和军事顾问,静待共产党"在一年内"势不可挡地使神州易帜。而实际上,六个月后,共产党就取得了政权。

假如按温德建议办,中美关系是否可以如愿到来,如今永远不可得知了。但至少他所建议的政策,不会像支持自作孽不可活的蒋介石那样得到如此之大败局。美国人失掉了温德所设想的可能性:新政权建立后,美国第一时间承认它,并给它提供农业和工业方面的援助,助其待从头,收拾旧山河。温德很确定,中国共产党"不会介意农作物种子和工业设备来自资本主义国家还是社会主义国家"。我们可以"用源源不断的物资援助软化新政权","与之结成盟友","而

---

① Winter to Fahs, March 13, 1948, RAC Special Collections; Herbert Stern Collection (unsorted).

第十五章 冷战到来

现在与国民党结盟的政策只是一再延长对中国人民的折磨。中国人民注定会摆脱当下的政权"。像现在这样,中国人民永远不会忘记与国民党的斗争,"会教他们的儿辈乃至孙儿辈,看到美国人的时候,记得要冲对方吐口痰"。

温德继续说,一己之见当然很难站得住脚。他之所以能言之凿凿,乃是因为他的"冷静",因为他已经谙熟中国,也因为他完全站在局外人的角度看待美国政策。若他未对此大声疾呼,就白白糟蹋了他的一把年纪以及在中国的数十年光阴。此时的清华,上上下下已经反对"温和派"。美国给国民党的新一批军援"被看做对共产党和广大人民群众的赤裸裸的挑衅"。①

温德用一个温德式的生动画面为这封信收尾。1940 年,温德沿着滇缅公路赴昆明,同行的中国工程师不时会挖出未爆的日本炸弹,"炸弹上印着美国近期制造的日期"。在中国浴血奋战、驱除日寇时,美国仍然给日本人提供军火,"为此,我们应该请求中国人的原谅"。谁知美国不悔改,"明知这些武器是用来对付无辜的中国人民的","却还在做这样的勾当。中国人要不恨我们,他们就真是傻子了"。

温德的直言不讳,对政客不会起到任何作用,这些"冒天下大不韪"的大实话,在政客眼中,实在可有可无。但洛克菲勒基金会以中立自居,无疑很需要温德的谏进。只要洛克菲勒基金会仍旧咨询温德意见,温德就必会毫无保留,和盘托出。他让洛克菲勒基金会独家了解到中国人民不足为外人道的想法,尤其是基金会潜在受助者的

---

① Winter to Fahs, March 13, 1948, RAC Special Collections: Herbert Stern Collection (unsorted).

想法。

试举一例,温德致信法斯的几天前,杜鲁门总统召开了一次新闻发布会。学生们看到此报道后,纷纷来找温德——"这些极和善知礼的男生,说了非常难听的话,那些话,我都难以启齿"。最让学生心生疑窦的,莫过于美联社2月20日的一则报道:国务卿马歇尔"明确要求将对中国的反共援助限定在非军事范围,与此同时继续向中国低价出售军火和空军装备"。学生问,"这一锅大杂烩究竟什么意思"? 温德告诉他们:

> 它没什么意思。谁教你们,政治表态一定要有什么意思的? 如果你们在作文中写出这样的垃圾,我肯定会打零分。这种策略叫做自我合理化,当我们觉得自己或组织遭指责时的一种自我开脱。绝大多数的政治、政治学、伦理学等,其实就是一种自我合理化。马歇尔的自我开脱略显拙劣,但美国人就是吃他这一套。①

于是,有学生接茬,直骂马歇尔是个无赖。温德以他一贯反讽的口气说,"叫他无赖不合适,至少现在为止他还贵为国务卿。身处高位者是不能被唤作无赖或罪人的。我们读史时,窃钩者诛,窃国者诸侯现象太常见了"。

杜鲁门总统和他的国务卿马歇尔,此时正面临反共之狂潮。此反共浪潮沸反盈天,不久将支配美国的对外政策。军队要人一再敦促杜鲁门和马歇尔不惜一切代价保卫中国,以免它落入共产党之手。但是在当时,中国共产党已经势如破竹。

1948年3月11日,杜鲁门宣布(用温德的话来说),"美国从来

---

① D, p. 265.

未主张,吸纳中国共产党以组成联合政府"。1945年12月15日,杜鲁门曾郑重表示"美国向中国提供援助,但不会插手中国内部争端",1946年12月18日他又重申美国不会直接卷入中国内斗,这样一来,杜鲁门无异于翻手为云覆手为雨。他也最终在中国学生那里失尽人心,而学生一向是广大人民群众意志的伸张者。

1948年3月12日出台的杜鲁门主义,为冷战和美国参与朝鲜半岛冲突定了基调。它完全无视马歇尔1946年辛辛苦苦撮合国共双方建立联合政府的努力。在马歇尔的设想中,联合政府"要组成一个师从英国、向立法机构负责的内阁",这与温德在给马歇尔信中的提议不谋而合。事到如今,一切都付诸东流水。恰如温德所预期,3月11日新闻发布会之后不到一个月,国会通过了《援华法案》,批准1948—1949财年给中国三亿三千八百万美元经济援助,一亿二千五百万美元给国民党政府的特别援助。苏珊·佩珀评论道,反对内战者无不"对此法案深恶痛绝,视其为对冥顽不化的蒋介石的又一次护佑,也延长了对共产党的内战"。①

与中国学生和好友一样,温德认定"杜鲁门、蒋介石和乔治·马歇尔这罪犯三人帮"长久以来正蓄意破坏中国的和平。所以,就在他告诉法斯美国应该怎么样的一天后,温德又致信史蒂文斯:"我从不奢望我们的政府做出什么有道德感的决定,但有时我真心希望他们能做出明智之举。他们绝不可能打败中国共产党。"②

温德的文化报告也变得政治化。他最近去看了正在全国各大学

---

① *Civil War in China*, op. cit., p.74.
② Winter to Stevens, March 14, 1948, RAC Special Collections: Herbert Stern Collection (unsorted).

巡展的 171 幅木刻。多幅作品甚好,有几件作品震撼人心。"有约十五幅作品……刻画的惨况,国民党的倒行逆施跃然纸上,它简直成了中国人民难以摆脱的梦魇。"

温德尖锐的政治分析有如兰生幽谷无人识,但他对泛文化话题的思考激起些许涟漪。1948 年早些时候,他曾给法斯寄去两页对鲁斯·本尼迪克特《菊与刀》的评论。① 法斯读到后,问温德是否愿意将此评论转给鲁斯·本尼迪克特亲阅。温德接到信后,又写了洋洋洒洒十页评论,一并奉上,还饱含歉意说未能再多花几小时。温德对《菊与刀》的五十多处进行了详细点评,有的点评长达半页。和所有西方人一样,对东方更谙熟的温德极为好奇中国人的心理,并确信美国在东方处处碰壁,其原因就在于我们无法理解在心理上和精神上迥异的东方人。

美国国务院作战新闻署当时"请社会人类学家和心理学家帮忙解释日本的动机",本尼迪克特应此请求而写下《菊与刀》一书。温德觉得这本书的写法,很接近他一直以来想写的关于中国的书。《菊与刀》表面上看是讲日本,在温德看来,书中所述也为中国人的性格提供了类比与对比之处。本尼迪克特也不经意间揭示了中国人的性格。比如,第 222—223 页将日本归为耻感文化而非罪感文化,这同样可以运用于中国。日本人和西方人不一样,他们和中国人都认为好人应该"舍己为人"。温德指出,东方人对于基督教传教士口中的牺牲,理解起来一点障碍都没有。

温德极为欣赏本尼迪克特对日本人童年的总结,中国与此也很相似。本尼迪克特写道,"在所有文化中,传统道德之传给下一代,

---

① Winter to Fahs, March 13, 1948, op. cit., and D, p.267.

并不仅通过口头,也通过长辈的行为举止。如果不研究儿童如何被抚养大,外人是很难理解该国面临何种重大危机的。"《菊与刀》中的此论点,为吴宓曾告诉温德的一则童年往事提供了思考框架。因在别人家作客时不喜饭食而皱眉,深夜祖母杨太淑人忽起,"将宓重责痛打一次,就炕铺上压宓俯卧,用两手力拧宓臀、腿、臂等处之肌肉,至于红肿。""对于为什么有这次体罚,吴宓心知肚明,此后他与祖母之间从未提到此事。"

温德常常对于中国人善"虚极静笃"而赞不绝口。他生来火爆脾气,压不住怒,因此自然会神往于此"虚静"。温德认为,"虚静"之为德性,与中国人从来不烦躁有关,因为中国人"从不让突发事件扰乱心境,只是让风轻拂过心间,从流飘荡,任意东西。中国人的心灵总是超然物外的"。从吴宓的这个轶事里,我们能对这种超然物外背后所经历的儿时训练略知一二。

颇让人玩味的是,在与温德相识时,吴宓已成为中国国粹之代言人。用现代新儒家梁漱溟的话来说,传统国粹之一在于意志"虚己以游世,以求得天地人和",而不是西方式的一往无前,一定要征服环境,满足口腹繁衍等方面的基本需求。这是祖母处心积虑向吴宓指出的成长方向,也是温德抨击物欲横行的西方文化后所希望踏上的一条道路。但在如此世道沦丧中,致虚极,守静笃无疑很不合时宜。

温德虽然极为推重《菊与刀》一书,但也从中读出了种族中心主义的蛛丝马迹,这是粗疏的文化论者的通病。燕卜荪向温德指出,本尼迪克特的方法"因忽略语义,特别是英语语义"而存在漏洞。她用心分析了日本词汇,但"失察"于它们的对应英文词,以致给人留下这样的印象:"日本人是反常的,美国人是正常的。本尼迪克特身为一名杰出的人类学家,上述印象并非她本意。"①

温德指出,如果要问何者是反常的,答案必定是我们,因为我们"才是新出于世上"。近代以来,人类心灵史上发生了一次深刻的变迁,瑞恰慈称其为"大自然的中性化",他1926年出版的《科学与诗》一书第五章对此有详述。西方心灵史上的最大事件,便是用科学/数学的自然观代替了万物有灵观,将宇宙看做"无限延伸的均质"。在温德看来,美国人错在毫无敬畏之心,打破其他文化的万物有灵观。万物有灵观看似"诗意"或迷信,但它毫不犹豫地忠于自身诸神话。温德做出此评论的背景是,当时麦克阿瑟将军因为一家日本报纸质疑基督教的数种迷信而斥责了该报编辑,与此同时却要求日本人与他们自己的迷信一刀两断。

法国思想家萨特近期发表于美国《民族周刊》的一篇文章,引起了温德的注意。温德与萨特不谋而合,都看到了"一种外化机制,碾压一切的庞然大物,可以称之为美国的外化精神,或者美国主义"。一方面,美国人信仰"国家兴亡,匹夫有责",另一方面又深陷迷思式神话:

> 美国遍地是神话,幸福的神话,进步的神话,自由的神话,母性的神话。现实主义和乐观主义泛滥。于是便产生出这样的美国人,他们在这些宏伟神像中长大成人,最多只能以这些神像为人生理想。幸福的神话最为误导人:标语如巫术,提醒你要马上快乐起来,好莱坞电影向大众兜售玫瑰般的生活,语言里充斥着各种几近失控的乐观表达,如 have a good time, life is fun, 等等。

---

① D, p. 267.

但有那么一些人,从传统观点看很幸福,却受无以名状的痛苦折磨,还有人因身边充斥甜得发腻的幸福而痛苦万分。①

从某种意义上看,温德所持观点甚为奇诡。他颇认同佛道两家,将个体视同生命洪流之一汩。佛道将悲剧视为人生之实有,只有深刻认识到个体的渺小,才能达到最终的和乐之境。但随着现代主义那不知餍足的产业化冲动席卷全球,这些传统已被拦腰切断。甚可悲的是,产业化冲动将大自然简化为死物,把人等同于"攫取者与消费者"。产业化和科学化,在根本上要求人类与自然界的判然二分,由此,东方宗教赖以存在的支柱便轰然倒下。

这一切实在讽刺,温德费尽心力要与仍然赓续的古老文化结缘,与此同时中国却在跌跌撞撞走向现代化,而现代化又必然要求与传统文化相揖别。瑞恰慈当日所担心的东方心灵会湮没于与西方的交会中,真是一语成谶。瑞恰慈和温德这样的一批有识之士,本希望通过东西方交流孕育一种全新的文化,却以失败告终。

---

① *The Nation*, October 18, 1947.

第十六章　闻一多的骨灰

在文化大风暴中,大地上的生命身不由己,随风飘零。在温德北平的卧室中,高高的五斗橱上放着闻一多的骨灰罐,等待有一天被送还他的遗孀。① 温德对于骨灰罐的安全还是比较放心的,因为虽然进卧室便一览无遗,但除非站在凳子上才能碰到它。②

闻一多遭暗杀前的那段时间,温德每晚都会携带手枪,到闻一多住所查看一番。闻一多被害时,温德身在大理,故而他总认为自己对闻一多的死难辞其咎。③ 现在,闻一多的骨灰成为一种圣物。照管它,也相当于对烈士事业的继承。它之所以来到温德这里,乃是因为他敬重闻一多,更因为他希望以此种方式守护闻一多的在天之灵。温德对正义和法治心存信仰,极力抗议对公民施行非法逮捕和国家暴力,将学术和思想自由视为言论、出版以及结社自由的基石而坚决拥护之——他的所有这些理想都是美国式的,正如他一如既往反对一党专制。闻一多和民主同盟从西方自由民主那里所借取的,也是这样的理想,对千千万万中国知识分子来说,它们是希望,带来了变革之曙光。

---

① 1948 年冬,北平进入"围城"阶段。在这样一个非常时期,闻一多骨灰坛又经历了一次"紧急搬家",从清华大学图书馆转移到温德家中,直到 1949 年 1 月北平和平解放。——译者注

② Diary, p. 246.

③ Interview, n. d.

在温德眼中，海内外的美国人对这些理想实际上阳奉阴违。他曾亲眼看到自己的舅舅与母亲对于屠杀印第安人两眼放光，芝加哥大学公然歧视黑人与犹太人，他自己的政府则支持独裁者蒋介石。不过，温德为他的祖国未能恪守理想而深感幻灭，说到底是对美国人的失望，而温德自己正尽一切力量始终按照此理想在勉力生活。

这便带来一个问题。既然温德如此鄙夷美国文化乃至美国的对华政策，那为什么在1948年和后来的1974年，两番更新他的美国护照，而未曾放弃美国国籍？① 对于温德的选择，在岁月静好中做研究的我自然无权指摘。在温德居华的漫长岁月里，外国人所享有的保护特权如剥洋葱般一层一层除下，但他直到晚年都保有美国护照，而且与1979年复建的美国驻华使馆保持了紧密联系。

虽然无法解开温德所处的道德困境，但我可以说，美国公民身份不仅保护了温德，也有利于他帮助中国学生和同事，而且使他能给马歇尔将军献计献策，并向外界汇报自己亲眼目睹的国民党暴政（通过邮件或友人夹带出境）。最重要的是，作为美国人，他能亲赴军事禁地，面斥关麟征将军屠杀学生，并像燕京大学的某些美国基督徒那般，在北平保护学生免于蒋介石秘密警察的搜捕，并偷偷将他们送到延安等解放区。而中国教授若做这些事情，一定是会掉脑袋的。

* * *

温德细心保存着这罐骨灰，灰烬里仍然透着对自由民主的希望

---

① Telegram from USLO Peking RUEHC/SecState, May 3, 1974. 美国联邦调查局最后提供的有关温德的文件并不完整，而且是经过严格审查的，但仍不失为重要材料，使我们了解到与洛克菲勒基金会通信结束后，温德的情况。

之光;学生们则成为中国活灵魂的守护者。他们冒着生命危险,齐齐站出来。国民党政府拿枪对准他们,换来的只有自己的末日。他们在风雨中成长起来,将教室里习得的原则实践于学潮之中。学生为民主自由而抛头颅、洒热血,他们深知纸上学来的理论若不躬行于世间,便是空洞无用之物。而且,他们大多非出自寒门。蒋介石将枪口对准他们,便是与自己亟需拉拢的中上阶层为敌。

温德与学生之间有着曾与闻一多那样的革命友谊。身为美国人,又长期单身,他便与家庭以及正常社会中的天伦之乐无缘。他经常形单影只,与学生在一起时,温德享受到了社会生活的片刻乐趣。也正是与学生在一起,温德能够试验他的东西方文化融合。

对于当下这一历史性时刻,温德能提供的安慰聊胜于无。在昆明的澡堂里,他曾告诉一位学生,"我们阻止不了(国民党)射杀……共产党和学生,但我们能期望每一颗子弹都让人民更加成熟也更睿智,而杀人者则日益渺小,也日益颠顿"。① 在给马歇尔的这封信中,温德还写道:"我写这封信的时候,心情并非沮丧,而是欢欣鼓舞,欣喜于美国的对华政策注定失败。黑夜已深,黎明在望。"

1948 年 6 月,温德满心喜悦地向史蒂文斯交待,他"在北京大学教员起草的两份抗议美国在中国所作所为的请愿书上签了自己的大名"。② 这可是冒了失去洛克菲勒基金会给他的饭碗的危险,但与此同时,他是与中国人站在一起。温德还向法斯提起,他已经三个月未收到基金会的薪金了,但"这点小事与他身边所发生的政治军事乱

---

① Winter to John Marshall, June 26, 1948, RAC Special Collections: Herbert Stern Collection.
② Winter to David Stevens, June 27, 1948.

象相比实在微不足道——不断有他的学生被射杀的消息传来"。

温德在给洛克菲勒基金会的信件中对于中国内战的最新动向提供了大量有用情报，他相信这些情报能上达天听，呈送到国务院。但以前的他曾希望国务院能由此调整对华政策。蒋夫人宋美龄魅力四射、口吐莲花，报业大亨伦道夫·赫斯特对蒋家王朝大力支持，使得蒋氏夫妇成为英雄般的高贵人物——一切都是虚构。

* * *

对于学生来说，这位美国老教授简直是一个稀有动物。在教室里，他智慧四溅，极为风趣，而出了教室，他也总乐意提供帮助。他们带着语言和西方思想等方面的问题，去向温德教授请益，与他讨论文学，聆听音乐以及温德对该音乐的分析。温德能将贝多芬四重奏与目前中国知识分子的困境关联在一起。有时，学生们去找温德，仅仅是为了求建议或求助。中国学生不习惯在课堂外与教授讨论问题，或者赴教授家拜访。他们也不习惯向长者请教，其实有的长者很愿意甚至期待以极严肃的态度去思考后生所提的问题，并作出回应。中国在这方面仍然太儒家了，教授们往往是望之俨然的长者。像温德或闻一多这样的教授实在太少见。闻一多曾经带领学生跋涉到昆明，到昆明后时常又带着小女儿，与学生步出昆明城，在乡间田野的树下讨论中国古诗词的奥义。也很少有温德这样的西方人，如此理解并支持他们，甚至与他们并肩而战。

* * *

1947年2月15—18日的全城大搜捕后不久，温德将学生视为西方人很难理解的一群中国人。温德在日记中如是说，"此过渡时期中的学潮终有一天会被认为是最光明、最可敬佩的爱国学生运动。

中国有两大阶层站立起来,迎敌而上:知识分子和农民,这两个阶层日益挽手前进,因为知识分子越来越深知单凭农民自身不能成事"。① 毛泽东从农民起义中看到了历史的推动力,但农民的领导者毕竟还是落在了毛泽东身上。

杰克·贝尔登认为,知识分子日渐倾向共产党,"正是知识分子的致命一击,给蒋介石的棺木上敲下了最后一颗钉子,而农民起义早已使他溃不成军"②。知识分子与蒋介石离心离德,是蒋氏的白色恐怖以及经济崩溃双重打击下的产物。他们被逼上绝路,便毅然转身迎向共产党,"共产主义给他们一丝丝希望,这是一条通向未来的逃亡之路"。③ 留在国统区的百姓是最遭殃的。对身背逮捕令的学生而言,未来之路通往解放区,他们在解放区能承担起知识分子对农民的领导作用。他们"削弱了国民党,也壮大了共产党"④,可谓居功至伟。1948年,逃离国统区的学生数以万计,堪比抗战时期逃离沦陷区的学生人数。

除了白色恐怖,出乎国民党意想的经济大崩溃是让知识分子弃绝当局的第二个原因。全国上下,饿殍遍野,广大难民和失地农民"蜂拥至上海,在街头窄巷与死尸为伴"。⑤ 实业家群体是支持蒋介石的,现在却因为通货膨胀和当局恶政而纷纷破产。

但经济崩溃最直观的表现还是通货膨胀,对此,《中国震撼世界》一书中有一段生动的描写:

---

① D, p.118.
② Jack Belden, *China Shakes the World*, pp.397-438.
③ Ibid.
④ Ibid., p.405.
⑤ Ibid., p.407.

形势恶化到了可怕的地步,蒋的钞票贬值到同给死人烧化的纸钱相差无几了。广东有一家大造纸厂,买进八百箱票面一百元至二千元的钞票,当作造纸原料。钱不当钱用,这简直把大家吓昏了。物价自然是直线上涨,几乎无法计算。①

蒋介石谎称动用秘密警察是为了民主改革,但中国学生完全看透了他的皮里阳秋。中国学生为何会如此激进极端,也许身在大洋彼岸的美国人很难理解,但温德完全懂。温德一如既往地感到自己有义务向美国同胞,尤其是洛克菲勒基金会的成员解释这些现象。他又一次在文学里找寻类比。中国学生可以被比作中国四大名著之一《水浒传》(赛珍珠将它译为英文)中替天行道的梁山好汉。在温德看来,《水浒传》中的梁山好汉值得同情,"他们是被无良政府逼上梁山,如果你细读该书,会发现他们别无选择"。②

温德希望人们也如此看待中国学生在政治上的激进立场。中国学生的"极端行动"不应被贬为"群氓之举"。③ 他又以自己早年在中国所经历的东南大学"易长风波"来阐明该观点。正如我前文所述,1925年春,政府指派毫无民意基础的胡敦复为东南大学校长。东南大学师生发现胡敦复为了截获寄到东南大学的信件而对南京邮政官员大行贿赂,以便提前发现谁反对他,在就任校长后就能除之而后快。由于众怒难犯,胡敦复深夜前往校长办公室,掌校长印章,命令贴出就任公告。学生一大早得知胡敦复强行履职,便一起开了个会,然后成群涌向校长办公室。挡在学生和胡敦复之间的那道大门

---

① Jack Belden, *China Shakes the World*, p. 407.
② D2, p. 58.
③ Ibid., p. 57.

是西式的,上半部是一扇半透明的毛玻璃窗。学生冲着毛玻璃窗,大声要求胡敦复走人。胡敦复不理,学生便打碎玻璃,破门而入,这位新校长吓得躲到了办公桌下。学生再度要求胡敦复走人,胡敦复依然拒绝。学生站成一排,一个个从他面前走过,"每人都啐向他的脸,唾沫从他身上流下来,弄得地板上都是"。

初来乍到的温德被副校长叫去,要他作为一位中立的在场证人,看看学生有没有对胡敦复造成人身伤害(中方教员不能做证,因为学生会质疑对方的中立性)。温德来到现场,学生为他让路,非常有礼貌。他站在怒火中烧的学生中间,看着学生的越轨行为。最后,他亲见胡敦复爬起来说:"我们走",在学生递过来的辞职信上签字。学生行事十分谨慎,他们请来一位外国医生,为胡敦复兄弟二人(其弟胡明复时任东南大学教授,也在现场)检查身体。医生的结论是,二人未受伤,只是胡敦复脸上有些轻微擦伤。兄弟二人穿好衣服,被送上一辆早已等在那里的黄包车。"当他们闯过学校大门时,两大巨桶的粪便泼向他们头顶。"他们被带到火车站,在那种情形中上了火车。温德完全不认为东南大学的"易长风波"是一场群氓运动,恰恰相反,"我很难见到有行动比这场风波更直接有效更有谋略的"。

将抗颜犯上的"易长风波"如此娓娓道来,温德意图何在?一方面,温德希望那些能左右政治或影响执政者的美国人,读完这个故事后对中国学生报以同情之心;另一方面,他也希望将学生对独夫蒋介石的憎恶态度传达给仍与蒋亲善的美国人。温德将学生刻画为一呼百应的道德群体,一旦行动起来,就必将坚不可摧。二十年后的他无需辍笔解说,蒋介石统治集团处于当日胡敦复的位置。当他写下这些时,学潮正风起云涌,表明了全国上下的一致民意。君不闻,太阳底下无新事？温德在日记中写道,"谁说中国停滞不变？我记得1923年,窗外传来学生玩足球的喧闹声。我探头望去,身穿丝绸长衫的年轻人将长衫下摆文雅地提在手里,然后冲球踢过去,通常踢一个空,踢完一脚后便懒懒地摇起了折扇,折扇上还题有唐诗"。①

* * *

在全国风起云涌的新民意是如何成就的？西方人又如何理解中国年轻人一步步被逼成激进分子？为了回答这两个问题,1948年2月或3月初的一则日记里,温德试着去讲另一个故事,一个父与子的故事。温德刚读到了白英所编的《中国当代诗选》,书中对闻一多的介绍感人肺腑。② 但白英在这里讲述的是闻一多式的悖论:闻一多无比热爱中国古典文学,却最终得出结论说,中国应事事学习西方,勿被儒家迷了眼。闻一多这位宅心仁厚的中国著名学者,转变为"大声疾呼的刚猛战士,广受学生爱戴,却因他反对儒家体系下的腐败封建而遭反动派忌恨"。"1945年12月学生惨遭杀害,(闻一多)痛在心里,更加坚定地反对腐败的国民党政权,并意识到在中国,以道统抗衡政统乃是学者的传统天职。"

对温德来说,他与闻一多的个人友情也造就了他自己一步步的道德升华。二人相遇在芝加哥,谈论的是东西方诗歌技巧,闻一多还让温德见识了中国学人之风雅,自此将温德吸引到孕育此风雅的东方国度。

闻一多突然离开芝加哥大学,来不及说声再见,最后在科罗拉多

---

① D2, p.48. 穿长衫的年轻人懒洋洋、无阳刚之气,这段描写可能是受温德爱慕同性的气质所影响。

② D2, p.59. Robert Payne, *Contemporary Chinese Poetry*(Oxford:Routledge, 1947), pp.12 ff.

大学致信温德,说自己的胞弟得了肺结核快不行了,他必须过去陪伴左右。① 直到 30 年代初闻一多来清华任教,温德才与他重逢,但二人见面的机会并不多,因为闻一多"整日关起门来钻研学问,从不旁骛于社会事务"。②

我曾在上文提到过,温德 1945 年从美国回昆明后,与闻一多再次见面,看到闻家的生活状况后极为震惊。"全家挤在两间斗室",闻一多既贫且病,为了全家生计,"整夜篆刻印章,为此双眼快废了"。"路对面的住户根本在学术上无法望其项背,却因为善于逢迎长官,住上了敞亮的大宅。"温德每次买袋面粉或糖,都会分一些给闻一多。"他住在 6 里开外的湖对面,每次背东西去,他总是不许我亲自送,要以后让他十七岁的长子去取,我只好答应。"③如此,温德便与闻立鹤熟识了。

1947 年春,闻立鹤出现在温德的英国文学史课堂上,头戴硕大的皮毛帽,坐在教室正中,招摇得很,很明显想吸引大家注意,温德不太喜欢他这样。自从昆明一别,温德再也没有同他说过话。某天一早,他乘坐公交车进城,发现闻立鹤正坐在旁边的座位上。有几位国民党军官上了车,因无座位而站在温德身旁的过道上。闻立鹤突然大声问温德,口气很不自然:"共产党夺下北平以后,你有什么打算?"温德回答说自己可能会被驱逐出境,"共产党非常讨厌美国"。

---

① 闻一多转学一事的通常解释是,芝加哥美术学院只有闻一多一名中国留学生,这让他感到十分寂寞。低他一届的清华好友梁实秋来到科罗拉多大学后,给闻一多寄去了 12 张当地自然风光的明信片,没想到几天后,闻一多竟从芝加哥转学到了科罗拉多大学。——译者注

② D2, p.40.

③ Winter to Stevens, August 18, 1945, RAC Special Collections: Herbert Stern Collection (unsorted).

闻立鹤仍旧在大声高谈阔论,"大意是,共产党会枪毙活埋贪官污吏,但会对我宽宏大量"。温德开始明白,"这个孩子不太正常,他很向往成为殉难者"。

在讲这个故事的时候,温德对闻立鹤深感同情。对于这位学生戴着招摇的大帽子,还有对国民党军官的公然奚落,他并不认同,但温德十分清楚(虽然未明说),闻一多之子的乖张行为与他经历过的骇人之事脱不了干系。而且,此故事用微言大义让我们感觉到,温德自己也正逐渐转向学生们的"极端主义"。实际上,这个故事最终涉及了三个人的"极端主义化":闻一多、其长子闻立鹤以及闻一多的美国好友——温德。

这期间,温德在给史蒂文斯和法斯的信中所表现的愠怒,起因便是闻一多之死,以及闻立鹤的暴怒与乖张。温德与他身边疾苦之间的距离在急速缩短。美国无法弥补其对外政策与立国理想之间的裂痕,温德所敬重的学生和友人纷纷从自由人文主义转向共产主义,因为后者才有可能实现他们的政治理想。

公交车事件过去几周后,温德有一天去上课,看到闻立鹤站在课桌上,当着全班同学的面慷慨陈辞。看到温德进门,闻立鹤马上收声,坐到了自己的座位上。温德从学生们的脸上表情,能猜到闻立鹤刚才讲了些什么。在这之后不久,时常有素昧平生者来拜访温德。在中国,"事事讲究含蓄,这便让人修炼出敏锐的洞察力,能读懂别人的脸上表情",他因而察觉到那些来客有祝贺的意思,虽然没人对此加以挑明。① 最后,吴晗来了。当时的吴晗是清华的明史教授,后

---

① D2, p.41.

来贵为北京市副市长,在"文化大革命"拉开大幕时又沦为牺牲品。①吴晗提到他正在整理闻一多遗稿,从中发现闻一多写给清华校长的一封信,推荐温德赴华任教。用温德自己的话来说,这封信"满是溢美之词,多处皆是言过其实"。

温德在闻一多被害后,越发支持他的立场,并且这位民族英雄"曾在二十年前举荐过自己",这让温德倍感荣耀。闻一多20年代的一首诗《静夜》,"这四墙隔不断战争的喧嚣",从中预见了闻一多弃绝静谧生活后的自我牺牲。此中心绪,温德感受得越来越深,并在此时将它译成英文,抄录于日记中。随后简单写下这么一行话:"父亲是民主同盟成员,儿子是共产党。共产党员就是这么炼成的。"

*　*　*

温德在日记里,还抄录了学号为34119的学生对十七世纪诗人乔治·赫伯特(George Herbert)《升轮》("The Pulley")的一段评论。②温德经常在黑板上凭记忆默写出一首诗,然后给学生四十分钟时间写出点评文章。34119号学生正是闻一多十九岁的长子闻立鹤。用温德的话来说,"这篇作文本身并无出彩之处,而让它出彩的是写下它的这位学生"。当然这篇英文作文,行文晓畅,用词准确。温德无法断定,同龄的美国大二学生是否能用希腊文或法文写出类似的诗评,因为他无法"想象一位19岁的美国男生若经历过闻立鹤的生死变局后会成为什么样子"。

闻立鹤眼中的光芒,告诉温德,"如果他被施以酷刑,他一定会

---

① 1960年,吴晗的《海瑞罢官》大获成功。但1966年毛泽东对它的批判成为"文化大革命"的导火索。吴晗也因此入狱,并死在狱中。

② D2, 41.

咬紧牙根,不会为求活命而吐露一个字,正如他成仁取义的父亲一样"。温德知道,全世界有成千上万这样的年轻共产党员。"从大洋彼岸每日传来对共产党的辱骂之声",温德认为,"共产党对社会至少不会比不上(仅试举一例)美国中情局驻北平头子艾舍尔曼(Larry Eshelmann)。上个月,这位情报头子将燕卜荪在内的五人打得鼻青脸肿,理由竟然是这几位胆敢反对美国的对外政策"。① 通过保护闻立鹤,温德得以告慰闻一多在天之灵。他同样秉承了闻一多身上的那股勇气,坚持着自己的理想——正是这一理想赋予他们的生命以意义。

艾舍尔曼虽然是现实中的真人,却也像一个寓言人物。他像是美国版的军统头子戴笠。日寇投降前后,艾舍尔曼将雷达和小型自动武器从加尔各答运到中国,送到戴笠的军统手中。——而美军撤退时,则将一切有用之物如打字机、羊毛大衣等焚烧殆尽,以免落入共产党之手。在中国,到底是谁真正代表了美国,是温德还是这位仁兄?

在对这些人和事的反思中,温德写下了一首充满理想主义火光的散文诗《致武器制造者》。这是对温德心目中永不死的精神所献上的一阕颂歌:

> 举起机枪,对准手无寸铁的学者。机枪和手无寸铁的学者,二者都是源源不断的。而其后果,永远都一样。诚如诗人霍普金斯(Gerard Manley Hopkins)所言,"肉体朽坏,必死者的废物,落向残余的地虫"。然后将嘶嘶作响的枪口对准学者的残纸断

---

① D2, p. 44.

篇,"幸福！我如今不能受你的私贿"。然后,最意想不到的结局降临。机关枪变作一架庞大的回旋加速器,运行机制却倒转。它未能轰碎那些文字,反倒将其百炼成钢,铸成比光速更迅疾之灵犀。

在这首散文诗中,物质力量和精神力量是对峙双方。温德将精神必胜的信念安放于胸口。他知道世间处处有陷阱。1948年初的一则日记中,他发问:

> 何谓"精神"？在西方,它不幸与上帝纠缠不清,精神价值若不与上帝关联,往往无法得到广泛认可。约翰·杜威等人曾指出,西方人对人性并不乐观。而在道生万物的中国,讲到精神,更多是心理意义上的。(英国小说家、散文家)L. H. Myers颇得其要:"精神的作用之一,便在于智者极为高超地应对生命中的各色人等与境遇——它也堪称上智……精神给其他评价模式做出最终评断。……它能决定人在特定情境下,是体会到美丑、荒谬、卑劣还是凄哀,以及究竟体会到多少。从此角度看,它经常被视为品位,但它也是一种智慧——如果不将天地视为一个整体,是不可能从容做出上述判断的。"①

温德还引用了詹姆斯·哈威·罗宾森(James Harvey Robinson)的《创造中的心灵》(*The Mind in the Making*, 1921)一书中的文字。罗宾森写道,有些人的一些观念"不纠结于个人的荣辱感","并不从有限的自身立场考虑,考察习俗之所见,然后照此行动","不敝帚自珍,极力维护自己所珍视的信仰和偏见",这便是"使我们得以变化

---

① D2, p.72.

气质,心灵升华"的观念。

西方人真正要奏响凯歌,就必须等美国变化气质、升华心灵,将其民主原则用在普天下人身上。而只有真心信奉四海之内皆兄弟,美国人才能开启心灵升华之路。只要还将外人看做野蛮人或黄口小儿,美国人就永远无法从对方那里学到什么。温德很早以前就神往于"东方心灵",他经常思考这类跨文化和跨精神的问题。温德对中国友人C钦佩万分,而能领略并践行中国式生存智慧,一定程度上解释了为何温德与中国同甘苦共命运。

在写下《致武器制造者》后,温德又摘录了一段阿尔弗雷德·爱因斯坦①对瓦格纳和勃拉姆斯的比较:

> 最大的悲剧在于此。瓦格纳陷溺于自己的时代,想迫不及待收获一场彻底的大胜利。……瓦格纳渴望去征服,不得不去征服,也曾征服了他的时代。但由于这种征服过于暴烈,他随即又失去了曾经如此痴迷于自己的拥趸。勃拉姆斯则不一样,他等待时机的到来。他有等待的耐心,深知这一安静等待的力量所在。……他按部就班地在身边聚集了一批追随者,随着时间的流逝,他也得到大众的认可。……勃拉姆斯并不想去征服什么,甚至并未去想未来。……他是一位子嗣,是过往黄金时代的后嗣。瓦格纳则只活在当下,他自己的当下。

于是,瓦格纳诡异地化身为美国,迷醉于"征服者的暴烈之力",而勃拉姆斯则好似东西方的人文主义之精魂,无心于征服,他是"一

---

① 阿尔弗雷德·爱因斯坦(Alfred Einstin,1880—1952),美国音乐理论家和评论家。1880年生于德国慕尼黑,1952年逝于加利福尼亚,是著名的物理学家爱因斯坦的堂兄弟。

位子嗣,过往黄金时代的后嗣"。阿尔弗雷德·爱因斯坦指出,在瓦格纳因为过于执念而最终失去许多追随者之时,勃拉姆斯则柔弱胜刚强,最终赢得了大多数人的心。①

1948年的这个多事之春,温德还在对阿尔弗雷德·爱因斯坦笔下勃拉姆斯的精神最终获胜加以省思,学生们已经铁了心反抗国民党,纷纷冲破封锁,迈向革命圣地延安。留在北平的学生也丝毫不惧当局的施压。在一场事先安排好的亲政府游行中,并未出现清华和燕京学生的身影,而打着北大旗号的都是国民党便衣。

为了报复,政府在第二天雇了几个流氓,等在城门口。要进城办事的清华和燕京两校师生乘坐一辆公共汽车,从西北郊的校园逶迤而来。流氓们把公共汽车扣下,"看也没看里面的乘客,强行上车,对着街上行人宣布:车里都是共匪。清华大学的欧洲戏剧教授赵诏熊,以前也曾是正字学会成员,就这样被当做共产党,游街示众四个钟头后,才得释放"。②

这些倒行逆施越是失民心,国民党就越是变本加厉地动用暴力。中国正在发生巨变,此巨变现在甚至蔓延到了城市的平民百姓中间。温德写了两篇小品文,第一篇叫《村妇:1923年篇》③:

> 我看到三位老妇坐于棺材店前的月光下。身材苗条的那位,秃头上的那顶假发乌黑发亮,她的小脚精致至极。我认识她,她每日帮我倾倒便桶。衣衫不整、头发灰白的那位,我曾看到她背上的炭如一座山那样沉,为了不跌倒,她只能像山羊那样

---

① D, p.90.
② D2, p.260.
③ D, p.261. 这两篇孪生小品文有可能是受英国诗人丁尼生《北方农民:旧篇》《北方农民:新篇》的影响。

蹦蹦跳跳，瞪大的双眼里发出怪光。第三位吸着一米来长的烟管，坐在她的店子前，她向来会把三寸金莲翘到腿上。她的丈夫正是打棺材的。我老早就认识她们。

第一位老妇开口说，"她好不得体。老公躺在棺材里，自己头上的银簪还不摘。别人会以为她是满族女人"。第二个老妇接话，"听说她第二天就进食了，还坐在椅子里大吃大喝。看看她的行为举止，看看她的天足，居然能够嫁出去，也真是稀奇事一件"。第三位老妇最后说，"老公去过很多外国，能读外国书，写外国字，老婆却只肯帮他买15块钱的棺材。真是丢脸哪！"她牙齿掉光的嘴里吐了一口烟，神色满是鄙夷。

第二篇小品文叫《村妇：1948年篇》：

早上五点，卧室窗外传来两个老妇的声音。一个是我佣人的老婆。她口齿不清，因为牙都掉光了。她说是日本人在的时候，天天只能吃花生壳，所以牙才掉得那么早。另一个的声音清楚有力。我佣人的老婆说，"你最好别让老犟抓住你偷拿温德先生的引火柴，三千块钱一斤呢"（她总是叫她丈夫老犟，意思是他脾气犟）。另一个女人细声细气地说，"我拿一点外国人的东西，没事。他难不成还想我出钱买吗？我一外地人初来乍到的，我也没工作"。一边穿插着老犟老婆的插嘴，那个女人说了自己的身世。

我家姓田，世代住在南村，有三十五亩地。家里有七口人，几个儿子身体壮，干活卖力。国民党拉壮丁把大儿子和二儿子带走了。共产党来以后，打土豪，分田地，每人分得五亩地，倒也过得平安无事。

共产党战士可真是好心哪。他们有时会过来帮我们收庄稼。老百姓都欢迎他们。只有村上最富的两家地主不欢迎共产党，因为他们也只分到了五亩地。后来听说国军又回来了，共产党让我们先到山里避一避，因为要打仗。国军撤退后，我们回了家。

国军把能搬走的东西都搬走了，家里啥都没留下。……接下去的日子还算好过。

但是有一天，国民党飞机来了，房子被炸了个精光。老头子当场就不行了，几天后，媳妇也死了。共产党把我的第三个儿子拉走去打仗，告诉我这里不能再住人，我最好出去找份工做。我就来这里了，等国民党打了败仗，我就能回老家，建房子，全家团聚。

听到这里，温德佣人的老婆跟她说，"大妹子，进来坐着喝口茶吧。你一定很累了"。然后两人的声音逐渐淡去。

中国正发生着巨变，唯一不变的是那一再还魂的回响：希望总是虚无缥缈，也远在天边。温德用丽贝卡·韦斯特的信念来安慰自己：人类是可以变化气质的，因为艺术能将我们洗涤，也因为"历史并不像神话中的狮人种族那样，只繁殖出纯种"。

学生们越是叛逆，国民党就越是暴行滔天。蒋介石打算在下半年新学年开始后，彻底肃清大学校园，保证再无学生动乱发生。1948年7月15日，昆明爆发了一场声势浩大的游行示威。当局"发动两千多名警察和宪兵，并未驱散游行队伍，而是冲进云南大学、南菁中学，大肆逮捕师生"。五名学生遇害，上百名学生受伤，一千两百名师生被带走——七百名遭酷刑，三十名被活埋。没有一个被逮捕者是经过庭审的。

在昆明以外,虽然没有如此大规模的流血事件,但孤注一掷的蒋介石政权在1948年这年设立了"特别仲裁法庭,用来清洗掉学校里不被国民党间谍所喜的学生",并在全国发出一千多张学生逮捕令。到1948年为止,蒋氏夫妇上过三次《生活》杂志,在伦道夫·赫斯特主掌的《时代》封面上出现了六次。伦道夫·赫斯特是蒋介石、宋美龄的忠实拥趸,对于蒋介石在美国的高涨声望功不可没。①

1949年1月,北京大学校长胡适乘坐专机,告别大军合围中的古城北平。据说不久之后,他对外交部次长叶公超说,对国民党已经没什么好说的了。"像我们这样的自由知识分子之所以还对国民党不离不弃,只是因为在你们的政权里,我们至少有沉默的自由。"②胡适夸耀这样的自由,温德无疑会投之以鄙夷。

---

① Belden, op. cit. , pp. 404-405.
② Susan Pepper, *Civil War in China: The Political Struggle, 1945-1949* (Berkely: University of California Press, 1978), p. 227. 萨福克大学的 Ron Suleski 教授告诉我,胡适年轻时"站在改革派阵营的最前线,呼吁重估各种价值。随着年齿渐增,他慢慢落伍,到了晚年,由于英语流利,一度为名誉扫地、退居台湾的国民党政权担任驻美大使。……他似乎也拥有不少红颜知已。此事泄露出来之后,他在中国那批理想主义的学生心目中的形象有所受损",最终,他斗志消沉了不少。可参见 Chou Min-Chi, *Hu Shih and the Intellectual Choice in Modern China* (Ann Arbor: University of Michigan Press, 1984)。

第十七章　中国解放

日寇投降后,中国大学未能步上正常轨道。蒋介石政权在中国大陆的最后几年,对学生和知识分子的镇压愈演愈烈。1948 年 7 月 5 日,因国民党打算"征召全部东北(流亡)学生当兵",东北学生入山海关"要读书,要生存"的愿望落空,便在北平举行大规模游行示威,游行队伍遇到青年军的射击。四天以后,学生再度集结起来,在北京大学民主广场举行"七五惨案"哀悼控诉大会,纪念遇害者。李宗仁宣布保证学生安全,并且撤走北平警备司令部派出的装甲车。一万到一万一千名学生得以和平进行哀悼大会。但是,这样的和平处理方式实属少见。①

年长者也难逃白色恐怖。1948 年 7 月 15 日是闻一多忌日,两千名荷枪实弹的警察和宪兵血洗了昆明南菁中学和云南大学,杀害 150 人,逮捕并刑讯逼供 1200 人——其中包括南菁中学校长。白色恐怖的名单可以一直这么列下去,温德说,更可悲的是,美国援助的飞机轰炸了两座城市,而且选择人口最密集的地点抛炸弹。②

温德一五一十向好友法斯汇报这些暴行,法斯仍然心存狐疑。法斯将一些信转交给"某些核心部门",但他并没有寄望太高。随着

---

① Winter to Burton Fahs, July 16, 1948, RAC Special Collections, Herbert Stern Collection (unsorted).

② 1. Winter to Fahs, September 3, 1948. Ibid. 本章中使用的一些材料并非温德目睹,而是他的耳闻,因此法斯将它斥为谣传,但有些"小道消息"实有所据。

怀疑越积越多，法斯断定温德所汇报的当属谣言。对于美国意在支持蒋氏暴行的谣传，他断然不信：

> 有些(谣言)是精心布置的宣传之说，信者却甚广，因为大众对于高层政策制定者所采集的全部情报是缺乏了解的。而要实现彻底理性和有始有终的外交政策，恐怕只有在完全独裁的情况下。如果你希望民主制度的保护，你就必须接受政策之间存在龃龉，因为它是民主活动起伏过程中的必然产物。①

温德回信说，他不认为目睹和经受着国民党暴行的中国人会听得进这样的解释。

蒋介石的铁血镇压，在加足马力生产着一批又一批异议分子，也把学生推向解放军阵营，等于变相帮助了毛泽东的解放军。对温德而言，听到共产党获胜、国军节节败退的消息，甚是欢欣鼓舞。1948年11月，无论在温德，还是在像《纽约时报》阿奇博尔德·斯蒂尔(Archibald Steele，因报导中国而获得过波尔卡新闻奖)这样的新闻记者看来，蒋介石都已经玩完了。虽然要到1949年10月1日，中华人民共和国才正式宣告成立，美国总领馆在差不多一年前就敦促人身安全受威胁的美国公民回国，尽可能登上原定于11月18日驶离天津港的美国海军兵船。

在共产党建国初期，温德没留下只言片语，正如华兹华斯对法国大革命类似阶段的形容："活到夜尽天明已是至幸。"但温德无疑是欢喜雀跃的，共产党之前在解放区所施的仁政，让他内心对新中国的前景充满期待。当然面对未卜之前途，温德内心也备受煎

---

① Fahs to Winter, December 2, 1943.

熬。一方面,他觉得自己很像太平洋战争中居美的日本人;但另一方面,他又位列清华大学过渡机构——由五人组成的校治商讨委员会①,当局鼓励他继续开展洛克菲勒基金会所援助的人文领域的工作。

对于美国对中国新政权的政策,温德予以猛烈批评。很多人指责迪恩·艾奇逊的《中美关系白皮书》对新中国太过心慈手软②(在乔治·凯南③看来,这是美国政府有史以来最伟大的一份政府文件),④但这位新国务卿声称中国内战之后果是美国所无法掌控的,温德对此嗤之以鼻。温德的观点是,美国给蒋介石提供了35亿美元(温德自己的测算),怎可能促成国共两党的妥协⑤。

温德饱经沧桑,不会喜欢被叫成空想家。不过,他曾努力效仿老北平的博雅风度,也曾为奥格登和瑞恰慈的和平梦想而奋斗,因此也一定深知人类对美好社会的渴望是不可遏止的。谁又能指责,温德曾希望共产党是美好社会的"道成肉身"。解放初期的新气象确实让温德心神为之一振。比如共产党说要向清华提供伙食,并强调受益者除了学校当局外(温德斥其为"一群国民党的寄生虫"),还包括

---

① 此五人委员会名单包括李广田、钱三强(周培源暂代)、费孝通、钱伟长、刘崇乐,并无温德。——译者注

② 3. Nancy B. Tucker, ed., *China Confidential*: *American Diplomats and Sino-American Relations*, *1945-1996* (New York: Columbia University Press, 2001), p. 62.

③ 乔治·凯南(George Kennan, 1904—2005),美国外交家和历史学家,遏制政策(policy of containment)始创人,被誉为冷战时代的顶级战略家。——译者注

④ 亲蒋介石的白宫游说家 Alfred Kohlberg 把这份白皮书称作"美国背叛中华民国的故事"(Ross Y. Koen, *The China Lobby in American Politics* (New York: Octagon Books, 1974), p. 167.

⑤ D2, p. 101.

学生和校工。① "就这样,我们真的是在等待共产党为清华带来民主。"②

实际上,在北平政权易手之前,清华学生和解放军之间就已经有文化交流。学生们在解放军营地表演话剧,解放军铜管乐队乘坐卡车进入清华,在清华礼堂演出。③

蒋介石国军烧杀抢掠奸淫无所不为,而毛泽东的解放军却不惜一切去争取农民的支持。解放军在粮食短缺时,会向农民借粮,而还粮时竟还附上利息。——温德惊叹这简直是炉火纯青的心理学大师之手笔。④ 而这一切源出于毛泽东深信只有得到老百姓的支持,才能打胜仗。

音乐一如既往成为温德读解世事的方式之一。在贝多芬的《升C小调四重奏》里,他听到了大时代中的冲突心理——有欣喜,但同时理智又告诉自己革命的蜜月期有可能很短命。温德也经常提起中国人民解放军的戏剧和音乐表演。因为要照顾生病的厨子,他错过了秦腔现代戏《血泪仇》,但他在日记里引用了清华大学戏剧教授赵诏熊的赞许点评。他去看过一场解放军管弦乐队的演出,并不以为佳,"但想想这支队伍从东北一路行军千里,大多数时间都在激战中度过,他们竟还扛着大提琴,实在是不可思议"。音乐在共产党体制下竟然仍有一席之地,这让温德倍觉新奇;他印象里,艺术在西方已经边缘化,而且远离政治。

温德热烈拥护呱呱落地的新中国,这使他出现在乔治·韦勒

---

① D2, p.74 (313).
② Ibid., p.101.
③ Ibid., p.77.
④ Ibid., p.97.

(George Weller)的一篇报导里,后者因此报导而获得了普利策奖。报导中提到温德,"一位年过六旬的莎士比亚学者,至今单身,在中国生活了二十多年","是清华大学中起领导之功的亲共人士,洛克菲勒基金会每月给他发200美元津贴"。① 如果这篇文章出现在洛克菲勒基金会的办公桌上,一定会让基金会人员无地自容。温德觉得,"与其说自己是起领导之功的亲共人士,倒不如说乘共产党之潮流而动更为准确"。②

温德已经预感到幻灭有可能会接踵而来,但目前为止,对于革命胜利初期,他无可指摘。解放军请求学生帮忙拟定战士需要严格遵守的"三大纪律八项注意":

> 三大纪律:一切行动听指挥;不拿群众一针一线;一切缴获要归公。

> 八项注意:说话和气;买卖公平;借东西要还;损坏东西要赔偿;不打人骂人;不损坏庄稼;不调戏妇女;不虐待俘虏。③

(第二、三条纪律之间似乎有矛盾,温德没有对此发表看法。)

无疑,之所以颁布"三大纪律八项注意",恐怕是由于"不遵守情况多过遵守",但经过了国民党的烧杀抢掠奸淫之后,该训令的出台让人感到的是久旱逢甘霖那样的畅快。

温德仍旧不知疲倦地抨击"杜鲁门政府的恶政",并重申新中国是"真正的解放,中国在经历了焦灼、沮丧和停滞之后,迎来了势不

---

① D2, p. 97.
② Ibid.
③ D, p. 330.

可挡的胜利曙光"。①

因含沙射影地抨击某位也享受洛克菲勒基金会津贴的同事的不当行为,温德与基金会的关系开始恶化。该同事的不当行为,有可能指他的某些亲国民党活动。史蒂文斯委婉批评了一下温德,温德略带滑头,称自己仅仅是通报本地对这人的风评。如果他给基金会留下了片面印象,觉得自己身边的人都侧目于基金会对蒋介石支持者的资助,这不算持平之论。②温德还辩解说,有人怀疑他是美国间谍。当时,这件事也算过去了。但洛克菲勒基金会自此感到隐隐不安,而数年后,中国共产党竟然怀疑温德是间谍,收了洛克菲勒基金会的钱,为他们提供情报。——不过那是多年以后的事了。

在这封信里,温德还从中国传统文化角度探讨了新政权的运行基础。究竟是神经症(个人问题)引起了社会和经济制度的失调还是相反,西方长久以来就这个问题聚讼不已。温德认为,共产党则双管齐下,"对社会经济一端和个人一端的问题一并加以解决"。一方面,长期失控飞涨的物价在新政权下得到了稳定。另一方面,"通过常识分析法或称苏格拉底法,使个体得到提升,人道逐渐建立起来"。这些方法既革命亦传统,温德引用了中国科学史大家李约瑟(二人在昆明时颇为相契)的说法:"中国哲学向来认为,天人不相分,人类社会秩序与自然界之间有某种感应关系。"③

从上所述,温德仍然持有瑞恰慈和浪漫主义诗人的见解:西方人

---

① D, p. 330.
② Winter to Stevens, April 19. 1949, RAC Special Collections: Herbert Stern Collection.
③ Ibid.

的心灵因受科学的挤压,已经只剩下基本的心智能力,而丧失了其他的感知世界之能力。中国共产党乃集东西方心灵之大成,这正是瑞恰慈和他自己多年来所追求的。

温德在清华大学的教职一仍其旧。他教着同样的课程,并得到续约一年。他曾根据毛泽东思想讲授马克思主义文学理论一年,但并未得到当局欢心。① 50年代末,温德获准给北京大学英语系的十三位教员开讲英诗课和莎士比亚课。王式仁教授是当时十三名听课者之一,他说这是他进入英诗天地之始。我在北大访学时,王式仁还在英语系教英诗。②

温德结交的并非都是知识分子。他经常喜欢在颐和园昆明湖展示自己的泳技。他的绝技是浮在水面读报抽烟。他与自己指点过游泳的一些人结为好友③,这些人也成为当时中国不怎么常见的仰泳的终生实践者。

即便在人人自危的"文化大革命"中,温德还是坚持每日去游泳,而且经常是夹在"颐和园三四千人"中间的唯一外国人。④ 人群会自动让开,方便他入水,他上岸后,"大家跑过来争着帮我拿毛巾擦干身子"。温德看来很喜欢这样的待遇,这种喜欢里也许还带有那么一点小情欲:"你要知道,中国人的手非常精致,他们遇到东西都想用手摸一摸。以前的士人往往一辈子摩挲几个小玉件,经过年复一年的摩挲,这些小物件会润如凝脂。"

---

① 1984年11月与李赋宁的访谈。李赋宁说温德做了好几页笔记,但实在谈不上这一领域的专家。
② 1987年1月7日与王式仁的访谈。
③ 同上。
④ Letter to Delia and Bill Jenner, January 19, 1967, RAC Special Collections: Herbert Stern Collection (unsorted).

60年代,温德读到了美国当红营养学家阿德勒·戴维斯(Adele Davis)的书,为了加强营养,开始食用糠粥,和加了酵母菌、钙、豆奶粉、橙汁等的强化奶。他这一斯巴达式的食谱,似乎赏识者寥寥,不过他倒是给中国友人普及了维生素知识。①

温德开始不太注重饮食的口感。他会在吃饭前给各种配料称重,以保证膳食营养均衡,还会自制酸奶。高压锅是他最常用的厨具之一,他曾写信请英国的朋友代购用来更换的密封圈。②

温德不是共产党,用他自己的话来说,算不上"特别革命",却拿着全清华最高的工资(折合1300斤小米)③,比北京市长或中国银行行长的工资还要高。畸高工资的原因在于,当局不指望他这样的"小资产阶级","做出和共产党员一样的牺牲"。温德一个人的工资抵得上十六个工人,而如果他加入共产党,工资就会严重缩水。④

刚解放那一阵,温德从不去朋友家,以免对他们造成负面影响。他也不参加会议,除非特别得到邀请。但访客却比以往多了,他们过来,除了谈论学术,主要是为了让温德放宽心,党还是把他看成友好人士。⑤ 清华大学的过渡机构——校治商讨五人委员会经常来向他征询意见和建议。总而言之,可以说在解放初期,温德是新中国的座

---

① Letter to Delia and Bill Jenner, January 19, 1967, RAC Special Collections: Herbert Stern Collection (unsorted). 温德后来还自费印发了一个小册子,叫 *Nutrients Essential to Human Health*.

② Letter to Bill and Delia Jenner, August 22, 1965.

③ 小米是共产党闹革命时最主要的粮食,什么都吃不上时,只能吃小米。

④ Winter to John Balfour, August 1, 1949, RAC Special Collections: Herbert Stern Collection (unsorted). 在这封11页的长信里,温德详细介绍了清华近况以及自己在清华的处境。

⑤ Ibid.

上宾。但是身处新中国,将美国的对华政策驳得体无完肤,温德所赢得的只是一种虚假的安全感。在中国人看来,"谁丢失了中国"这一问题如今对美国的对外政策起着莫大影响①,而温德一再对此表态,岂不是等于说,中国人认为"我们死扛既定的对外政策,此失心疯一样的做法到底是由历史决定的,等于就将我们的失败责任推卸掉了"——这一观点是他毫不犹豫赞同的吗?

学校要求他要么搬家,要么提高租金,温德先是抱怨说,清华原来规定单身教授也可以拥有独栋住房。对于催他搬家,温德问"在社会主义国家难不成没道理可讲吗",然后他又要求学校给他安排"一间从任何角度看他都有资格入住的屋子"②。

温德的据理力争到最后演变成了一种嬉笑怒骂。他说,他已经将个人舒适与否置之度外了,但是身为他这种年纪的老年人,晚上去趟厕所要穿过风大的操场,是否妥当?在享受了六十多年资产阶级注重隐私的腐朽生活后,在隔断墙如此薄的斗室里,是否能集中精力工作?还有,这样一个外国人住在拥挤的筒子楼里,别人会不会觉得尴尬?温德又加了一句,"不过,这些都是我自己的问题,不劳委员会多虑"。③

这里笔者需要指出的是,温德在昆明早已遍尝蜗居滋味,他也不是没有与亿万中国人共患难过。所以,这封信在西方人看来显得忸怩作态,不过在东方人眼里,就变成了对自己意愿的委婉表达。结果

---

① Winter to Balfour, August 8, 1949. 同样的问题后来又变成了"谁丢失了越南","谁丢失了伊拉克和阿富汗"。

② Winter to the Housing Committee, Tsinghua University, August 26, 1949, RAC Special Collections: Herbert Stern Collection (unsorted).

③ Ibid.

是,温德仍旧住着"清华园最好的宅子"。①

当时的中国,反美情绪非常普遍,但温德倒未受影响。8月24日,他收到清华大学校务委员会主席叶企孙的一份通知函,里面有一份新合同,同时也要求他与洛克菲勒基金会联系,问清楚基金会是否继续资助他在清华的工作。②

温德的工作包括两方面:一是为年轻一代的中国知识分子介绍西方高雅文化(特别是文学和音乐);一是将西方自由主义观念引进中国,这与五四运动的启蒙主义精神特别契合。这两种工作,都是在传播马修·阿诺德在《文学与科学》一文中所说的"世界上最好的思想和言论"。阿诺德说,通过这些知识,我们得以了解世界和自己。这一理念曾长期指导着美国的自由人文教育,在如今的美国大学里依然余荫不衰。阿诺德主张,在这些知识的助力下,我们可以抵达"不偏不倚"之境,也就是将我们从一己之见中解放出来,从事物本身来了解它们。当我们讨论某问题(如美国的对华政策),某种教条式观念居于统治地位时,上述能力极有助于我们绕开教条观念。由此,我们能练就约翰·杜威在《自由主义与社会行动》(1935)一文中所提到的那种洞若观火的审视能力(温德誊录在日记里):

> 对该问题要展开新讨论,首先应该认清那些公开谴责武力者自己想要动武的意愿有多深。他们最根本的目标在于维持现存经济体制,于是诉诸该体制提供给他们的武力。他们不需要

---

① 即1946年建成的胜因院31号。——译者注
② Ch'i-sun Yeh to Winter, enclosed with letter from Winter to Marshall, dated August 28.

提倡使用武力,只需要运用它既可。①

我列举出这些观点,是为了说明温德在中美关系中所持的想法并未恣意逸脱,而是受到深植于美国自由主义土壤中的思想文化传统之指引。历史也最终证明他的想法是正确的。温德一生都对巷谈坊论充满兴致,此兴致使他逐渐练就娴熟的报导能力——勤于交游、敏于细节、长于综合。很明显,温德并非"不偏不倚",但他的偏见是由长期在蒋介石政权下所遭受的折磨而造成的。

1950年,利用哈佛学术假,在中国待了六个月刚回来的瑞恰慈,被约翰·马歇尔约谈。马歇尔从瑞恰慈处了解到的中国解放军,与温德所汇报的很接近。瑞恰慈当然十分老于世故,不可能批评美国的对华政策,但他发现解放军男女战士"很有纪律,安静,看得出是从艰苦环境中磨练出来的。有时候你能看到一个班围在一起,一个战士给其他战士读书读报。军官不佩戴徽章,对长官不需要敬军礼,真正称得上是一支托洛茨基传统下的人民军队"。

瑞恰慈还发现,他从1926年就熟悉的这座北京城,"如今比以往都更整饬,治理得更井井有条"。蒋介石统治下如脱缰野马的通胀和腐败也终结了。"极严的货币政策平抑了物价,瑞恰慈还发现,以前腐败猖獗,现在则世道清平。"马歇尔由此认定,考虑到瑞恰慈从来就鄙夷共产主义理论,那么可以说这次访谈是"出自一位训练有素的观察者的冷眼旁观"。②

几周以后,瑞恰慈打电话给基金会的巴弗尔,向对方了解一些事

---

① D, p.332.

② Interview of I. A. Richards by John Marshall, November 1, 1950, RAC 1.1/200/235/2798.

情,其中也包括温德之事。在瑞恰慈看来,温德一再诋毁美国的对华政策,其实一定程度是"一种心理防御机制,为了向中国人证明他不是敌对分子"。温德仍然住在清华的"豪宅"里,向基金会报告说,清华校务委员会主席希望基金会仍然能资助他,但清华大学不会提出正式申请。巴弗尔——我猜他如释重负——告诉瑞恰慈,基金会无法提供资助,"因为这笔资助原本是提供给清华的,而非给温德的专款"。①

* * *

对此,温德倒是没瑞恰慈那么失望,中国的解放已足够让他欢喜雀跃。温德不是一名诗人,至少不是严格意义上的诗人,虽然他偶尔会翻译一些诗歌,比如闻一多的作品,年轻时的他也曾写过几首诗。为了理解温德,我们必须知道这一点:他像诗人那样去思想,有时不严格遵循逻辑,也就是说用一种联想模式去思想。试举一例,他在日记里发明了一种方法,通过探寻词源来表达某一时刻的精气神,也就是:

解放(To liberate)

解(第三声,Explain, unloose, liberate, send)

解恨(Mediate between hatreds),解渴(Quench thirst),解梦(Interpret a dream),解毒(Antiseptic)

放(第四声,Release, let go, put)

放松(Distribute relief),放气(Let off steam)

---

① Telephone interview of I. A. Richards by Charles Balfour, November 17, 1950. RAC, Box No. 235, Series 200, Folder 2798 RG1.11.

温德用这些词源写成了一首生动小诗,这首叫《解放》的诗。在这首诗的下面,他将共产党学说比作阿道司·赫胥黎《目的与手段》中所描写的本笃会修道士的教义,将共产党开会比作贵格会①。

有史以来,但凡革命胜利初期都充满了各种可能性,可能性之一,正如费正清和温德都观察到的,便是通过改造民间艺术和大众艺术来进行社会整合。比如,木刻从初唐开始便是中国艺术之一部分,但共产党将它改造成了一种强有力的宣传工具。温德在日记中摘录了费正清的话,"由于只能利用手头现成材料,所以共产党的文化运动非常重视木刻视觉艺术。木刻印刷品的成本低廉,非常适合大批量生产推广"。②

温德对于秧歌这种民间舞蹈极感兴趣。秧歌历史悠久,南宋就有"村田乐"的记载,共产党对此加以改造。费正清在《美国与中国》一书中,如此描述改造过的秧歌:

> 它是说、唱、舞合在一起的一种穷人戏曲,用简单的旋律、民间的曲调、一连串的舞步、宣传故事、日常生活题材来为老百姓提供乐子,可谓寓教于乐。让老百姓在跳秧歌和合唱中表达心声,从而将个人整合于社会中。

温德非常喜欢这些作品,它们有时充满了"积极的、绝对的生活欲",充满战斗豪情,血腥而狂热,如诗人田间的这首诗:

耸起的

---

① 贵格会,又称教友派,该派反对任何形式的战争和暴力,不尊称任何人也不要求别人尊称自己(即不使用"先生""女士""夫人"头衔,对任何人皆以名字相称呼),这一点与共产党员间互称同志也很相近。——译者注

② 27, p.337, quoting from Fairbank, *The United States and China*.

筋骨

凸出的

皮肉,

挑负着

——种族的

疯狂

种族的

咆哮

温德在日记中引闻一多《时代的鼓手——读田间的诗》里的点评:

> 这里没有"弦外之音",没有"绕梁三日"的余韵,没有半音,没有玩任何"花头",只是一句句朴质,干脆,真诚的话(多么有斤两的话!)简短而坚实的句子,就是一声声的"鼓点",单调,但是响亮而沉重,打入你耳中,打在你心上。你说这不是诗,因为你的耳朵太熟习于"弦外之音"……那一套,你的耳朵太细了。①

温德用大把时间来思考革命精神,从印第安人的基瓦舞到湿婆舞,各种譬喻信手拈来,也旁征博引为革命正名。比如,杜威《自由主义和社会行动》中的一段就被他郑重其事抄录于日记:

> 自由主义(译按:Liberalism,与解放 liberation 有着一样的字根)如今一定要激进,也就是要有一种"激进的"洞察力:现有体制必须来一个彻底大变局,因此需要相应的大行动。……今时

---

① D, p.339.

今日,自由主义若非激进,便是不相干的,也是注定无望的。①

温德在日记中努力去理解他所身处的这个崭新的中国。虽然再未收到基金会的工资,但他还是洛克菲勒基金会在中国的文化特使(也间接代表美国国务院)。1949年9月,他给约翰·马歇尔提交了一份关于人文学科在新中国之地位的报告。这份报告是基于1942年5月毛泽东《在延安文艺座谈会上的讲话》而摘要总结出来的。②温德呈上这份摘要,是为了强调他与人文各系的其他教授如今地位十分尴尬。他们虽被允许自由开课,但领导会从马克思主义文艺理论角度来审视他们的工作。而所谓马克思主义文艺理论,有以下几个要点:

第一,艺术是"社会上层建筑的一部分。……它与伦理道德的关系应该和对美的分析等量齐观"。

第二,艺术反映现实,而现实又是极具社会性的。艺术家"不应仅仅描写主观心理感受"。

第三,文学要反映"人民与人剥削人、人压迫人的制度与意识形态的斗争"。

第四,列宁等无产阶级革命家在分析社会各阶级时,指出了托尔斯泰的自相矛盾之处。温德又添了几笔,指出作家若对文化与阶级认识不深,将导致何等危险。托尔斯泰是"一位天才艺术家,对俄罗斯生活图景进行了无可比拟的写实,也给世界文学带来一流的殿堂之作,但他与此同时又是一个以耶稣基督之名给自己戴

---

① D, p. 342.
② Winter to John Marshall, September 7, 1949, RAC Special Collections: Herbert Stern Collections (unsorted).

上殉道者高帽的地主。托尔斯泰"对于社会上的谎言与虚伪之处进行了毫不留情的揭露与反抗,态度极为有力和真诚",但他身上也带着俄罗斯知识分子的那种先天软弱,他捶胸顿足,哭哭啼啼:"我是个坏人,是个罪人,但我勇于追求道德上的自我净化。我再不吃肉,茹素为生。"大家看,温德已经开始从马克思主义文艺观审视文学作品了。

第五,对美的感知,因人类对自然的改造而改变"人类既在改造自然,也在改造自己"。这句有头无尾的话似乎指的是马克思主义文艺观意在以解放的精神改造人民。

第六,形式不能脱离内容。"艺术形式并非随意发展起来的,而是与它所处理和反映的对象息息相关。"

第七,艺术品的政治价值与艺术家本人的政治立场之间的关系,不如"艺术中实际反映了多少现实"之间的关系来得大。由此,巴尔扎克虽然是个保皇党、天主教徒,托尔斯泰关起门来一心追求向善,但他们的作品都具有磅礴的政治价值,因为"这些作品忠于它们所反映的复杂现实,政治是其避不开的主线之一"。

第八,"照相写实主义或称自然主义,和乌托邦空想主义一样无益!它失之于无法观照到现象背后的本质。……它对未来毫无信心。"

温德还在这份给马歇尔的报告中补充道,他写下以上几点感想时,并未研读过马克思和列宁著作。"这些感想中的大多数,在许多年前,我自己就摸索出来了。"

三十年前去往中国的那位年轻人,绝不可能想象到在接下来的岁月里,随着中国自身的剧烈变迁,他自己也会发生如此脱胎换骨之转变。但唯一不变的,是温德对这片土地和身边人的热爱。他一度因熟练使用黄包车夫的污言秽语而"臭名在外",而现在解放军战士成为他的导师,教给他一种"跨越国界的同情"。有一次从商店买饼回来的路上,他碰到两个解放军战士——"典型的那种斯巴达战士模样,结合了清教徒式的硬气和礼数,现在到处可见这群最可爱的人的身影"。他告诉解放军战士自己是个同情中国革命事业的美国人,两个战士都把手搭在他肩上,安慰他不要因为现在对美国连篇累牍的批判而感到受伤。① 他很喜欢史沫特莱女士对中国人民解放军的总结:"一支思考之师。"温德曾有过在昆明给美国士兵上课的经历,"讲课人若想要让学生思考,马上会被制止"。

1949年2月,史蒂文斯致信温德,告知1948年度他的3000美元津贴已经悉数支付,基金会对于他的工作也评价甚高。但坏消息在于,基金会未收到清华大学关于他1949年度津贴的正式申请。② 一个月之后,洛克菲勒基金会国际卫生部的伯顿给温德修书一封,请他写一本书,讲讲他在中国的这些年。伯顿曾对史蒂文斯高度评价温德的工作。③ 到了6月份,伯顿又请温德介绍一下自己在人文学科领域的贡献,以便他在微薄的教学工资之外,还能继续享受洛克菲勒基金会提供的津贴。④

西方文学研究原本在清华大学有着十分煊赫的地位。温德给二年级开设英诗入门课,给四年级开莎士比亚选修课,还给西方语言文学系全体教员和四年级生以及研究生合开一门文学理论研讨课。温

---

① Vol. 3, RAC Special Collections: Herbert Stern Collection (unsorted), p.346.
② Vol. 3, Stevens to Winter, February 14, 1949, RAC Special Collections: Herbert Stern Collection (unsorted).
③ Vol. 3, R. P. Burden to Winter, March 25, 1949.
④ Vol. 3, Burden to Winter, June 1, 1949.

德对法斯说,开设这些课程,"大概已经使我成为最有文化影响力的在华外国人"。温德将他的工作视为"一大胜利,不仅弥补了美国对华政策对我造成的伤害,而且也是我自己所感兴趣方面的一大胜利"——虽然这一胜利已经时日无多。① 温德以为,即便中美之间越来越相互敌对,他也许可以继续自己的文化特使工作。他深知天时地利都不允许,但至少在当时人民民主看起来很像样。他在最近召开的北京各界人士会议上发言,"反革命势力已经缴械投降,被无情镇压","对反革命的专政是必要的,只有对小部分人专政,广大人民才能得到民主"。②

温德的好友兼同道史蒂文斯正准备从基金会退休。他将温德的信件与日记仔细整理在一起,"你这些年来的旁征博引,以及从你所叙写的在华岁月"会让许多读者爱不释卷的。③

于是,法斯成为温德与基金会的最后一位通信者。温德长篇累牍抨击美国的对外政策,并且一再主张:如果美国想同毛泽东的政权搞好关系,就必须以平等姿态而非高高在上的法官自居。法斯对温德的这一套完全不感冒,他甚至觉得温德已经被洗脑:

> 总而言之,你的来信给人这种印象:你生活的这个社会,资讯与舆论悉数被控制、被歪曲。我并不吃惊,因为你给我们翻译的毛泽东《在延安文艺座谈会上的讲话》正是始作俑者。我只是很失望,博学睿智如你,居然还未能理解自己的想法已被操纵。如果中共领导人对于国际问题的理解像你一样充满错觉的

---

① Vol. 3, Winter to Fahs, October 7, 1949.
② D, p.351.
③ Stevens to Winter, November 10, 1949, RAC Special Collections: Herbert Stern Collection (unsorted).

话,将来为祸天下百姓,正不知伊于胡底呢。①

自这封信后,温德与洛克菲勒基金会的关系就此告终,与之共殒的还有开启这一段关系的和平梦想。

---

① Fahs to Winter, April 30, 1950.

第十八章 "文化大革命"

政治蜜月期如烟花般璀璨,惜乎太短暂。温德这些在建国初期满怀期待的观察家,很快就发现事态正在起变化。1951年,毛泽东发起三反运动,该运动起源于东北,此时迅速在全国轰轰烈烈开展起来。从表面上看,三反运动"反贪污、反浪费、反官僚主义",但它波及无辜。工人被发动揭发老板,妻子揭发丈夫,儿女揭发父母,知识分子互相揭发。在一片揭发热潮中,许多人被送去劳动改造。

最迟在1950年8月,美国联邦调查局开始有关于温德的记录,而此时的温德与共产党仍处于蜜月期。一份新华社的新闻出现在联邦调查局局长办公桌上。在这则新闻里,温德"对美国最近对台湾和朝鲜的侵略行径表示抗议","我相信美国一定会被打败,但他们在吃败仗之前给广大老百姓带来的痛苦让我深感不安"。①

两年后,1952年7月15日联邦调查局的一份公文显示,温德心意已变:

> 他提出了回国申请。中国大学现在已经不教英美文学,温德无法继续教学工作,但不想沦为英文老师。他脱下中山装,换上了破旧的西装,从中可见他对于现状心灰意冷。②

---

① Memo to the director, March 21, 1955, FBI file No. 100-370862-3.
② 1. Excerpt from FBI file dated July 15, 1952, file no. #138.946G (Hong Kong)/96.

一个月后,又有报告说温德并没有申请回国,而是想在"其他亚洲国家"找工作。但我猜想,他在找工作上并没有花太多心思。

后来的一份联邦调查局报告里,我们可以看到温德的政治处境急剧恶化。根据某位知情者透露,三反运动后,他被隔离于学生和同事。① 到 1954 年,他被剥夺了教学资格,只被允许批改学生试卷——这正是他最害怕看到的命运。1957 年大鸣大放期间,温德又被扶为系主任,得到了不错的待遇。毛泽东不久宣布,这次整风运动邀请各界人士向党提出批评建议,"实际上是引蛇出洞"。温德当时有一位后来在印度政府工作的留学生告诉我,经历"反右运动"之后,温德从身体到心理都垮了。当局以美国间谍之罪名拷问他。如今的温德,在苦苦煎熬,虽然他所受的屈辱远不及许多中国同事。与正字学会和洛克菲勒基金会的关系已告结束,而与北大的关系日益若有如无,温德已经无可凭恃,只能像其他外国人一样"任人宰割"。"红卫兵来抄家,破门而入,抓住头发把我拖来拖去,脚踩在我身上,扬言胆敢反抗就杀了我。"②

1959 年审查期间,温德被迫写各式各样的交代。③ 最早的一份交代书,简要写了他是如何与闻一多结识,以此为契机而来到中国。提及与闻一多这位爱国烈士的关系,说明他从来就是爱中国的进步人士。

温德接下来交代了与瑞恰慈、正字学会和洛克菲勒基金会的关

---

① FBI file dated September 16, 1963, no. 100-370862-22.
② *Chicago Tribune*, August 7, 1979. 有人将此剪报寄给了温德。
③ 我将这份打包文件标记为"自我检查"。洛克菲勒基金会藏有其副本,与其他支持性文件存放在一起。Tolef Ås 在访谈中告诉我,温德对于自己居华生平写了 200 页的交代书,但这一交代书不存于文件中,所以我猜想他也许说的是温德日记。

系。他强调了一点:因为他的抗日行为,洛克菲勒基金会停发他的薪水,又因为他同情中国共产党,基金会最终将他除名。交代书里也提到日记。他说,写日记是自己的主意,目的是让基金会了解到"中国人民正身处水深火热中"。① 审查过后,温德恢复了在北大的教职,但此时只能编写英语练习题,辅导几个英语系学生。

温德吃尽苦头后得到赦免,但并未完全脱罪,因为朝鲜战争爆发,本来就十分高涨的反美情绪如今沸反盈天。1966年,"文化大革命"爆发。1968年1月,西班牙语讲师×××带队来抄家。② 温德曾告诉杨周翰教授(著有《欧洲文学史》),李克夫妇在狱中受审查时,指认温德是美国间谍。③ 至于温德这段时间是否向美国官员做过汇报,此事不得而知。但我所知千真万确的是,温德在70年代曾去过几次新设立的美国驻华联络处,为姐姐给他留的遗产和更新护照等事寻求过帮助。在驻华联络处,他会聊一聊中国当下的政治事件,以这种方式给美国官员提供帮助,这是"文革"前所不能的。④

1月份的那次抄家,把温德的许多财物都抄走了,从他所钟爱的

---

① Document dated November 18, 1959.

② Letter from Winter dated August 25, 1971, addressed to "Comrade Chang Hüeh-shu," or the University Party Committee, "Comrade Kuo, "of the Revolutionary Comitte of Peking University, and Comrade Tao, a Political Instructor of the University Xi Yu Xi. RAC Special Collections: Herbert Stern Collection (unsorted).

③ 1985年3月6日与杨周翰教授的访谈。李又安(Adele Rickett)在访谈中告诉我,她虽然经受了"严厉逼问",但并没有指认温德是间谍,而与她夫妇交往的人其实都在劫难逃。在西方留过学的人已经是属于被怀疑对象,再加上与承认是间谍的人过从甚密,就完全是死路一条,没人敢接近。特别在反右运动中,像温德这样交游十分广泛的美国人,越来越被孤立也是十分自然的。

④ 比如the telegram from USLO to the State Department, Dispatch #99, July 15, 1952, file #138.946G (Hong Kong)/96 (RAC: Herbert Stern Collection)。温德详细谈了最近的批林批孔运动,将老干部老教授送到农村劳动的五七干校等等。

唱机到古典音乐唱片无一幸免。后来归还了一些小物件和电器,但"大部分都毁得不成样子"。"像授课笔记和信函这些丢不得的东西,堆起来有差不多25到30公分那么高",还有一些衣物,全部一去无踪了。温德估计失物超过30多件,甚至他姐姐1962年去世时留下的一小笔遗产也丢了。温德本可以用这些钱来买药,买蔬菜种子种在园圃里以改善生活的,钱一丢对他的日常生活造成了很大影响。

这期间的温德每日以侍弄园圃为乐事。温德极为精通稼穑之事,在这无事可为的年代,园圃之于他的重要性就愈发突显了。他有劳詹纳尔夫妇从伦敦代买一箱大丽花球茎,经由俄罗斯中转来的时候已经冻僵发烂了,这让他心疼得不得了。① 幸好天坛的园艺长手头有富余,温德终于在园子里种上了大丽花。②

那位带头抄温德家的讲师不但抄家,还强行借去钱款若干。更有甚者,1969年1月8日—4月12日,温德被囚禁在一间学校房间里,每天十三个小时坐着交代自己的"历史问题"。③ 很难想象一位无惧日本兵刺刀的昔日猛士,如今被迫坐着交代历史问题!

温德还被迫写下他的学术经历。即便在如此屈辱的环境下,他对自己教学生涯中所取得的成绩仍旧顾盼自豪。他讲到培养过的研究生和青年教师着实不少,我亲自访谈过的几位学者则给出非常具体的例子。30年代清华一个班里,有八位学生跟随他学习了四年法

---

① Letter to the Jenners, March 10, 1966, RAC Special Collections: Herbert Stern Collection (unsorted).

② Letter to Bill and Delia Jenner, December 3, 1965.

③ 这位春风得意的红卫兵头子后来被送到农村养猪,给其他教师做饭,也真算是因果报应。(My interview with Chao Li-kate, January 5, 1987.)

语,其中的四位后来都成了教授。

温德这时给当局列出的生平著作略显言过其实(他从未出过书,洛克菲勒基金会倒是经常催促他将日记改写成书)。他把自己在芝加哥大学读书时的文章,还有为正字学会编写的英语教材,一股脑儿都算进去了。瑞恰慈从未在这些教材里提到温德的名字。——这算是瑞恰慈的一大毛病,他同样忘记了提翟孟生,而后者的辞职很可能与此有关。

由于曾应蒙古活佛之请而得到过蒋介石的接见,温德不得不详细交代自己与国民党的关系。读者们一定会记得他与熊鼎的一段往事。40年代初,温德帮她在日本人眼皮底下偷运过一本密码簿子,还从日本叛徒那里为国民党买过枪支。① 熊鼎与温德商量,如果能得到重庆中央政府的支持,他在抗日中所发挥的能量会更大,在这样的阴错阳差中,他带着活佛到了蒋介石那里,蒋介石对他的抗日义举表示了谢意。温德当时认定自己在为中国赴汤蹈火,而非站在内战双方中的哪一方。他一五一十地将当时的情况都交代了,还附上了1940—1960与瑞恰慈和洛克菲勒基金会官员的通信概要,包括他抨击美国政府的不少信件,以及自己日记的部分索引。并再次强调写日记是为了"让世人了解中国人民正生活在蒋家王朝的水深火热中"。

在这些"自我检查"中,他还提供了一份人名清单,交代1960年上半年曾与他见过面的各色人等,包括巴黎东方语言文化学院教授班巴诺(Jacques Pimpaneau),法国汉学家贾永吉(Michel Cartier),戴维·杜波依斯(David Dubois,美国有色人种协进会创始人之子),

---

① Robert Payne, *Chinese Diaries*, *1941-1946* (Weybright & Talley, 1970), p.8.

Marcella Yeh(美籍诗人)。虽然在"文革"中,温德备尝政治压力,已经半隔离于他的同事,但外国知识分子来中国还是急切想见他。几个学生也获允拜访他,比如当时北大外语系副主任李赋宁。

温德终于挺过了轮番审查,身心俱疲,但他抛开私念,继续编写英语课本,准备习题,做着各种卑微的工作,乐此不疲,就像他当初为瑞恰慈所做的那样。但对于学校当局的某些干涉,他不像中国同事一样逆来顺受,比如经常性的查房。遇到半夜敲门,他当做没听见。有个以前的学生如今当上了领导,有时来看看他,温德乘机提起查房之事,自此以后,半夜没人再来敲门了。① 在这样的环境里,他每天读书八到十个小时,有时候会将他读到的一些段落打出来,包括昔日好友李约瑟书中的一些长段落。

温德被隔绝于他的同事,但有些人,如长期在英语系共事的张祥保教授获允就工作有关的事情去找温德,但她有时将所借书本邮寄给温德,而非亲自送去。张祥保记得温德与她对一部汉英字典中的例句反复作调整,以迎合当时的政治教条。无论是编写词典、教材,还是借出自己的藏书,温德都十分慷慨,可她知道如果登门去借或请教,就不得不坐很长时间。"他滔滔不绝,很喜欢别人听他讲话。"②

来中国的嬉皮士游客,让温德对于美国60年代的学潮略有所闻,但他为之蹙眉,可能是有见于中国红卫兵运动的疯狂。他对詹纳尔夫妇说,这简直让他想起13世纪英诺森三世鼓动的少年十字军:

---

① Department of State Telegram from USLO, Peking to the Secretary of State, dated June 1974.

② My interview with Zhang Xingbao, June 23, 1985.

从美国各个犄角旮旯跑出来、第一次看世界的他们,身穿各色奇装异服,甚至只穿一个裤头,背着所有家当,从不停止的卡车之旅是他们所向往的,饥饿、寒冷和酸疼的双脚对他们来说算不得什么事。①

温德虽不赞同嬉皮士的游戏人间,但他也会给他们指点一下该去哪里旅游。

他不时也帮中国乘客的忙。公共汽车被派去拉练的时候,公共交通就整个瘫痪了,每个公交站上都站满"几千人,等足七个钟头还看不到一辆车"。他一个个公交站去通知今天没车,乘客有的自行散去,有的像《魔笛》里的情节那样一个个跟在他后面,队伍长得看不到边。② 这样的魔幻现实主义,真不愧是出自说故事高手温德之口。

有人告诉我,温德是邓颖超的"好友",介绍两人相识的是曾经的学生傅一。70 年代初,温德从他们那里了解到中国正在发生什么。"文革最风声鹤唳之时,温德住所附近总有一些工人在劳动。他们什么也没干,挖了坑又给填上,很明显温德得到了保护。"③

温德晚年很喜欢在园圃里做做弄弄,外国朋友给他寄了不少洋种子。他的住所那时环绕着荷花。他非常喜欢在花丛中散步。他对阿黛尔·戴维斯的营养学的兴趣不改,1980 年甚至自己印了一本小册子 Nutrients Essential to Human Health。④ 他仍旧会见见老同事和外国来客,但不再高谈阔论,开始喜欢独处。在即将凋零的这几年

---

① Letter to Delia and Bill Jenner, January 19, 1967, RAC Special Collections:Herbert Stern Collection (unsorted).
② Ibid.
③ Interview with Tollef Ås, n. d.
④ RAC Special Collections:Herbert Stern Collection (unsorted).

里,他开始享受真正的平和,也终于悟到什么是陈岱孙身上的那种"致虚极,守静笃"。

由于过度节食,1973年,温德患肠痉挛和急性胃扩张,住院一百天。他告诉瑞恰慈,自己打着吊针,"躺在病床上一动不能动,活像只死虫子"。出院后,他又开始忙碌,搭建了一个暖房种卷心菜,无奈手头没有稻草,扎不了夜间防寒用的草席。他给一位偶然碰到的年轻朋友讲了这个难处。年轻人不怕被人安上接近阶级敌人的罪名,答应从公社给他带点稻草过来,刚入夜就头顶一捆稻草来温德家门口敲门。①

1974年,"文化大革命"已近尾声,温德写信告诉瑞恰慈夫妇,在中国又能谈孔孟之道了。他还给山西大学送去一本基本语教材,"将在全省得到推广使用"。② 在给瑞恰慈夫妇的信中,他又变得很诗意,想念北京曾经的鹭鸶。几十年前,城北的茂密树林里,鹭鸶在此栖居。他很怀念看它们"飞成一直线,长腿在空中低垂"的那些日子。我有一次听说,"文革"期间,一位画家因把一幅传统图画处理得色调暗了一点,就被抓进了牢里。色调暗,就是对新中国的诋毁。我猜想,早几年,这样的一封信如果落入当局之手,温德对鹭鸶的怀念很可能也会遭到类似解读。

这一期间,温德收到很多海外朋友的来信,信中无非是谈谈日常生活。他小心翼翼地收着这些信,把它们和其他珍贵文件藏在一起,在临终前转交给我。我想,这些信一定给与世隔绝的温德带来过莫大慰藉。

---

① Winter letter to Ivor and Dorothea Richards, November 10, 1971.
② Letter to Ivor and Dorothea Richards, March 5, 1974.

他们给温德寄来各式各样的东西,有酸奶发酵剂、花卉种子、图书,还有可用他的飞利浦电唱机播放的唱片。他给瑞恰慈夫妇所讲的日常故事,可以让我们对于温德的见弃于世有直观认识。在一家饭馆里,他看到一群工人,穿着破烂羊皮袄,衣服上都是补丁。有个工人向他打招呼,温德认出来,这个人常在晚上拉沙车,他跟对方挥过手。接下来的一幕让温德很吃惊,那人大声告诉同伴温德的年龄、住处以及日常生活情况。这群人离开时,他们挥手告别,温德突然感到了在这些暗无天日时光中很少有的一种人与人之间的亲近和气。①

这是一个当他问别人问题,通常会被搪塞以"我不知道"的冰冷年代。暴力运动一个接着另一个,"批林批孔时,孔子和孟子被泼了不知道多少脏水"。

1982年他摔断了坐骨,虽经长期入院治疗,但没有人扶根本下不了床。自此,一切都变了。李又安告诉我,温德变得疑神疑鬼,脾气暴躁,甚至断定医生想害他。我来到北京大学英语系的时候,事故已经过去两年,但我所认识的温德脾气更加乖戾。

---

① Letter to Ivor and Dorothea Richards, September 27, 1976.

第十九章　再见,温德

本书开始于1984年9月中旬我第一次拜访温德。我和家人当时刚到中国,我将在北大教一年课。王汝杰陪我去温德家,结果在温德家门口碰到他父亲王岷源。王岷源走过来,冲我们摇摇头。屋子里有人在咆哮,王汝杰进门查看情况,几分钟之后示意我们可以进去了。只见温德庞大的躯体躺在一个小床上,靠着枕头,正朝佣人大叫,说她要害他性命。他绝望地说,如果我们是他的真朋友,那么最好动作快一点。

等温德略微镇静,王汝杰帮他坐到轮椅里,我们一起到了他的小院子里,园圃久未打理,日近黄昏,日光照在身上暖暖的。我问温德,有什么可以为他做的。他回答说没有:以他现在的情况,我唯一能帮到他的,就是带他离开这里。以我当时的理解,温德是说两年前一次自行车事故后,九十七岁的他无法下地走路了。我当时哪能知道,"现在的情况"指涉的是如炼狱般的自我怀疑。

外头变冷了,我们进屋。王汝杰扶温德上床,我则环视了一下室内。屋里堆满了东西,近乎脏乱,有一股药味和人的体味直钻鼻子。但各种稀奇别致的物件散落于各处,如同煊赫过去留下的遗迹。①

温德马上讲起了1921年他是如何离开美国的往事,思路清晰,口吻不容置疑。他开始讲的时候,用的是不怎么流利的中文,后来想

---

① 对此,引言部分有更详细介绍。

起我在现场,便开始用英语讲。他说分析过自己为什么来中国,原因在于美国式的宗教信仰有问题。所谓有问题,并不是说美国人过于自诩有宗教信仰,而在于很多人根本没什么宗教信仰,只是天天谈论它。而中国人实际上是有信仰的,他们只是不放在嘴上说而已。温德在盛年时也许很少会自我怀疑,而如今他说希望将自己轻轻抹去。他的自我曾经无比引人注目,这种转变算不算是佛家里的顿悟?

温德非常想知道,为什么大家现在会来看望他?他的生活可曾有一些意义?他告诉我,有个来看望他的人,说他是好人。温德问他,是谁告诉你我是好人的。对方语塞,只是以温德没有做坏事的能力勉强作答。"这个答案我是不满意的",可能是想起了以前的恣意生活,温德摇了摇头。不过听到王岷源说,那个人对他评价极高,温德还是很高兴,也深感宽慰。

但他还是心存疑虑。我为什么来看望他?我对他了解多少?我告诉温德,王岷源之子曾在我所任教的沃巴什学院读书,而我久仰他这位桃李满天下的大学者。温德面露微笑。王岷源在旁又补充说有多少多少知名作家、学者都曾经受温德影响,这位九旬老人的笑容也多了。但是,温德的自我怀疑深不见底,再多的赞扬都难将它化解。

在与温德第一次见面时,他的回忆中似乎有着挥之不去的幻觉。我有时候很难区分何为回忆,何为幻觉。"里根访华时曾来过,依中国礼节,向我鞠躬,却未发一言。这是什么意思?"问题太突然,容不得我不回答,便只得告诉他,这说明美国向他表示敬意。

有一些故事则是真实发生过的。解放前,外文系46级的傅一因追求进步被列入黑名单,正遭国民党搜查。经进步教授张奚若的女儿张文英介绍躲在温德家中。"八·一九"当日①,有几个人来敲门,温德能看到来人穿的都是上好的皮鞋,断定他们是国民党特务。于是赶紧把她藏在卧室里的一个大衣柜里并上了锁。特务进屋要他开锁时,他推说钥匙丢了,这样躲过了军警特务的搜查。

温德满心欢喜地回忆起他的园艺生涯。有一次他说自己整天在想杂交花。他从德国买了一些金盏花,经由西伯利亚运到中国(此事可能在五十到六十年前),将它们与中国的菊花杂交,结果开出各种颜色的花朵。他的厨子看出来温德极珍视这些花,便将其连根挖起卖与邻家主妇,放在盆里养。"放在花盆里养不活,都枯死了。"他只好重起炉灶,但再也未能杂交出第一次的变种。如今的园子里花花草草仍旧不少,包括几丛很平常的金盏花。园子已经好久没打理,大概从他两年前卧床开始,花草就只能自生自灭了。

告别时,我们握了握手,温德请我以后再来看看他。当时,我就下定了决心,或者说已经被他"施了法"。我很想为他做点事,能做的恐怕只有将他的故事讲给世人听。我在出门的那一瞬,又转过身,看到他倚靠在一张小床上,憔悴虚弱,连连咳嗽,几乎不能动弹。他就像一条搁浅在岸边的大鱼,呼吸着最后的几口气。

几周后,我又骑车到温德家。他还是纠结于自己算不算好人,并悲伤地给自己下定论:他做的每样事情都是得到别人赞许,而非为人世间做一些贡献(温德这席话,让我重新思考起他的自我怀疑。对自我的怀疑是不是一直萦绕在他心头?他做什么事,首先考虑的总

---

① 1948年8月19日,国民党军警冲进清华园内大肆搜捕进步学生,这就是著名的"八·一九"事件。事后梅贻琦校长曾愤慨地说:"军警上高等学府里面来抓人,这是清华建校以来首次。"——译者注

是向别人证明自己,证明他自己是个好人)?他现在觉得自己这一辈子吃的苦头,是为同性恋身份而遭到的报应。他觉得服侍他的王老太也遭到了报应,因为她以前做妓女,"每天都要接客"。三十年前,温德在半路上看到一伙人在打一个妓女,就把她救下来了,与之生活在一起。王老太经常受气。住在温德隔壁的蔡斯特(Zeisberger)教授告诉我,有一次温德在院子里追王老太,把自己摔得不轻。① 温德好像总是怒气一点就着,在神志不太清楚的时候就更是容易暴跳如雷。

我该告辞了,镇静下来的温德问我这一趟来看他值不值得。我发自肺腑地请他放心,他听到这些话后破颜而笑。能给他带来宽慰,念及于此,我心里暖乎乎的。写这部温德传时,我经常想要围绕着最后的盖棺定论来构思全书,就好像有可能对曾经活生生的这个人做盖棺定论一样。温德有一次问我,我会写他的好还是写他的坏,我说会写他的好,他这样回道:"那样就不是真人真事了。"他懊悔自己给我讲的事情有时七零八落,"我的头脑已经碎了一地"。

他常常把一些记忆碎片说给我听。比如,他谈到基本语计划:"有一天整个世界会操同一种语言",这是瑞恰慈的梦想。瑞恰慈"是我一辈子认识的人当中最伟大的一位"。瑞恰慈相信,总有一天,想象力会东山再起,与理性并峙,正如威廉·布莱克所构想的那样,而只有中西方心灵更深入地交流才能将它实现。瑞恰慈像19世纪的浪漫主义者一样,害怕分析理性最终会扼杀想象力,温德哀叹这一天已经到来:"人们太忙了,忙得丢掉了前人留下的珍宝。"而我用庞德的诗句"你最爱的必将留下"来安慰他,温德会心地笑了。

---

① 有人则说是因为追骂他的厨子。

生命临近终点时,他被困在身体的囹圄里,犹如受刑:"不能走路后,我就像变了一个人似的。以前能走,我想去哪儿就去哪儿,一边走一边看。现在我哪儿都去不了,什么也看不到。走不了路实在太可怜。"他特别怀念附近的"荷花池、水中浮游、花鸟和翠竹"。这些曾经散过的步有时与童年记忆混淆在一起。他回忆自己儿时在湖边散步,看到古文明的遗迹,仅留下残垣断壁。我想他可能说的是圆明园。我们夫妇曾带着五岁的女儿去过,女儿把那里当成游乐园,温德说自己"在那里爬上爬下,开心至极"。

温德也经常回忆起哪些人对自己很好。著名翻译家戴乃迭(Gladys Yang)邀请他去家里吃饭,也经常来登门拜访。温德 40 年代在美国淹留期间,有位女士问他为什么要回中国,温德回答说他想让这个世界变成更好的地方。她又问温德如何打发空闲时间,温德说自己每天读书。"你读多少书?""一天一本。"等温德回到昆明,他收到一封电报,上写"一天一本"。从此,她真的每天寄来一本书!温德经常说自己不喜欢女人——可能是因为幼时生活在一屋子女人中间所致。"我的因果报应就是被困在这里,由一个女人掌握生杀予夺之权。"这是他经常的论调,就好像这间屋子是他的囚室,同性恋便是他的罪孽。更有甚者,这是一间几乎没有窗户的囚室。一天二十四小时,他只能这么躺着,"盯着电视或者不拘哪里有光的地方看。我已经时日无多"。

我手头拮据,只能请得起一个佣人,就是给你开门的那个。她命途坎坷,我救她的时候,她几乎都算不得一个人。像她这样的女人,在社会上无地位可讲,经常就这么白白被打死,杀人者不用偿命。这在全世界几乎任何一个地方都是不可能的。是我把她带回家,叫她的名字,我能肯定她自己都记不得之前发生了什么……

温德碰到她的时候,一群人正围着她,用棍棒石头殴打她。温德举起自己用来"摆谱"的手杖,把这些人赶跑了,否则这个女人极有可能就被打死了。救下了女人的温德,觉得自己对她从此负有某种义务。这个事件是在哪一年,温德没说,但很有可能发生在他开始自我认同为社会边缘人的那个时期。

李赋宁教授在去世前曾对我说过一番话,这番话也许能减轻温德的自我怀疑。李赋宁曾是温德的学生,1946年在温德的帮助下赴耶鲁大学留学。他说:

> 温德是中国人民的好朋友,我希望你把这一形象刻画出来,并且突出他为中国教育事业尤其是培养外语教师而做出的贡献,以及他反法西斯、拥护共产党的先进事迹。这些方面都值得我们致以最高敬意。

* * *

1985年7月19日,再过四天我就要飞回美国了。我们一家三口吃早饭的时候,温德的厨子梁师傅过来邀请我去吃午饭。我便与他一同骑车前往。我俩蹬得飞快,因为天上马上要下雨了,梁师傅一路按铃,带着我从如织的行人间飞驰而过。天上竟然下起了太阳雨,强烈的阳光从茂密的树间直泄而下,照到温德家附近的荷花池的时候,荷花反射着光,几近半透明。

王阿姨已经站在门口等我们了,笑意盈盈。一个我从未见过的人坐在屋外,在我走过时也冲我笑,就像艾略特四行诗里的那位似有深意的不祥之人。随后他竟然倏忽而去了。温德坐在一张椅子里打瞌睡。椅子的后背是用塑料线穿住的。他前面放着吃了半罐的酸奶,还有两包巧克力饼干。梁师傅把他叫醒,告诉他我是来道别的。

温德看了一会儿梁师傅,两眼迷离,然后开始呵道:"我告诉他们把我的名字去掉。我来这里,从来就与政治无关。现在麻烦来了。我想让自己小到不被人注意。但变小以后,我就什么也不是了。"他说这番话的时候,眼睛盯着一幅卷轴,上面有毛泽东的四字名言:"百花齐放。"

然后陷入长长的沉默,又开始说道:

> 隔离审查的时候,一共五个被审犯,其他四个紧张得不得了,一句话也说不出来。他们开始审我,我用法语说"一个年轻人从耶路撒冷去往杰里科,路遇劫匪,被弃于道。但他大难不死"。我什么也不想说,却又说了一大堆。说了一大堆,因为他们是劫匪,而年轻人操一种他们听不懂的话,讲的是他们不知道的圣经故事。

突然,温德又想到了王阿姨。竹影在窗外的阳光里婆娑,但他指向竹影说,"她在那边开过妓院……谁心里有坏水,她一眼就能看出来。她给中国最坏心眼的人做帮手。"为了弄明白他在讲什么,我追问:"她给哪些人做帮手?""主要是那些想从中牟利的大组织,还有一些单干的坏人。无人能逃过她的手心。可以和哪些人合伙干,可以为哪些人效劳,她心里一清二楚,至于他们为什么那么干,她不甚了解。中国人很奇怪,他们也不说自己帮谁做事,但他们总是在辛苦做事。"

我深知,这些荒唐言藏着温德辛酸的过去,非我有限的知识和经历所能理解,但我已习惯于此。在中国待得越久,中国反而越神秘,越让人难以参透,我仿佛经受了一次缓慢而渐次加深的文化震撼。神志不清的老温德正是这其中的一部分。

我一边和温德聊天,一边吃端到面前来的丰盛午饭。有道菜是鸭肉(当时在北京很贵),用茄子做配菜。还有一个青椒、黄瓜和西红柿做的沙拉。王阿姨又端进来一碗番茄汤,油光蹭亮,但非常美味。饭后水果是三大块西瓜,和梨罐头。这不是一顿中餐,而是一顿西餐,我用的是刀叉。温德一口未进。对于温德,我心里还是重重谜团,这将是我和他的最后一次谈话,我多么希望他能从病床上下来,再度回到健步如飞、思维清晰的六十岁。

王阿姨不时打断我的沉思,让我"快吃,快吃"。我已经吃撑了,她就像我的犹太老乡那样直说"不好,饭菜不好,你肯定不爱吃"。我向她保证饭菜非常可口,她就又开始催促"多吃点,多吃点",我甚至担心她会亲自把饭菜喂到我嘴里。

饭后,我和温德又能开始交谈。这期间,王阿姨两次过来给他送人参蜂王浆,我告诉他这是好药,口感甜又能长力气。她把人参蜂王浆的小盖启开,倒进调羹,喂到温德口里。

"你想要写一本关于中美心灵的书,促进两国人民相互理解。中美人民会相互理解的,不管有没有这样一本书帮忙。"

于是又回到那个反复出现的话题。

"中国人怎么看我?"他希望我问问王阿姨。接下来的一幕变得有些超现实。"让他来翻译",温德指着一边安安静静坐着的梁师傅。梁师傅不会英语呀!在我们谈话的过程中,温德每一烦扰,梁师傅就柔声跟他说话,握住温德的手,用另一只手轻抚他的背。王阿姨在另一个房间吃完饭之后,又走了进来。温德用中文问她这个问题。王阿姨回答后,温德给我翻译。我们的对话那么不动声色,就好像不是在演一出荒诞剧。

"傅一、毛泽东、周恩来都说你是好人。"

"这只不过都是些人名",温德不以为然。

我说,"不对。他们为你对中国的贡献而敬仰你、感激你。"他笑了。

"你为什么怀疑自己?"他的眼睛湿润了。王阿姨又说了一句,温德给我翻译:"等你回美国以后,所有人都会知道温德的贡献。"

王阿姨开始收拾屋子,我想把桌子往旁边挪一下,好让自己坐得离温德近一点。但她把我赶到一边,自己帮我搬椅子,她又端来了两杯水,不过我和温德都不想喝,她也就没坚持。

离开之前,我问了温德最后一个问题。在我们聊天时,他多年前种下的竹丛一直在窗外风中摇曳,在这个清朗夏日里闪着金光。"在美国,种得了竹子吗?"温德很好奇。"竹子必须要有适合它的水土气候。这几株是我自己试着栽种的,我不知道你能不能移植到美国。""该怎么移栽?""你取下一株竹笋。但种下之后,它不会长出来。竹笋在地底下都有侧株,所以取竹笋的时候要把它周围的土都尽量一起移栽,否则养不活。"仅有这一次,温德的思路井井有条。

"还能再见到你吗?"我犹豫了。我还会在中国待三天,但是就让一切终止于此吧,否则很难画上句号。离开温德家,走向我的自行车,王阿姨跑过来帮我装包,还给我递来一个袋子,里面装满了梨罐头和巧克力华夫饼。梁师傅也过来,一定要帮我推车,最后我向他道别,在洒满阳光的路上飞驰,经过了荷花池、民主楼,一路直到外国人宿舍所在地——勺园。

* * *

温德在北大朗润园

两年以后,北大邀请我参加1986年12月19日为温德举行的百年寿诞。当时,我所在的大学已经以温德的名义开设了一个奖学金项目,以资助中国学生,并正筹备亚洲研究学位培养计划。在北大的一年时光里,我爱上了未名湖,爱上了那里饱经摧残的老教授以及天才的学生们,以及勺园附近的砖墙,多少次,我牵着女儿安娜的手徜徉于合欢树下。

温德一向希望自己活到100岁,现在,虽然已经在捱日子,他终于胜利了。但是生日会却像一场噩梦。我到他家的时候,里面挤满了学校和教育部的要人,还有包括美国之音(VOA)在内的中美各路媒体记者,美国使馆的工作人员Dewey Pentergrass向温德当面读了美国大使的贺信。

但接下来的仪式纯是为宾客而设,与温德关系不大。他就像一个被唤来履行自己角色的鬼魂,他有点心不甘情不愿,甚至有点迷糊。眼前这些冠冕堂皇的走过场仪式很明显与他一点关系也没有,他只能震惊于如此多的人,如此惊扰自己注意力,如此晃眼的闪光灯。最后在外屋,我吹熄了蜡烛,在硕大的两层蛋糕上切下了仪式性的一刀。寿诞后,我又去看望过几次温德。温德比1985年我第一次见时更加虚弱糊涂,但他还是很希望有人陪伴,也能满带感情地予以回应。如今,得到那么多赞扬和敬意,他似乎对此颇为受用。很多信件,包括与庞德和闻一多的信件,在"文革"期间都被烧掉了。留下的那些信件,还有日记都转交给我,等待我完成一部温德传,讲述他与中西方最出色的多位历史人物之间的关系与贡献,虽然材料有限,我们只能对此管窥蠡测。

我等不到参加温德追悼会就必须回国,于是写了一首诗,给北大英语系助理主任,希望它伴随温德的肉身一起焚化。有两百人参加了在八宝山举行的追悼会,学校还郑重讨论在温德故宅前立一块石碑。有一块石碑在四季轮转中,静静地矗立在温德曾经爱过的荷花池边上。——每念及于此,我心里充满了喜悦。

译后记

> 为了支撑我的荒墟,我捡起这些碎片。
> ——T. S. 艾略特

1923年8月21日,36岁的温德离开美国,从旧金山登上"东京丸"轮,11天后抵达南京。从此以后的半个多世纪里,温德先生以英国文学教授之身份,辗转于东南大学、清华大学、西南联大和北京大学,与闻一多、吴宓、瑞恰慈、燕卜荪、费正清等一批中国现代学术史上赫赫有名的大师共事多年。曹禺、李健吾、钱锺书、赵萝蕤、盛澄华、李赋宁、王佐良、何兆武、季羡林、杨绛等下一辈学人皆曾受教于温德。最为难得的是,温德先生和中国人一起捱过了抗战、内战、"文革"等艰难岁月,他选择了中国式的命运。

为温德先生写一部传记,把他的一生故事讲给世人听,是伯特·斯特恩(Bert Stern)教授三十年前与即将辞世的温德先生的一个约定。从此以后,几乎不懂中文的斯特恩教授努力通过英文世界里的中国研究著作了解中国历史,并详览温德先生的日记以及洛克菲勒基金会的相关档案,用近半生完成这个约定。

译稿先由余婉卉博士译出一部分(第1—3章),余下部分由我来完成。出于种种不可抗力,中文版延宕许久。斯特恩教授年过八旬,在他与我来往的电邮字里行间,我能领会到那种深深的时不我待感,也因此当本书终于可以付梓时,我满心欢喜,为斯特恩教授欢喜,更为温德先生欢喜。感谢岳秀坤副教授的推荐,也感谢责编张雅秋博士为这本书的全心付出。今年 12 月 31 日是温德先生 128 岁诞辰,谨以此书作为给在天上的温德先生的一份生日礼物。

马小悟

2015 年 12 月 16 日

本书第一刷在豆瓣网独家销售,豆友萧四无花费大量精力与时间指正了一至四章中的误译,本次重印逐一检查过,在此特表谢忱。译者能力有限,还希望更多方家予以指教。

2016 年 5 月 22 日

温德年表

1887　　　　生于印第安纳州克劳福兹维尔
1905(18岁)　高中毕业,进入当地的沃巴什学院
1908(21岁)　遇到改变自己一生命运的恩师——诗人埃兹拉·庞德
1910(23岁)　获沃巴什学院硕士学位
1911(24岁)　进入那不勒斯大学学习,在巴黎等地游学
1914(27岁)　任教于印第安纳州豪威军事学院罗曼语系
1916(29岁)　任教于伊利诺伊州埃文斯顿市高中
1920(33岁)　担任芝加哥大学罗曼语系助理教授
1922(35岁)　结识正在芝加哥艺术学院留学的闻一多
1923(36岁)　从旧金山登上"东京丸"轮,赴东南大学任教
1925(38岁)　跟随吴宓,转到清华外文系任教
1927(40岁)　瑞恰慈夫妇新婚旅行来到北平,与温德结识,共同开展基本语运动
1937(50岁)　北平沦陷,留守清华,英勇护校
1938(51岁)　护送蒙古活佛抵重庆,见到蒋介石
1940(53岁)　经由滇缅公路来到昆明,负责中国正字学会
1943(56岁)　回美国,担任洛克菲勒基金会顾问
1945(58岁)　以洛克菲勒基金会文化特使身份回西南联大任教
1946(59岁)　夏季在大理丽江游历后,回到北平
1948(61岁)　保管闻一多骨灰
1952(65岁)　中国高校院系调整,由清华大学转入北大西语系
1968(81岁)　红卫兵来抄家,接受隔离审查
1982(95岁)　摔断坐骨,从此卧床不起
1987年1月14日,以百岁高龄辞世